Bekanntlich nahm es Bertolt Brecht, wie viele Künstler der Moderne, mit dem geistigen Eigentum nicht immer so genau. So benutzte er für die »Dreigroschenoper«, die 1928 Premiere hatte, einige Lieder von François Villon, die in der Übersetzung von Karl Anton Klammer erschienen waren, ohne die Quelle anzugeben. Das veranlasste Alfred Kerr im Mai 1929 im Berliner Tageblatt zu scharfen Vorwürfen gegen Brecht, der daraufhin seine »Laxheit in Fragen geistigen Eigentums« einräumte. Die Brecht-Erben haben sich diese »Laxheit« im Umgang mit Brechts eigenem Werk bisher nicht zu eigen gemacht. Das zeigte die Kontroverse um die »Baal«-Inszenierung von Frank Castorf 2015. Doch was passiert, wenn am 1. Januar 2027 die urheberrechtliche Schutzfrist auf die Werke Brechts abläuft?

Die hier versammelten Beiträge verfolgen Brecht als Urheber, als Nutzer fremder Textvorlagen und als Koautor und thematisieren das Urheberrecht von Autorinnen und Autoren in Zeiten grenzenloser Verbreitung von so genanntem Content. Der Band dokumentiert die Brecht-Tage 2016, die am Literaturforum im Brecht-Haus stattgefunden haben.

Annett Gröschner und Christian Hippe (Hg.)

LAXHEIT IN FRAGEN GEISTIGEN EIGENTUMS

Brecht und Urheberrecht

VERBRECHER VERLAG

Mit freundlicher Unterstützung des Literaturforums
im Brecht-Haus, Gesellschaft für Sinn und Form e. V.

lfb **TEXTE 7**

1. Auflage

Verbrecher Verlag Berlin 2018

www.verbrecherei.de

lfb TEXTE ist eine Schriftenreihe des Literaturforums im Brecht-Haus,
Trägerverein Gesellschaft für Sinn und Form e. V

Satz: Christian Walter

Druck und Bindung: CPI Clausen & Bosse, Leck

ISBN: 978-3-95732-276-0

Printed in Germany

INHALT

EINLEITUNG

Annett Gröschner und Christian Hippe

Bekanntlich nahm es Bertolt Brecht, wie viele Künstler der Moderne, mit dem geistigen Eigentum nicht immer so genau. So benutzte er für die »Dreigroschenoper«, die 1928 am Theater am Schiffbauerdamm Premiere hatte, einige Lieder von François Villon, die in der Übersetzung von Karl Anton Klammer erschienen waren, ohne dabei die Quelle anzugeben. Das veranlasste den Kritiker Alfred Kerr im Mai 1929 im Berliner Tageblatt zu scharfen Vorwürfen gegen Brecht. Brecht räumte daraufhin seine »Laxheit in Fragen geistigen Eigentums« ein. Die Zeile wurde Titel eines Sonetts, das mit den Worten endete: »Nehm jeder sich heraus, was er grad braucht! / Ich selber hab mir was herausgenommen ...« Es geht die Legende, dass Brecht an Klammer eine nicht unbeträchtliche Abschlagssumme zahlen musste, wofür dieser einen Weingarten erwarb und den dort gekelterten Wein »Dreigroschenwein« nannte. Den Brecht-Erben allerdings konnte man mit der »Laxheit in Fragen geistigen Eigentums« bisher nicht kommen, vor allem nicht, wenn man Brecht aufführen wollte. Das zeigte im Frühjahr 2015 die Kontroverse um die »Baal«-Inszenierung von Frank Castorf noch einmal eindrucksvoll. Doch was passiert, wenn Ende 2026 die urheberrechtliche Schutzfrist auf die Werke Brechts abläuft?

Die vorliegenden Beiträge verfolgen Brecht als Urheber, als einen Nutzer fremder Textvorlagen und als Co-Autor – und sie thematisieren das Urheberrecht von Autorinnen und Autoren in Zeiten grenzenloser Verbreitung von sogenanntem Content im Internet; in einer Zeit, in der das Urheberrecht in seiner gegenwärtigen Form in vieler Hinsicht überfordert erscheint. Die Beiträge entstanden im Rahmen der Brecht-Tage 2016. Es handelt sich um Positionspapiere, Kurzvorträge und Gespräche. Für den Dokumentationsband wurden die Vorträge und Gespräche durchgesehen und redigiert. Was die Gespräche betrifft, wurde im Zweifelsfall der wortwörtlichen Wiedergabe der Vorzug gegeben, um den mündlichen Charakter beizubehalten.

Den Auftakt bildet ein Gespräch zum Skandal um Castorfs »Baal«-Inszenierung. Mit der Verbannung dieser Aufführung von der Bühne des Münchner Residenztheaters nach dem Einspruch der Brecht-Erben und des Suhrkamp Verlags stellte sich wie schon häufig die Frage, inwiefern das Urheberrecht in seiner derzeitigen Form der künstlerischen Auseinandersetzung im Theater im Wege steht, zumal Brecht seit fast sechzig Jahren tot ist. Der Theaterkritiker Peter Laudenbach, der Dramaturg Carl Hegemann, der Theaterwissenschaftler Klaus Völker, der Regisseur Sebastian Baumgarten und Rupprecht Podszun, der den Rechtsfall »Baal«/Castorf als Experte für Urheber- und Medienrecht begleitete und dokumentierte, erörtern, ob modernes Theater und Urheberrecht zwangsläufig miteinander kollidieren müssen. Und inwiefern es, aus durchaus respektablen Gründen, eines umfassenden Schutzes von literarischen Werken, gerade auch gegenüber dem modernen Regietheater, bedarf.

In einem weiteren Gespräch geht es um Brechts eigenen Umgang mit dem geistigen Eigentum anderer. Brecht machte häufig von fremden Textvorlagen Gebrauch, teils verfremdend, teils zitierend, mitunter plagiierend – am markantesten im Fall der »Dreigroschenoper«.

Was aber genau ist ein Literaturplagiat? Und nach welcher Logik funktionieren Plagiatsvorwürfe? Wie zeitgemäß ist der Terminus Plagiat im Rahmen der modernen Ästhetik? Diese Fragen erörtern im Gespräch mit Jörg Magenau der Literaturwissenschaftler Philipp Theisohn, der umfassend zum Thema Plagiat gearbeitet hat, und der Jurist und Anwalt Albrecht Götz von Olenhusen, der sich mit dem Thema nicht nur theoretisch auseinandergesetzt, sondern als Rechtsanwalt auch einige Prozesse zum literarischen Plagiat als Anwalt mitbestritten hat – und außerdem ein kenntnisreicher Experte für Raubdrucke ist.

Das dritte Gespräch stellt sich der provokanten Frage, wer überhaupt als Urheber von Brechts Texten gelten kann? Es geht um das ›Unternehmen Bertolt Brecht‹ mit seinen Mitarbeiterinnen und Mitarbeitern und darum, wie stark sich Brecht als Selfmademan vermarktete. Die Brecht-Forscherin Sabine Kebir, der Autor Uwe Kolbe und der Rechtsanwalt Jürgen Marten diskutieren im Gespräch mit Sonja Hilzinger die Problematik der Co-Autorschaft bei Brecht und beleuchten, was diese Formen der Kooperation für die Frage nach dem Urheberrecht bedeuten. Wem also gehören Brechts Texte?

Um bereits jetzt einen Blick in das Jahr 2027 zu werfen, wenn Brechts Werk gemeinfrei wird, wurde in Zusammenarbeit mit dem Internetportal nachtkritik.de und dem Dramaturgen Cornelius Puschke ein Aufruf an Theaterschaffende lanciert, sich bereits heute über die Situation nach dem 1. Januar 2027 Gedanken zu machen. Aus den Einreichungen wurden von einer Jury drei Konzepte zur Präsentation im Rahmen der Brecht-Tage eingeladen, darunter die künstlerischen Positionspapiere von friendly fire (Leipzig), Alexander Karschnia (andcompany & Co., Berlin) und LIGNA (Berlin, Hamburg, Frankfurt a. M.). Außer den drei Konzepten ist in den vorliegenden Band auch das Gespräch aufgenommen, das sich an die Präsentationen anschloss.

Das letzte und längste der Gespräche schließlich geht – unter dem Motto »Brecht ehren, indem wir uns nützen«, in Anlehnung an Bertolt Brechts Gedicht »Die Teppichweber von Kujan-Bulak ehren Lenin« – der gegenwärtigen Situation des Urheberrechts nach und den Änderungen, die ihm in nächster Zeit bevorstehen. Die Gesprächspartner sind mit diesem Thema allesamt in ihrer täglichen Praxis, wenn auch aus verschiedener Perspektive, konfrontiert: Katharina de la Durantaye, Juniorprofessorin für Bürgerliches Recht an der Humboldt-Universität zu Berlin, Jörg Sundermeier, Verleger und Vorstand der Kurt Wolff Stiftung, Rainer Dresen, Justiziar bei Random House, Regula Venske, freie Autorin und Generalsekretärin des PEN Deutschland, und Ulrike Almut Sandig, freie Autorin. Welche Interessenlagen gibt es und wo kollidieren sie miteinander? Wie gehen Autorinnen und Autoren mit dem geistigen Eigentum anderer um und wie könnte die Distribution von Literatur mit angemessener Vergütung der Autorinnen und Autoren in der Zukunft aussehen?

Dass das Thema Urheberrecht auf der Tagesordnung bleiben wird, davon zeugen letztlich alle Beiträge dieses Bandes.

BRAUCHT DAS MODERNE THEATER EIN NEUES URHEBERRECHT?

Der Skandal um Castorfs »Baal«-Inszenierung und seine Folgen

Peter Laudenbach im Gespräch mit Sebastian Baumgarten, Carl Hegemann, Rupprecht Podszun und Klaus Völker

PETER LAUDENBACH: Bertolt Brecht hat »Baal« unmittelbar nach dem Ersten Weltkrieg geschrieben. Frank Castorf hat diese Konstellation einer Kriegssituation bei seiner Aufführung des Stückes 2015 am Residenztheater München aufgegriffen und den Stoff assoziativ mit dem Vietnam-Krieg verbunden. Es steht beispielsweise ein Hubschrauber auf der Bühne, den man als Verweis auf Filme wie »Apocalypse Now« sehen kann. Vor allem aber hat Castorf sich von einem der Arbeitstitel anregen lassen, unter denen Brecht den »Baal«-Stoff neu behandeln wollte: »Der böse Baal der asoziale«. Die Hauptfigur wurde nicht, wie so oft, als Bohème-Figur gezeigt, die sich besonders frei und genussvoll verhält, sondern als Figur, die das Asoziale der Gesellschaft, aus der sie kommt, radikalisiert: Baal agiert selbstzerstörerisch und zerstörerisch anderen gegenüber – eine individuelle Fortsetzung des Krieges mit anderen Mitteln. Diese Assoziationen sind nicht willkürlich, sie folgen einer genauen Lektüre des Stoffes. Der Brecht-Text wurde collagiert mit Texten von Rimbaud, Ernst Jünger, Sartre und Carl Schmitt. Bekanntlich klagten die Brecht-Erben gegen die Aufführung, und es folgte ein Prozess, der einen Kompromiss ergab: Die Aufführung von Castorf durfte nur noch ein einziges Mal in München und ein weiteres Mal beim Berliner Theatertreffen im Mai 2015 gezeigt werden. Es war einer der größten Theaterskandale der letzten Jahre, der viele Fragen aufwirft: Wie frei darf Regie mit Stückvorlagen umgehen? Was heißt eigentlich »Werktreue«? Zunächst aber sollten wir weitere Einschätzungen der Castorf-Inszenierung sammeln.

CARL HEGEMANN: Ich habe die »Baal«-Aufführung beim Theatertreffen gesehen. Es war mir sehr vertraut, was da stattfand. Castorfs Beschäftigung mit »Herz der Finsternis« und »Apocalypse Now« knüpft an eine Inszenierung von Tennessee Williams »Süßer Vogel Jugend / Sweet Bird of Youth« an, bei der ich als Dramaturg beteiligt war. Bei Castorf ist alles als Teil eines Gesamtwerks zu verstehen. Es ist wie bei Neil Young, als ihm gesagt wurde: »Das klingt ja alles gleich!« Seine Antwort war, dass seine Konzerte in der Tat nur aus einem einzigen Song bestünden.

LAUDENBACH: Castorfs Lebenswerk ist ein einziges Stück?

HEGEMANN: Ja, das würde ich sagen. Es hat eine große Kohärenz. Das finde ich gut, denn es ist trotzdem immer wieder überraschend. Ich fand die »Baal«-Aufführung sehr neu und eindrucksvoll, weil alle romantischen Vorurteile von einem großen, wilden Sonderfall des saufenden Dichters – so wurde die »Baal«-Figur ja oft verstanden – eliminiert waren. Stattdessen sah man Menschen unter asozialen Verhältnissen: in ihrer Asozialität und in der ambivalenten Faszination, die sowas mit sich bringt. Ich fand es – und das ist ganz wichtig – extrem Brecht-kompatibel. Castorf hat dem Werk weder etwas Böses angetan, noch hat er das Stück in eine falsche Richtung gelenkt. Es ist ihm vielmehr gelungen, die Patina und den Rost, den das Stück bekommen hatte, wieder abzukratzen. So ähnlich wie bei der Inszenierung Castorfs muss der Eindruck gewesen sein, den die Uraufführung des Stücks 1923 hervorrief; auch hinsichtlich der Entrüstung, die das Stück in einem selbst auslöst.

LAUDENBACH: Herr Völker, Sie haben in Ihrem Leben etliche Brecht-Inszenierungen gesehen. Fanden Sie Castorfs Umgang mit diesem Stück willkürlich, gewalttätig, oder haben Sie darin auch den Versuch gesehen, das Stück ernst zu nehmen?

KLAUS VÖLKER: Selbstverständlich hat Castorf das ernst genommen. Mir hat die Aufführung sehr gut gefallen. Das war eine ungeheuer anregende Lesart des »Baal«-Komplexes. Brecht hat mehrere Fassungen des Stücks geschrieben, und es gibt, wie bei vielen Stücken von Brecht, eine Fülle von Material. Dieses Material zu nutzen und aus verschiedenen Fassungen einen Aufführungstext zu bauen, ist im Grunde unproblematisch, sofern das Ergebnis nicht als originäres Stück von Brecht ausgegeben wird. Ich weiß nicht, wer den juristischen Hebel angesetzt hat, um die Inszenierung Castorfs verbieten zu lassen. Das war gegenüber der Qualität dieser Aufführung sicher falsch. Allerdings hat die Sache ein paar juristische Fallstricke. Ein Theater, das einen Vertrag über »Baal« schließt, geht gewisse Bedingungen ein, und die muss es vorher mit dem Regisseur besprechen. Wie Castorf arbeitet, kennt man. Da muss man großzügig gegenüber dem sein, was er als Arbeit präsentieren wird. Im Normalfall sollte das immer vorab in Gesprächen geklärt werden. Mit den Brecht-Erben ist es all die Jahre eine ungeheuer komplizierte Sache gewesen. In Berlin war das Berliner Ensemble, das Theater, das Brecht selber mit aufgebaut hat. Hier haben die Erben noch lange Mitspracherechte gehabt und sich besondere Rechte vorbehalten. Helene Weigel und nachher Barbara Brecht-Schall haben da immer stark mitgesprochen. Ich kannte die Beteiligten alle ganz gut. Ekkehard Schall war wesentlich großzügiger im Umgang mit Brecht. Aber Barbara meinte, sie müsse das Werk ihrer Mutter fortführen – unglücklicherweise. Sie hätten sich nicht mehr so intensiv um all das kümmern sollen, also welcher Regisseur ein Stück macht und so weiter. Wenn es ein Regisseur wie Castorf ist, dann kann man sich eigentlich freuen! Für ihn gilt das Sprichwort: *Quod licet Iovi, non licet bovi* (Was Jupiter darf, darf der Ochse noch lange nicht). Weniger fantasiereiche, den Stücken und Schauspielern gegenüber weniger potente Regisseure sollten vorsichtiger sein und sich mehr an den Vorlagen orientieren.

LAUDENBACH: Das waren zwei wichtige Punkte, die ich an Sie weiterreichen möchte, Herr Podszun: juristische Fallstricke und die Tatsache, dass ein Regisseur Brechts Texte wie Material verwendet und nicht als geschlossenes Werk betrachtet. Wenn ich es richtig verstanden habe, geht die Rechtssprechung vom Schöpfer eines Werkes aus, dem auch die geistigen Eigentumsrechte gehören. Aber ist das nicht in Bezug auf Literatur und Theater eine zu naive Vorstellung?

RUPPRECHT PODSZUN: Ich danke Ihnen erstmal, dass ich mich nicht über die künstlerische Seite der »Baal«-Aufführung äußern muss, ich bekam schon Schweißausbrüche.

LAUDENBACH: Oh doch, bitte, wie fanden Sie die Aufführung?

PODSZUN: Ich war in der zweiten Aufführung in München und habe das Stück daher gesehen, bevor ich ahnte, dass es zu einer so großen juristischen Angelegenheit wird. Aus eigener Anschauung kann ich sagen, dass man keine Ahnung hatte, welche Texte von Brecht sind und welche nicht, wenn man – anders als Klaus Völker – den Brecht nicht so gut kennt. Ich habe mir gedacht, das meiste wird wohl von Brecht sein, außer diese »Apocalypse Now«-Szenen. Erst hinterher habe ich dann zu meiner Überraschung erfahren, wie viel weiteres Material berücksichtigt war. Nun, *künstlerisch* möchte ich nichts dazu sagen, das überlasse ich Carl Hegemann und Klaus Völker. Aber Sie hatten mich ja auch nach meiner *juristischen* Einschätzung gefragt. Zur Auflösung des Werkbegriffs sei gesagt, dass Juristen ja auch nur Menschen sind, die zwar zu Bewertungen kommen müssen, aber nicht völlig blind sind gegenüber dem, was passiert. Sie müssen nur leider mit Gesetzestexten arbeiten, die, wie Theatertexte manchmal auch, ein bisschen Patina angesetzt haben. Und beim Urheberrecht ist es so, dass wir mit einem Gesetz arbeiten, das von 1965 stammt und – auch wenn sich seitdem viel im Urheberrecht geändert hat – im Wesentlichen auf begrifflichen Grundpfeilern wie »Werk«, »persönliche geistige Schöpfung«, »Schöpfer« und so weiter beruht.

LAUDENBACH: Folgt das der Vorstellung vom armen Poeten, der in seiner Stube sitzt und schreibt und aus dem Nichts etwas schafft?

PODSZUN: Ganz genau. Und dann kommt der Gesetzgeber und sagt: »Was du geschaffen hast, ist eine geistige Leistung, und die nennen wir ›Werk‹, und mit diesem Werk hast du jetzt ein Ausschließungsrecht gegen alle anderen, die dieses Werk benutzen, verwerten oder irgendetwas damit anstellen wollen.« Da kann man sich natürlich schon die Frage stellen, wenn man an Castorf denkt oder eben an all diejenigen, die hier heute sitzen und ein sehr modernes Werkverständnis haben, ob dieser »Werk«-Begriff noch auf heutige Schaffensprozesse zutrifft. Juristen müssen heutige Kunstformen unter diesen Begriff »Werk«

fassen, denn Richter oder Richterinnen sind nun mal daran gebunden, was der Gesetzgeber vorgibt.

LAUDENBACH: Sie beschreiben in einem Ihrer Aufsätze das Paradox, dass der Regisseur aus einer literarischen Vorlage, die in sich selbst ein Kunstwerk ist, wiederum ein Kunstwerk machen soll. Das klingt nach einem fast vampiristischen Vorgang?

PODSZUN: »Vampiristisch« haben *Sie* gesagt. In jedem Fall ist es eine urheberrechtliche Besonderheit bei der Regieleistung, dass man, sofern man mit Texten arbeitet, Werke benutzt, die urheberrechtlich geschützt sind. Daraus entsteht dann aber wieder eine geistige Schöpfung beziehungsweise Leistung, für die es wieder ein Schutzrecht geben kann. Beim Regisseur wird häufig angenommen, dass das kein Urheberrecht ist, sondern ein sogenanntes verwandtes Schutzrecht. Da baut der eine auf dem anderen auf. Das ist ja eine ganz klassische Vorstellung, die wir im Urheberrecht immer haben und auch in den anderen Schutzrechten für geistige Leistungen. Dafür steht Brecht, und auch Shakespeare und Goethe usw. Alle Großen haben immer auf dem aufgesattelt, was schon vorher da war. Ich glaube, es ist eher eine Erscheinung der letzten Jahrzehnte, dass man mit aller Härte versucht, einzelne geistige Leistungen voneinander abzugrenzen und bestimmten Personen zuzuweisen. Da kommt es dann zu Konflikten, die es früher in einer vergleichbaren Intensität noch nicht gegeben hat, weil man vielleicht eher davon ausgegangen ist, dass das, was jemand macht, ohnehin auf etwas anderem fußt. Trotz aller Diskussion über postmoderne Kunstformen haben wir heute immer noch einen sehr starken Begriff des originären Schöpfers.

LAUDENBACH: Sebastian Baumgarten, Sie gehen als Regisseur mit solchen fremden Stoffen und Textvorlagen um. Können Sie mit der juristischen Fiktion, es gebe so etwas wie ein geschlossenes Werk, etwas anfangen?

SEBASTIAN BAUMGARTEN: Die Probleme, die bereits beschrieben worden sind, entstehen dadurch, dass das Urheberrecht auf Gesetzestexten beruht, die nicht mehr dem aktuellen Stand entsprechen. Ich finde den Begriff der »Werktreue« sehr interessant. Wann ist etwas »werktreu«? Müsste man nicht dann von Werktreue sprechen, wenn die Wirkung wieder erzielt wird, die ein Werk ursprünglich mal hatte? Wenn man versucht, diese Mechanismen wieder hinzubekommen? Ich mache ja auch Opernregie und bin dabei auf eine interessante Parallele gestoßen. Jemand sagte mir, dass Joseph Haydns »Sinfonie mit dem Paukenschlag« heute nichts mehr im Zuschauerraum bewirken würde, weil wir ganz andere Hörgewohnheiten hätten. Folglich müsste man die Sinfonie in den musikalischen und akustischen Ausdrucksmitteln auf unsere Gegenwart hin transponieren und unter Umständen ganz andere Instrumente gebrauchen, die nichts mit der Paukenschlagsinfonie zu tun haben. Nur so würde man die angemessene Wirkung erzielen. In der Tat sehe ich in einem solchen Verfahren einen Versuch, Werktreue herzustellen – auch wenn das paradoxerweise nicht dem Werk gegenüber treu ist.

LAUDENBACH: Sie haben viel Heiner Müller inszeniert. Es gibt einen berühmten Satz von Müller im Hinblick auf den Umgang mit Brecht: »Brecht gebrauchen, ohne ihn zu kritisieren, ist Verrat«. Klingt das für Sie defätistisch oder respektlos? Oder besteht eine Arbeit am Werk genau darin, es immer wieder neu zu lesen?

BAUMGARTEN: Müller steht in der Tradition des epischen Theaters und diese Vorgehensweise entsprach auch seinem eigenen Selbstverständnis. Für mich ist das ein wichtiger Impuls und Motor. Wenn man am Ende eines Probenprozesses, bei einer Aufführung, die in die Premiere geht, das Gefühl hat, nicht weit genug vom Material fortgekommen zu sein, also noch daran zu kleben, dann hat man irgendetwas falsch gemacht. Also, wenn das Werk in seiner eigenen Historie gefangen bleibt und die Aufführung es nicht wie eine Eisenbahn in die Gegenwart zieht.

LAUDENBACH: Bei der Inszenierung von »Zement« am Gorki Theater in Berlin sind Sie sehr spöttisch mit dem Pathos von Heiner Müllers Tragödie umgegangen. Ist es für Sie interessant, ein Werk gegen die Intention des Autors zu lesen und sich auf diese Weise daran abzuarbeiten? Gar mit Aggressionen gegen den Autor?

BAUMGARTEN: Das Spöttische war nicht die Intention und der Humor ohnehin schon da. Müller selber hat immer gesagt, seine Stücke seien eigentlich humorvoll, auch das müsse man da herauslesen. Der Dramaturg Ludwig Haugk und ich haben genau das gemacht, indem wir beispielsweise versucht haben, die Absurdität von Bürokratie, die wir als DDR-sozialisierte Menschen noch erlebt haben, herauszuarbeiten. Ich würde den Ansatz, ein Stück gegen die Intention des Autors zu inszenieren, nicht auf meine Inszenierung mit »Zement« beziehen. Grundsätzlich aber kann das sehr wertvoll sein, die Intentionen des Autors gerade deshalb beiseite zu lassen, weil man ihn ernst nimmt.

VÖLKER: Dieses kritische Verfahren kann immer ein Impuls sein. Aber man sollte vorsichtig sein und nicht jeden Satz von Heiner Müller so ungeheuer ernst nehmen. Er hat selbst eine Entwicklung durchgemacht. Ich habe ihn relativ früh in einer Zeit kennengelernt, in der er sehr neugierig war, immer wieder andere Texte zu lesen. Wenn wir diesbezüglich den Begriff der Werktreue heranziehen wollen, dann hat er die Werke sehr ernst genommen und sich ihnen auch entsprechend genähert. Das gilt auch für die Übersetzungen und Stückbearbeitungen, die er, als sein eigenes Werk noch nicht auf der Bühne durchgesetzt war, oft auch aus finanziellen Gründen gemacht hat. Das hat er immer ungeheuer ernst genommen. Oder nehmen wir sein »Medea«-Stück, über das ich mich mit ihm unterhalten habe. Es gibt sowohl eine »Medea« von Euripides als auch eine von Seneca. Das sind zwei enorm unterschiedliche Dramen. Und wenn man jetzt »Medea« inszenieren will, muss man sich entscheiden, ob man die Lesart Euripides' oder Senecas nimmt. Oder ob man so vorgeht wie Heiner Müller, der einen ganz eigenen »Medea«-Komplex geschrieben hat, als Ergebnis seiner Auseinandersetzung – und das ist völlig legitim, wie er das gemacht hat. Aber wenn ein Regisseur nun ein Mixtum compositum aus Euripides und Seneca macht, dann geht das meistens schief. Viele Regisseure sind misstrauisch, wenn sie merken, dass es einen Stoff gibt, der von zwei oder drei Autoren bearbeitet ist. Die denken, sie sind der vierte Autor und fangen an, daran rumzumurksen – und machen letztendlich mit ihrer Fassung alle drei früheren Stücke schlechter. Darin besteht eigentlich die Theaterarbeit: ein Stück zu entdecken, in eine Spielfassung zu bringen und in ästhetischer Hinsicht nicht zu schmälern. Eine werktreue Inszenierung – so habe ich es meinen Studenten immer plausibel machen können – war »Clavigo« von Willi Schmidt im Schlosspark Theater. Davon gibt es eine Aufnahme mit Klaus Kammer als sehr gutem Clavigo und Erich Schellow als Carlos, die genau zwei Stunden dauert. Das war eine rasante Aufführung: Der Text wird runtergesagt und die Inszenierung bleibt werktreu im besten Sinne; werk- und wortgetreu, wenn man diese Begriffe mag. Aber jede Form von Stellungnahme wurde vermieden. Entdeckerqualitäten hatte diese Inszenierung nicht, aber dennoch war es eine virtuose Schauspielerpräsentation. Ganz anders Kortners fast vierstündige Hamburger Inszenierung mit Rolf Boysen und Thomas Holtzmann.

Hier war nicht nur etwa ein gutes Drittel, wenn nicht 40 % des Textes gestrichen worden, hinzu kamen auch Umstellungen im ganzen Stück. Aber es wurden auch ungeheure Entdeckungen in dieser Inszenierung möglich, die erst abgelehnt, aber dann beim Berliner Theatertreffen rehabilitiert und schließlich zum Erfolg wurde. Da wurde jede Szene, die gespielt wurde, auch genau untersucht und zerlegt, so dass man bestimmte Dinge neu sieht, anders sieht und genau nimmt.

BAUMGARTEN: Ich teile diese Analyse. Aber Theater wird nicht mehr ausschließlich als Interpretation gedacht. Es geht längst auch um ganz andere Formate und performative Ansätze. Wenn so ein Text wie Brechts »Fatzer« Ausgangsmaterial eines Festivals wird, bei dem sich junge Theatermacherinnen und -macher beteiligen, finde ich das einen sehr spannenden Vorgang. Es interessiert mich sehr, was dabei entsteht, auch auf die Gefahr hin, dass jetzt nicht jedes Ergebnis – sagen wir mal – der Höhe des Textes und einer interpretatorischen Auseinandersetzung mit dem Text folgen kann. Über den Ansatz »Theater als Interpretation« hinaus muss man anerkennen, dass innerhalb der Spielpläne die Spektren für andere performative Zugänge inzwischen weit größer geworden sind.

VÖLKER: Was ich sage, ist nicht dogmatisch zu nehmen. Es ist eher der Versuch, zu zeigen, dass es eine Möglichkeit gibt, Stücke genau zu lesen und sie auch zu verkörpern. Für die Routineerwartungen des Publikums bedeutet das in der Regel eine Enttäuschung. Bei Kortner haben zu Lebzeiten die Hälfte der Zuschauer »Buh« gerufen. Sie haben seine Aufführungen abgelehnt, weil da jemand genau hingeguckt hat. Das war ihnen unbekannt.

LAUDENBACH: Aber natürlich gibt es verschiedene Möglichkeiten, »genau« zu lesen. Castorf hat ja auch genau gelesen, nicht nur am

Text und seiner Entstehungszeit entlang, sondern mit Assoziationen und Material arbeitend. Carl Hegemann, ihr habt an der Volksbühne die Kunst perfektioniert, literarische Vorlagen als Material zu verwenden. Wenn René-Pollesch-Abende zu erheblichen Partien aus abgeschriebenen Filmdialogen oder Monty-Python-Dialogen bestehen, die mit Texten zeitgenössischer Soziologen und Philosophen montiert werden, kann man natürlich fragen, ob da Autorenrechte verletzt werden. Die Frage ist: Wann wird das ziellos? Wann wird ein derartiger Umgang mit dem Material beliebig?

HEGEMANN: Das kommt darauf an. Ich denke, gerade bei René Pollesch wird es überhaupt nicht ziellos, weil er sich immer in seine Fragestellung verbeißt und daher überhaupt nicht Gefahr läuft, einfach mal überall irgendwie nur so zu gucken. Ich würde allerdings gerne nochmal auf die Frage, wie man mit dem Urheberrecht umgeht, zurückkommen.

VÖLKER: Das Urheberrecht ist ungeheuer genau. Es gibt einen Paragrafen, der regelt, dass ein »selbstständiges Werk, das in freier Benutzung des Werkes eines anderen geschaffen worden« ist, »ohne Zustimmung des Urhebers des benutzten Werkes« verwertet und also auch benutzt werden darf. Es muss aber dabei klar werden, dass der Benutzer ein Werk frei benutzt hat, einen bestimmten Stoff anders gestaltet und nicht plagiiert, sondern eine eigene Lesart schafft. Man kann natürlich sagen, die Stoffe bzw. Themen sind urheberrechtlich nicht geschützt, aber bei der genauen Sprache oder den szenischen Gliederungen fängt die Eigenart des Stückes an.

LAUDENBACH: Aber das wiederum ist ein großer Graubereich. Es ist ja nicht ganz so klar, wie Sie es hier jetzt aus einem Urteil des Bundesgerichtshofs von 1965 zitiert haben. Dennoch waren offenbar schon damals, also vor mehr als 50 Jahren, Richter der Ansicht, dass sich die Auffassung durchgesetzt habe, dass der Regisseur nicht nur Gehilfe des Werkautors sei, sondern bei der Umsetzung des Schriftwerkes von der begrifflichen in die sinnlich-fassbare Sphäre durchaus schöpferische Tätigkeiten entfalten könne, deren Eigenwert neben dem der Schöpfung des Schriftwerkes anzuerkennen sei. Also, Frank Castorf könnte sich verstanden fühlen.

HEGEMANN: Ich weiß gar nicht, ob es überhaupt jemanden gibt, der meint, man hätte Castorfs »Baal«-Inszenierung nach den paar Vorstellungen abgesagt, weil er Fremdtexte eingebaut oder weil er das Werk unzumutbar verfälscht habe. Ich glaube, das ist gar nicht das Thema. Auch Johanna Schall hat in einem Interview gesagt, dass sie die Inszenierung hervorragend fand. Das einzige Problem war, dass man die Erben und den Verlag nicht ordentlich darüber in Kenntnis gesetzt hatte, was geplant war. Also eine rein formal-juristische Geschichte. Sie mussten zu ihrem tiefen Bedauern eine Inszenierung verbieten, die sie eigentlich ganz wunderbar und auch im Sinne Brechts fanden. Die hatten keine Schwierigkeiten damit, dass Carl Schmitt oder Ernst Jünger zitiert wird. Als René Pollesch zum Beispiel einen Fremdtext in einer Inszenierung zu Brechts »Fatzer« einsetzen wollte, hat man eine ganz einfache Regelung gefunden: Man müsse diese beiden Textsorten lediglich voneinander absetzen. Er solle den »Fatzer« hinter der Brecht-Gardine sprechen und die anderen Texte vor der Gardine. Damit wäre das formal geregelt gewesen, mehr haben sie nicht verlangt. Und ansonsten hat, wurde mir kolportiert, Barbara Brecht-Schall gesagt: »Der junge Mann darf machen was er will«. Bei meinen eigenen Erfahrungen mit den Erben war es zum Teil verheerend und zum Teil total einfach. Es war eine Art Willkürherrschaft: Die Genehmigungen und Verbote wurden nicht begründet. Wenn man aber schön ordentlich und penetrant war, konnte man was erreichen. Wir haben es sogar fertig gebracht, was als noch viel schwieriger gilt, die Musik von Paul Dessau zu ersetzen. Ich hatte in meiner völligen Naivität damals einen jungen Komponisten beauftragt, diese ganzen Lieder aus dem »Guten Mensch von Sezuan« zu vertonen. Der war völlig unbeleckt von Brecht, der kannte nur diese Liedtexte und fand die ganz toll. Doch bei der Vertonung wurde uns dann gesagt: »So, jetzt schmeißt es in den Mülleimer, weil das ja so sowieso nicht geht«. Daraufhin habe ich eine kleine Tonkassette mit einem netten Brief an Ruth Berghaus geschickt, woraufhin sie geantwortet hat: »Der junge Mann soll mal vorbeikommen.« Und dann bin ich zu ihr gegangen, das ist schon etwa 18 Jahre her. Sie stand da an ihrem Tisch, wir haben uns nett unterhalten und dann hat sie gesagt: »Ja, das mit dem Vertrag, das ist alles gut, ich hab hier geschrieben, Musik: Paul Dessau, komponiert von: Tom Liwa«, so hieß der Musiker, »nach Motiven von Paul Dessau, das müssen Sie jetzt noch hier unterschreiben und dann erlaube ich, dass ihr diese Musik für die Volksbühne verwenden könnt«. Ich fragte nach: »Nach Motiven von Paul Dessau? Muss der diese Motive jetzt noch da reinschreiben?« Und da sagte sie: »Nein, die sind ja schon drin.« Natürlich war nichts von Dessau drin. Es ging einfach nur darum, dass man die Tantiemen kriegt. Und so finde ich das vorbildlich. Im Falle der »Baal«-Inszenierung ist es wirklich dumm gelaufen, das muss man wohl sagen. Der Fehler war, dass ein Dramaturg gedacht hat, er hätte informell vom Leiter des Suhrkamp Verlags einen Freibrief bekommen, weil es doch sowieso klar wäre, dass Castorf machen darf, was er will. Aber dieser Freibrief hatte kein *fundamentum in re*, weil der damalige Leiter der Suhrkamp-Theaterabteilung, der sich als guter Freund von Frank Castorf gesehen hatte, sich einfach übergangen fühlte. Er war in keinster Weise in den Vorgang involviert gewesen.

PODSZUN: Reden hilft, das sage ich meinen Studenten auch immer. Und wenn gar nichts mehr hilft, dann muss eben Carl Hegemann reden. Wenn der zu Ruth Berghaus geht, dann funktioniert's schon irgendwie. Soviel zu den guten Anwälten, die man empfehlen kann. Aber ich finde, man muss eins schon auch sehen: Das, was Barbara Brecht-Schall hinsichtlich der »Baal«-Inszenierung gemacht hat, ist ja, eine individuelle Entscheidung zu treffen, die vielleicht total willkürlich ist. Aber das ist eben genau Kern dessen, was Urheber tun können. Die können ihre Individualität ausleben. Und das ist ja auch gerade das, was wir wollen. Wir feiern ja den Urheber, weil er der große Individualist ist.

HEGEMANN: Solange der Autor noch lebt, ist das ja okay, also wenn Brecht sagt: »Dieser Schweinehund, der kommt nicht an meine Stücke«. Wenn aber, und das ist ein ganz wichtiger Punkt, ein Erbe sagt: »Das ist mein Eigentum, das gehört mir wie ein Haus«, und dann beispielsweise einer der besten Filme Rainer Werner Fassbinders, nämlich »Welt am Draht«, nicht gespielt werden darf, weil die Cutterin und angebliche Ehefrau von ihm, die die Rechteinhaberin ist, das für ein seichtes Fernsehspiel hält, dann ist das kunstgeschichtlich einfach katastrophal.

PODSZUN: Dass wir ein System haben, in dem wir Persönlichkeitsrechte schützen, ist bei uns im Urheberrecht so angelegt. Hier wird der Urheber in seiner persönlichen Ausdruckssphäre geschützt, wobei es eine gewisse Anomalie gibt, dass dieses Recht über die Lebenszeit des Autors hinaus gilt. Ich bin durchaus urheberrechtskritisch. Für meine Studenten aber stellt sich die Situation ganz anders dar. Die fragen mich: »Ja, wo ist denn der Unterschied zwischen meiner geistigen Leistung und dem Haus, das ich gebaut habe? Warum darf ich denn das Haus ewig behalten und die geistige Leistung muss ich dann plötzlich in die Hände von Hegemann legen?«

HEGEMANN: Aber bei meiner oder auch bei Castorfs Arbeit wird die geistige Leistung von Urhebern überhaupt nicht angerührt. Castorf geht ja nicht hin und nimmt ein Buch und verändert dieses Buch, so dass Brechts »Baal« plötzlich mit dem Namen Castorf überschrieben ist und so in der Brecht-Gesamtausgabe steht. Das Werk bleibt doch in seiner Vollgültigkeit erhalten. Etwas anderes ist das bei einem Haus. Wenn ich das Haus abreiße oder Balkone einbaue an Stellen, wo es nicht opportun ist, dann ist das Haus ein für alle Mal ruiniert. Dieser kleine Unterschied müsste doch jedem Juristen auffallen.

PODSZUN: Nun, den Studenten jedenfalls nicht. Ich will es daher nochmal zur Verteidigung anführen, dass es so etwas wie Persönlichkeitsrechte gibt. Und dann gibt es auf der anderen Seite – und das ist das, was heutzutage in den urheberrechtlichen Diskussionen dominant ist (und insofern ist die »Baal«-Diskussion, wie Sie sagen, ein Sonderfall) – die Verwertungsrechte und die kommerziellen Rechte. Und leider gibt es, wie in jeder rechtlichen und wirtschaftlichen Diskussion, das Phänomen, dass derjenige, der ganz unten in der Nahrungskette steht, es am Schwierigsten hat, sich durchzusetzen. Das sind typischerweise diejenigen, die die schöpferischen Leistungen erbringen, oder die irgendwie am Theater ganz unten in der Hierarchie stehen und dennoch etwas zum Gelingen beitragen. Schauspielerrechte beispielsweise sind so ein Thema. Wenn man heute sieht, wie Schauspieler Stücke mitprägen, dann kann man sich ja fragen: »Ist das jetzt wirklich nur noch die Regieleistung oder sind vielleicht Schauspieler auch Akteure, die eine eigene schöpferische bzw. geistige Leistung erbringen?« Das sind so Themen, die man antippen kann. Aber diese Leute fallen natürlich in den kommerziellen Diskussionen immer hinten runter.

LAUDENBACH: Letztlich sind es aber doch die Filmindustrie und Musikindustrie, die ein massives Interesse am Thema Urheberrecht haben und daran, dass diese Rechte sehr lange ausgewertet werden können. Da geht es weder um Kunstfreiheit, noch um die Hoheit des Autors, der die Rechte an die Konzerne abgegeben hat, es geht schlicht und ergreifend um das Verwerten von Rechten. Das sollte man deutlich unterscheiden von dem Konflikt »Baal«/Castorf vs. Brecht-Erben, oder?

PODSZUN: Ja, die großen Player, die in diesem Geschäft momentan das Sagen haben, sind nicht wir Theaterfreunde, nicht die Dichter, nicht die Dramatiker und nicht mal die Großregisseure. Sondern das ist eine Diskussion, bei der Google eine Rolle spielt, bei der die großen Musikkonzerne und die großen Verlagskonzerne eine Rolle spielen. Ich will das gar nicht abwertend sagen; das sind letztlich auch die Leute, die an manchen Stellen wieder geistige Leistung, künstlerische Leistung ermöglichen oder zur Verfügung stellen. Es ist ja nicht so schwarz und weiß, wie man das häufig darstellt. Aber genau da spielt momentan die Musik, und da ist auch der Bedarf, Änderungen zu erwirken viel größer als im Fall »Baal«, auch wenn ich den spannend, wichtig und interessant finde. Der Fall, wo beides – also die Kunst und das Kommerzielle – zusammenkommt, und das ist für mich der aufregendste Fall, den wir momentan im Urheberrecht haben, ist im Bereich des Samplings. Da gibt es die recht bekannte Entscheidung im Bezug auf das Stück »Metall auf Metall«, die derzeit beim Bundesverfassungsgericht verhandelt wird und sich seit 1999 durch die Gerichte schleppt. Da geht es, kurz gesagt, um Folgendes: Sabrina Setlur ist eine deutsche Rap-Künstlerin und hat einen Song mit dem Titel »Nur mir« aufgenommen, der von Moses Pelham produziert wurde. Pelham hat für diesen Song anderthalb Sekunden aus dem Stück »Metall auf Metall« der Band Kraftwerk herausgenommen, gesampelt und unter den Song gelegt. Der Song von Sabrina Setlur läuft also auf dieser ursprünglichen Kraftwerkspur. Und jetzt sagt Kraftwerk: »Das geht nicht ohne unsere Zustimmung.« Der Bundesgerichtshof hat eine schräge Entscheidung dazu getroffen und im Ergebnis gesagt: »Da besteht eine Zustimmungspflicht.« Das heißt natürlich letztlich: eine Zahlungspflicht für Sampler. Durch die ›geklauten‹ anderthalb Sekunden von Kraftwerk werde das Tonträgerherstellerrecht von Kraftwerk verletzt und dafür müsse man zahlen. Jetzt ist die Sache beim Bundesverfassungsgericht, das entscheiden muss, ob dies mit der Kunstfreiheit vereinbar ist. Wird die Kunstfreiheit gestört, wenn ich anderthalb Sekunden von jemand anderem klaue, remixe, sample und mashe und in einen völlig neuen Kontext einbaue? Ist das eine Urheberrechtsverletzung, für die ich zahlen muss? Je nachdem, wie die Gerichte weiter entscheiden, haben wir entweder das Ende des DJing oder das Ende des Samplings – oder wir haben große künstlerische Freiheit für jeden gewonnen, der sich frei an anderen Werken bedienen will.[1]

LAUDENBACH: Bei Texten gibt es ja das Zitatrecht. Das heißt, man darf fremdes Textmaterial verwenden, aber in engen Grenzen.

HEGEMANN: Von dem gleichen Gerichtshof, der jetzt den Fall »Kraftwerk« verhandeln soll, wurde ein Urteil gesprochen, das Heiner Müller erlaubt hat, eine gesamte »Coriolan«-Szene Brechts und noch Stellen aus Brechts »Galilei« in sein Stück »Germania 3« einzubauen, weil es eine lebendige Auseinandersetzung gebe und andernfalls die Freiheit der Kunst und auch die Entwicklungsmöglichkeiten der Kunst nicht gesichert seien. Ob wohl die Brecht-Erben für diese Passagen, wenn »Germania 3« gespielt wird, Geld kriegen? Ging es nur um das Zitatrecht, oder ging es auch um das Recht der geldfreien Verwendung?

LAUDENBACH: Jenseits des Juristischen, Finanziellen und Anekdotischen gibt es noch ein anderes Problem, gerade wenn Heiner

Müller erwähnt wird: Viele Texte sind Palimpseste. Überlagerungen von Textschichten. Und es ist nicht so, dass ein Autor aus dem Nichts heraus schreibt. Wie machen Sie das in Ihren Arbeiten, Sebastian Baumgarten? Sie collagieren auch, wenn Sie zum Beispiel Žižek einbauen. Beleuchten sich die Texte gegenseitig, die da montiert werden?

BAUMGARTEN: Um es mit der Sprache der Mathematik zu beschreiben: Wenn das Stück eine Formel ist, dann ist eine Inszenierung unter Umständen die erste oder zweite oder dritte Ableitung. Und die heißt dann im Ergebnis wie in der Form nicht mehr so wie das ursprüngliche Stück. Das heißt, man nimmt die Punkte, also die Texte, zunächst mal als Kommentar, als Verfremdung, was immer das Ziel der ganzen Sache ist. Dann übernimmt das Verhältnis zwischen den beiden Texten eine neue Dynamik, das heißt es gibt automatisch einen dritten Text, oder wie Godard gesagt hat: »Das Entscheidende ist das, was zwischen zwei Bildern passiert und nicht das eine und nicht das andere Bild.« Daraus entsteht eine neue Narration oder eine Auflösung von Narration, und dann kommt man zum eigenen Werk. Was diese ganze Frage des Samplings betrifft, sei übrigens daran erinnert, dass wir über Brecht reden, der ohne Ende zusammengesampelt hat. Ich möchte gerne meine Erfahrungen mit dem Material von Guy Debord erwähnen, einem großartigen Autor und Filmemacher. Auch da ist die Erbin manisch genau, was das Zeigen der Filme oder das Zitieren der Texte betrifft. Und das bei einem Filmemacher, der wirklich sein gesamtes Werk nur aus Material zusammengesetzt hat! Da frage ich mich schon: Wo ist da die Grenze? Also ich finde im Gegensatz dazu, dass es den Willen zur Freiheit gibt und dass es auch möglich sein muss, diesen in der Kunst zu entwickeln. Das steht außer Frage für mich. Wenn man da jetzt gegensteuert und sagt, man betrachtet auch die andere Position, dann muss man sich fragen, was eigentlich für die Autoren verloren geht. Geht es am Ende vielleicht doch nur ums Geld? Ich verstehe zum Beispiel die Sache mit Kraftwerk nicht genau, weil ich finde, was du gesagt hast, Carl, ist völlig richtig: Es ist ein neuer Kontext entstanden, in dem diese Musik, würde ich sogar aus musikwissenschaftlichen Gründen sagen, einen anderen Motor bedient, eine andere Triebfeder im mechanischen System. Natürlich gibt es eine Erinnerung an das Original, und der musikalische Hook lässt den Song vielleicht besser verkaufen, das kann sein. Aber anderthalb Sekunden, darüber bräuchte man sich nicht streiten.

PODSZUN: Es gibt in diesem Fall eine kleine Besonderheit, die darin liegt, dass Kraftwerk sich nicht auf seine Komposition beruft, sondern auf sein Tonträgerherstellerrecht. Also was normalerweise eher von Musikkonzernen wahrgenommen werden würde. Kraftwerk macht das alles selbst. Hier wird der Fakt geschützt, dass ich überhaupt die Leistung oder die Investition erbracht habe, ins Tonstudio zu gehen und einen Track aufzunehmen. Diese Tatsache soll honoriert werden und ermöglicht gleichzeitig eventuell einen kleinen Blick darauf, was das Urheberrecht heute eigentlich ausmacht. Da geht es inzwischen häufiger um Investitionen und diesbezügliche Schutzrechte.

HEGEMANN: Wenn jetzt Moses Pelham hingegangen wäre und gedacht hätte, das sind zwei schöne anderthalb Takte, und die in seinem Studio selber recht und schlecht reproduziert hätte, sodass er dann hätte sagen können: »Das habe ich nicht von dir recordet, sondern das habe ich selbst an meinem Computer hergestellt«, dann wäre das okay?

PODSZUN: Ja, so hat das der Bundesgerichtshof entschieden. Das ist schon merkwürdig.

LAUDENBACH: In dem Konflikt Castorf/»Baal« ist es relativ einfach, sich auf die Seite der Kunstfreiheit, also auf die Seite Castorfs, zu stellen. Wir sollten die Frage aber versuchen umzudrehen und fragen, wo Autorenrechte bedroht sind. Meine Vermutung ist, dass Autoren heute eine sehr viel schwächere Machtposition haben als vor 20 bis 30 Jahren. Vorhin wurden schon die ästhetischen Bedenken geschildert, wenn Regisseure Werke von Autoren in einer Weise aufführen, die ihnen nicht adäquat erscheint. Heute allerdings scheint es eher so zu sein, dass Autoren sich längst daran gewöhnt haben, es sogar interessant finden, lediglich Material zu liefern.

VÖLKER: Die Position des Autors im Theater wird im Moment als nicht sehr wichtig angesehen. Der Performer oder auch der Regisseur spielt eine größere Rolle. Ich habe jahrelang den »Stückemarkt« beim Theatertreffen in Berlin betreut, um den Theaterleuten neue Stücke sozusagen vor die Füße zu legen. Der Sinn war, durch eine geeignete Präsentation reguläre Aufführungen anzuregen und ins Leben zu rufen. Das hat am Anfang auch oft funktioniert. Inzwischen aber ist das ein eigenes Format geworden, für das eigene Stücke geschrieben werden. Es entstehen also quasi »Stückemarkt-Stücke«. Und auch hier zeigt sich die seltsame Entwicklung insofern, dass es weg vom Autor hin zu Gruppen geht, die sich bewerben, weil sie im Kollektiv etwas entwickeln wollen.

BAUMGARTEN: Blickt man auf Wirtschaft und Gesellschaft, begegnet einem zu Recht der Terminus »postheroisches Management«. Heros post, das bedeutet für mich, dass der Text beziehungsweise die Narration eine neue Rolle innerhalb der Dramaturgien zugewiesen bekommt oder auch streckenweise verdrängt wird. Das fordert wiederum andere Produktionsmechanismen heraus, unter Umständen auch, in Gruppen zu arbeiten. Oder eben auch, mit dokumentarischem Material zu arbeiten, was bedeutet, dass die Rechercheleistung weit mehr ins Zentrum rückt als beispielsweise die Überlegung, den Hauptdarsteller auf der Premiere richtig in der Punktlandung mit dem Hubschrauber abzusetzen. Das sind verschiedene Mechanismen, die ich nicht gegeneinander auskontern möchte. Ich glaube, dass beides nebeneinander existieren können muss.

VÖLKER: Ja, was ich sage, ist nicht dogmatisch gemeint. Allerdings möchte ich auf die Verluste aufmerksam machen, die mit dem Bedeutungsschwund der Theaterautoren einhergehen. Was Sie fordern, ist ja inzwischen schon die Realität: Der Autor ist weg, genauso wie das Konzept der Aufführung. Andrea Breth ist, glaube ich, die letzte Regisseurin, die noch in diesem Kortnerschen und ursprünglich auch bei Peter Stein noch vorhandenen Sinn arbeitet. Das gibt es immer weniger, dass der Text genau gelesen wird und der Schauspieler in seiner Rolle zu einer Verkörperung des Textes findet. Aber genau das ist die Aufgabe des Regisseurs in seiner Arbeit mit dem Schauspieler, anstatt sich in den digitalen Formen auszutoben und andere Medien ins Theater zu holen. Das kann sicherlich eine wunderbare Ergänzung sein. Wenn es aber zur Gewohnheit wird, findet eine Nivellierung statt, und das geht eben nicht. Kunst ist in diesem Sinne nicht demokratisch: Es kann nicht jeder schreiben. Und nicht jeder kann spielen. Ich glaube noch an die Ausbildbarkeit von Leuten, dass man sein Talent um unerwartete Möglichkeiten erweitern und seine handwerklichen Fähigkeiten professionalisieren kann.

BAUMGARTEN: Aber wir Regisseure sind ja nicht alle völlig bekloppt. Nicht jeder verlegt sich darauf, sich lediglich in den neuen Medien auszutoben. Es geht darum, dass man Traditionslinien wahrnimmt. Hier ließe sich zum Beispiel mit dem »Messingkauf« bei Brecht argumentieren. Da heißt es ungefähr: »Ich nehme das Instrument, ich schmelze das ein, das ist der Materialwert dessen, und daraus wird was Neues geformt. Das sieht dann nicht mehr aus, wie das

Instrument, das es vorher war.« Ich glaube, das ist das beste Beispiel. Hier hat dieses Umdenken im Umgang mit Vorlagen angefangen.

HEGEMANN: Das ist kein beliebiger Bruch, sondern hat etwas mit der literarischen und technologischen Entwicklung zu tun. Bei Adorno heißt es, eine Kunst, die sich nicht auf dem Stand der Produktivkräfte bewegt, ist keine Gegenwartskunst. Wenn man jetzt feststellt, dass es digitale Möglichkeiten, reproduzierbare Kunstwerke und auf der Bühne Requisiten gibt, die in Konkurrenz zu den darstellenden Künstlern treten, indem sie selbst etwas darstellen, muss man diese Faktoren berücksichtigen. Zum Beispiel eine Leinwand, die plötzlich in Konkurrenz zum Schauspieler tritt, weil auf ihr auch etwas dargestellt wird. Ein sich entwickelndes Theater muss solche Prozesse aufnehmen. Brecht war einer derer, die das stark forciert haben, indem er zum Beispiel auch den simplen Vorgang festgestellt hat, dass auf der Bühne nicht nur eine Figur steht, beispielsweise Hamlet, sondern immer zugleich jemand anwesend ist, der diesen Hamlet spielt. Das war ja eigentlich bekannt, ist aber durch solche Schauspieldirektoren oder Regisseure jener Tradition, in der auch Andrea Breth steht, völlig ignoriert worden. Doch genau dieser Zwiespalt aus Rolle und Person ist ja der Reiz des Theaters überhaupt, auch heute noch. Deshalb bin ich auch gegen eine reine Performance, wo man nur noch sich selbst spielt. Das geht sowieso nicht, denn dann wird man auch wieder gleich eine Rolle. Diese Möglichkeit, auf der Bühne zu stehen als Martin Wuttke, der sich gleichzeitig verkleiden darf mit irgendwelchen komischen Sachen und dann gleichzeitig auch der Hamlet ist, ohne deshalb Martin Wuttke nicht mehr zu sein – dieser Sprung ist durch Brecht gekommen, dass man diesen Dualismus wieder ernst nimmt. Bis in die 1970er Jahre hinein, als es noch die Semiotik des Theaters gab, hat man diesen Dualismus nicht ernst genommen. Man hat damals von der kontingenten Befindlichkeit des Schauspielers vollkommen abstrahiert. Wenn der Schauspieler geschwitzt hat, dann war das unfein. Er durfte nur als Figur schwitzen. Zugespitzt könnte man sagen, dass dem Theater durch Brecht überhaupt erst die Tür zum Performativen geöffnet wurde.

LAUDENBACH: Ein juristisch spannender Punkt ist die Frage, was es bedeutet, wenn der Schauspieler ein Co-Autor der Inszenierung ist. Wenn er also nicht nur eine Rolle spielt, sondern selbstständig diese Rolle überhaupt erst herstellt. Hat das juristische Folgen oder nicht?

PODSZUN: Das könnte man annehmen. Die Gerichte tun sich damit aber wahnsinnig schwer, egal ob es um Schauspieler oder auch um Regisseure geht. Ich habe mal eine Entscheidung aus dem Jahr 1975 gelesen, die fand ich so witzig, dass sie mein Lieblingsbeispiel dafür geworden ist, wie Gerichte mit Theater umgehen. Es ging um die Frage, ob der Regisseur ein eigenes Werk schafft. Da hat das Oberlandesgericht Frankfurt gesagt, der Regisseur – in dem Fall Peter Mussbach – ist erst dann Autor oder Urheber mit eigenen Rechten, wenn er vom »vorbekannten Formenschatz« abstrahiert hat und etwas weiter gegangen ist, wenn er sich etwas Neues hat einfallen lassen. Und daraufhin hat das Gericht den Regisseur aufgefordert, er solle bitte ein Sachverständigengutachten vorlegen und darlegen lassen, was der vorbekannte Formenschatz an Regieeinfällen ist, und dann könne man ermessen, ob er darüber hinausgeht oder nicht. Wenn ich mir jetzt heute einen Richter vorstelle, der 2016 zu entscheiden hat, wer bei Herbert Fritsch Autor oder bei René Pollesch Autor des Stückes ist, dann stelle ich mir das sehr schwierig vor. Natürlich nähern sich auch die Juristen den zeitgenössischen Kunstauffassungen an, aber Juristen sind eben nur Juristen. Vielleicht sind sie tendenziell eher konservativ, jedenfalls müssen sie halt mit dem Material arbeiten, das sie vorfinden, und das muss man ihnen dann erst mal haargenau erklären.

HEGEMANN: Wobei in der Justiz wie ja auch in der Verwaltung alles durch Definitionen wunderbar einfach geregelt ist. So hat beispielsweise Henry Hübchen gerade neulich noch drüber geklagt, dass er als reproduzierender Künstler besteuert wird. Das steht da einfach so per definitionem, dabei hat er sich selber die entscheidende Szene in der legendären »Räuber«-Inszenierung einfallen lassen. Das nützt ihm nur überhaupt nichts.

PODSZUN: Ja, aber mit Definitionen arbeiten, das muss man auch. Juristinnen und Juristen sind gezwungen, Entscheidungen zu treffen, gerade auch beim »Baal«-Prozess in München. Man hat dem Vorsitzenden Richter Andreas Müller förmlich angemerkt, dass er kein Urteil sprechen wollte, erst recht nicht, wenn dann am nächsten Morgen in der Süddeutschen Zeitung steht »Landgericht München I untersagt ›Baal‹-Aufführung!« Das will er vielleicht nicht, aber er muss es. Denn es kommen Leute zu ihm und sagen: »Ich möchte von dir jetzt wissen, was Recht ist«. Und dann kann er nicht sagen: »Ist alles total schwierig, muss ich mal mit Hegemann ein bisschen diskutieren«, oder so. Der Jurist muss es am Ende des Tages entscheiden. Das ist halt das Gemeine. Und dann kommen natürlich Sachen dabei raus, die der Realität immer nur teilweise gerecht werden, das ist im Recht immer so.

HEGEMANN: Also, ich hätte da nicht helfen können. Aber wenn Castorf am Abend vorher Frau Schall getroffen hätte, wenn man das arrangiert hätte, dann wäre die Kuh vom Eis gewesen. So wahr mir Gott helfe.

VÖLKER: Das ist ja eigentlich auch eine Selbstverständlichkeit, dass man diesen Dialog miteinander sucht. Es kommt zu vielen Konflikten erst gar nicht, wenn man im Vorfeld sowas regelt. Ein Problem, das beim Münchner »Baal« hinzukam, war der Umstand, dass der Fall sofort an die Presse gelangt und per Twitter kommentiert worden ist, ehe die Betroffenen richtig informiert und ins Gespräch gekommen waren. Jetzt erleben wir wieder, dass alle Welt zur Debatte um die Absage einer Inszenierung von Alvis Hermanis in Hamburg zugeschaltet wird, statt dass der Intendant sich erst einmal mit dem Regisseur zu einem klärenden Gespräch trifft. Man gibt solche Dinge nicht sofort an die Presse! Diese Sucht, alles an die große Glocke zu hängen, damit jeder seinen Senf dazugeben und politische Korrektheit bekunden kann, ist grauenhaft. Demokratisch ist das überhaupt nicht. Die Demokratie bleibt dabei auf der Strecke.

PODSZUN: Ich möchte noch eine Frage an Sebastian Baumgarten richten: Wie ist das, wenn Sie inszenieren? Machen Sie sich im Vorfeld überhaupt über rechtliche Fragen eine Vorstellung?

BAUMGARTEN: Ja, es wäre gelogen oder kokett, wenn ich sagen würde, dass wir darüber nicht redeten. Insbesondere wenn man Brecht macht! Ich stecke gerade in Überlegungen zu einer »Mahagonny«-Aufführung. Da kann ich nur in geringem Maße variieren. Ich kann nicht auf die Struktur des Materials zurückgreifen und es vergrößern in dem Sinne, dass weiteres Material dazukommt, oder es verkleinern oder umstellen oder so. Das ist nicht möglich. Auf diese Spielregeln lasse ich mich in gewisser Weise ein. Andererseits, wenn ich wirklich frei denken und agieren kann, dann ist der Prozess genau der, den ich vorhin beschrieben habe. Also dass man aus der Kombination zweier Impulse zu einem nächsten kommt, der wieder zu einem Gegenimpuls führt und so weiter, bis das dann sozusagen im besten Fall eskaliert. Dann kommt etwas heraus, was sicherlich stark vom Ursprungstext entfernt ist, sich im besten Fall aber – das sage ich ohne Zynismus – wiederum in poetische Kräfte verwandelt. Es geht ja nicht darum, die Poesie der Texte, die Poesie des Theatermachens und das, was Theater und Poesie transportieren, zu unterbrechen, sondern vielmehr zu beleben. Das gelingt nicht immer, das gebe ich zu. Aber es gibt auch Momente, in denen es gelingt. Und natürlich sind wir heute angehalten, die neuen strukturellen Bedingungen, unter denen wir arbeiten, das, was ich als »postheroisches Management« bezeichnet habe, zur Kenntnis zu nehmen. Es macht eine Menge aus, dass man in Gruppen zusammen denkt und arbeitet. Gerade für Schauspieler finde ich diesen Prozess total interessant, denn Fakt ist, dass sie es sind, die das am Ende auf die Bühne bringen. Fakt ist auch, dass es oft an der Intelligenz des Schauspielers liegt, wohin sich ein Abend entwickelt. Wenn ein Regisseur diese Freiräume gibt, kann es auch schiefgehen. Das sind aber auch die Punkte, in denen eine große Kreativität nebst aller Darstellungskraft von so einem Darsteller verlangt und freigesetzt wird. In puncto Urheberrechte und der Frage, wie künstlerische Arbeit besteuert werden soll, ist hinzuzufügen, dass sich dieses Problem nicht nur für die Schauspieler stellt, sondern auch im Hinblick auf die Bühnenbildner und Kostümbildner. Für die Regisseure wurde es geregelt, weil Klaus Zehelein sich über den deutschen Bühnenverband für Frank-Patrick Steckel eingesetzt hat, um dieses Ding vom Eis zu kriegen. Wir Regisseure sind daher jetzt ganz gut dran. Die Frage ist: Warum gibt es nicht für die Kostüm- und Bühnenbildner längst ähnliche Regelungen, die in allen Fällen, die ich kenne, zumindest in meiner Zusammenarbeit, mindestens auf gleicher Augenhöhe arbeiten.

LAUDENBACH: Das Schöne ist vielleicht, dass das Theater nicht nur die Wirklichkeit und die Zuschauer immer wieder überfordert, sondern auch die Justiz – bis hin zum Steuerrecht. Ich bedanke mich für das Gespräch.

ANMERKUNG

1 Das Bundesverfassungsgericht hat den Rechtsstreit zwischenzeitlich entschieden (Entscheidung vom 9.1.2017, Az. 1 BvR 1585/13). Das Gericht hat die Entscheidung des Bundesgerichtshofs aufgehoben und sich – unter Hinweis auf die Kunstfreiheit – zugunsten des Samplings ausgesprochen. Die Sache wurde an den Bundesgerichtshof zurückverwiesen, der nun eine durch das Bundesverfassungsgericht aufgeworfene Rechtsfrage dem Europäischen Gerichtshof in Luxemburg vorgelegt hat. Die endgültige Entscheidung in der Sache wird daher noch auf sich warten lassen.

ALLES NUR GEKLAUT? PLAGIATSVORWÜRFE GEGEN BRECHT

Statement von Albrecht Götz von Olenhusen: »Literatur im Prokrustesbett«

I. Plagiate im Prokrustesbett

Die Tatsachen sind bekannt: Brecht hat – ohne Erlaubnis des Übersetzers K. L. Ammer – 25 Verse von dessen Villon-Übersetzung wortgetreu in die »Dreigroschenoper« übernommen. Dabei hat er, wie er erklärte, die Nennung des Namens des Übersetzers vergessen. Brecht hat dann in einem Sonett, das einer Neuausgabe der Villon-Übersetzung beigefügt wurde, geschrieben: »Nehm jeder sich heraus, was er grad braucht! Ich selber hab mir was herausgenommen ...«

Will man das traditionelle urheberrechtliche Prüfungsprogramm hinterfragen, dieses Prokrustesbett für ältere wie neuere Literatur-»Plagiate«, wie es heute die kürzeren oder längeren Maßstäbe für Belletristik liefert, für wissenschaftliche Arbeiten namentlich von bekannten oder dadurch erst einmal bekannt werdenden Politikern, dann ist die Definition des gültigen, auch des schon in den 1920er-Jahren geltenden Urheberrechts hilfreich. Das heißt: Sie wäre hilfreich,

wenn es den Plagiatsbegriff damals oder heute juristisch überhaupt gegeben hätte. Der Urheberrechtler spricht hingegen von
a) objektiver Urheberrechtsverletzung und
b) subjektiver bewusster Anmaßung eigener Urheberschaft an fremdem Geistesgut (der beliebte »Schmuck mit fremden Federn«).

Zum althergebrachten Prüfungssystem gehört aber auch:
c) Ist das übernommene Werk gemeinfrei, also ist der Urheber schon 70 Jahre oder mehr nicht mehr unter den Lebenden?
d) Ist das übernommene Stück überhaupt schutzfähig? Oder
e) ist die Übernahme durch sogenannte Schranken des Rechts gedeckt: etwa durchs Zitatrecht (§ 51 UrhG), durch freie Bearbeitung (§§ 23, 24 UrhG), durch die Kunstfreiheit des Grundgesetzes oder durch vermeintliche oder tatsächliche Zustimmung des Rechteinhabers.

So gesehen war das von Alfred Kerr und anderen plagiatorisch geschmähte Verhalten Brechts im Rechtssinne ein Plagiat, wenn es ein doppeltes Versehen war, den Übersetzer nicht zu fragen und seinen Namen zu vergessen, also eine womöglich bewusste
– Rechtsverletzung des Urheberrechts und
– des Urheberpersönlichkeitsrechts oder auch nur eine lässige Nachlässigkeit, kaum der Rede wert.

Aber schon damals war das, trotz aller öffentlichen Schelte, die ihre wahren Gründe in anderen Hintergründen zwischen Kerr und Brecht hatte, in der politischen und ästhetischen Kritik des Theaterkritikers am Dramatiker gar kein Kapitalverbrechen, kein Einbruch in eine Bank und wohl auch rechtlich wie ethisch eher eine lässliche Sünde – wie ja auch die öffentliche Beichte eher eine witzige Verhöhnung der bürgerlich-pharisäerhaften Kritik war, kurzum: eine hochgeschaukelte Posse aus dem Land Banalien.

Wer vor den Toren der Justiz die Elle der Paragraphen anlegte, würde heute fragen: War das nicht ein zulässiges Groß- oder Kleinzitat, allerdings ohne Quellenangabe, in der gedruckten Fassung der Oper, oder durfte Brecht nicht in sein Werk Teile eines anderen Werkes – zitierend, verarbeitend, antithetisch, zustimmend oder kontrastierend – die Verse schöpferisch in ein selbstständiges neues Kunstwerk einbauen? Für Kerr galt Brecht lediglich als ein John Gay, Kipling und Villon bearbeitender »Epigonster«. Der Dichter selbst konstatierte hingegen den »unaufhaltsamen und daher zu billigenden Verfall des individualistischen Kunstwerks«: Werk, Autor und geistiges Eigentum würden durch den kapitalistischen Produktionsprozess zertrümmert, bestenfalls transformiert.

Über genau diese Frage entschied Jahrzehnte später das BVerfG im Casus »Germania 3: Brecht-Erben (ja oft gut für die Fortbildung der ererbten Ordnung) gegen Heiner Müller«. Der Dramatiker hatte für sein Drama »Germania 3« Texte von Brecht verwendet, über das Zitatrecht weit hinausgehend – aber eben mit diesen und anderen Mitteln ein neues Kunstwerk schaffend, in welchem die Brecht-Texte eine sinnvolle und rechtlich zulässige Funktion erfüllten.

II. Spinne(r) im Netz

Überhaupt haben wir – aller emsigen Plagiats- und Zitatejäger ungeachtet – einen viel größeren Spielraum als die juristische Schulweisheit der Hexenhäuser in den wundersamen Wäldern der Gelehrsamkeit uns lehrt. Ungeschützt und frei verwertbar sind:

- ›gemeinfreie‹ Werke
- Ideen und Informationen, wissenschaftliche Lehren, Daten, Regeln und Anweisungen an den menschlichen Geist
- Inhalte von Werken (in aller Regel)

– der freie Formenschatz, das kulturelle Erbe
– Motive der Natur
– jeder Geistesblitz, auch wenn er mit großem Getöse irgendwann überraschend einschlägt
– die Historie, Geschehnisse der Vergangenheit und Gegenwart
– die Priorität eines Gedankens, einer Idee oder Entdeckung (es sei denn im Patent-, Titel- und Markenrecht).

Prinzipiell schützt das geltende Recht eben nur die urheberrechtlich relevante Gestaltung, die schöpferische Formgebung, allerdings auch Verbindungen von Form und Inhalt, sogar in gewissem Umfange Stoffe und Plots, über den sogenannten Fabelschutz. Es gibt seit Urteilen zum Hochstapler »Felix Krull« oder zur »Häschenschule« einen begrenzten Schutz von Inhalten – man spricht heute davon, dass ein eigentümliches »Gewebe« auch Copyright genießen kann – also die Konstellation der Figuren, der Konflikte, des Gefüges der Beziehungen des Dramas, des Romans, der Story, eben wenn sich dabei ein individualitätsgeprägtes Gewebe – der Autor als Spinne(r) im Netz – feststellen lässt.

III. Störfälle. Störgefühle

Wie komplex sich das alles ausweist, zeigt nicht zuletzt der bekannte Fall um Werk und Film »Da Vinci Code« (der vor einigen Jahren hochgespielte Fall Helene Hegemann war auch nur ein eher marginaler Fall kleiner rechtlicher Eingriffe), und das zeigen auch die Fälle der freien Benutzung, der Parodien, der Fortentwicklung von Werken oder auch, um zu Brecht zurückzukehren: die kritische Übernahme und produktive Verwandlung oder Anverwandlung von bekannten oder weniger bekannten, traditionellen oder historischen Stoffen.

So gesehen gibt es, von Ausnahmen abgesehen, gar kein genuines Recht an bestimmten historischen, kriminalgeschichtlichen, literaturgeschichtlichen etc. Stoffen. Der Plagiatsvorwurf, insbesondere die juristischen Folterwerkzeuge des Urhebergesetzes, des Titel- und Markenschutzes, des Designrechts, sind nur sehr begrenzt geeignet, mit Sanktionen jeden »ethischen« Störfall, jegliches moralische oder hochmoralische »Störgefühl« (Eva Inés Obergfell) zu erfassen. Als ein mit dem Thema Jahre zuvor wenig erfolgreicher Journalist und Regionalhistoriker sich gegen die angebliche Plagiierung durch Andrea Schenkels Kriminalroman »Tannöd« wendete, ging es im Gewande des Anspruchs auf die alleinige Nutzung eines historischen Kriminalfalls aus dem Jahre 1922 im Grunde nur um eine Beteiligung an Bestsellertantiemen und Filmrechten. Die höchst erfolgreiche literarische Nutzung eines bekannten Aktenfalles der Kriminalgeschichte musste, wie so oft, den Neid und die anmaßende Anspruchshaltung desjenigen herausfordern, der sich des Jahrzehnte lang ungelösten Falles minutiös kriminalistisch-historisch angenommen hatte. Der englische Richter Peter Smith hat in seinem Urteil über den Fall »Da Vinci Code« den Klägern eine auch literarisch bravouröse Abfuhr erteilt – denn auch historische Mythen, Thesen und aberwitzige Spekulationen über den Gang der Geschichte, über angebliche Fakten der Abkömmlinge von Religionsgründern sind urheberrechtlich nicht geschützt, auch wenn ein gewitzter Schreiber sie für Roman-Bestseller samt Film ausmünzt.

IV. Gesetze der Imitation

Sloterdijk hat unlängst auf eine Paradoxie der modernen Kultur hingewiesen: auf den Imitationszwang bei gleichzeitigem Imitationsgebot wie Imitationsverbot. Das ist eine interessante Beobachtung, wenn auch nicht unter plagiatorischen, sondern unter Prioritätsgesichtspunkten als Idee und These nicht ganz neu: Gabriel Tardes soziologische Untersuchungen über die Gesetze der Imitation zeigen das schon vor über 100 Jahren. Thorstein Veblens zeitgenössische ökonomische Theorie (der feinen Leute) legt dar, dass der räuberische Instinkt der müßigen, nicht innovativen Klassen (mit ihren vielfach imitierten modischen und Mode-Produkten des stellvertretenden Konsums) sich vom Räuberhauptmann der Vergangenheit bis hin zum modernen Industriekapitän oder Finanzmagnaten fremdes Eigentum zunutze macht, die geistige oder körperliche Arbeitskraft zur Mehrung des eigenen Vermögens und Prestiges ausbeutet.

Der Leipziger Sozialhistoriker Hannes Siegrist hat diese Sachverhalte in puncto geistiges Eigentum in diachronen, weiträumigen Forschungen mit den Entwicklungen von Propertisation und De-Propertisation beschrieben. So gesehen hat Brecht sich in der »Dreigroschenoper« schwerlich als mieser oder veritabler Räuber, als fader Plagiator, nicht einmal als heimlicher Taschendieb, sondern als dichterisches und dramatisches Genie erwiesen. Unter der Perspektive der von Tarde entwickelten Gesetze der Nachahmung, der Imitation und der universalen Wiederholung – angesichts auch der in der Literatur sichtbaren, lesbaren Nachahmungsketten – ist es notwendig, den Begriff der monopolistisch geschützten kulturellen Güter, den Begriff des immateriellen Eigentums historisch, zeitlich, inhaltlich gründlich zu relativieren.

Dazu ein kleines, bezeichnendes Beispiel aus der Welt des geistigen Eigentumskonflikts: zwischen Marx und der Filmindustrie. Nicht Karl, sondern Groucho Marx in seinem Streit mit Warner Brothers. Es ging darum, dass die Filmfirma als Produzent des Films »Casablanca« die Marx-Brothers zu belangen suchte: die wollten nämlich ihren neuen Film »A Night in Casablanca« nennen. Der Casus ist ein Exempel dafür, mit welchen sprachlichen Mitteln der Dekonstruktion Groucho Marx derartige Monopolansprüche auf den Namen einer

Stadt in einem furiosen Briefwechsel über Copyright und Filmtitelschutz in die fabelhafte Welt des Absurden verwies. Das *legal department* der Gebrüder Warner hat zuletzt nicht mehr geantwortet.

V. »Papier und Marktgeschrei«

Das führt mich schließlich auf das Feld der Kulturgeschichte. Verzeihen Sie dem Urheberrechtler und Rechtshistoriker die leichtfertige Überschreitung der fachlichen Grenzen. Schon Egon Friedell hat das »Geschrei über die geistige Entwendung eines der überflüssigsten Geschäfte von der Welt« genannt. Die ganze Weltliteratur bestehe genau genommen aus lauter Plagiaten, die ›Geistesgeschichte der Menschheit‹ – eine Geschichte von Diebstählen. Papier und Marktgeschrei – frei nach Peter Burke.

Übernahmen, Kompilationen, Nachdruck und Plagiat sind Dauerthemen in der Entwicklungsgeschichte des sogenannten geistigen Eigentums. Im 18. Jahrhundert ist das ökonomisch, verlags- und buchgeschichtlich eher ein Konkurrenzproblem. Im 19. Jahrhundert wird das Nachdruckproblem die Debatte um die Entstehung der Urhebergesetze prägen. Angesichts der gegenwärtigen Erodierung des immateriellen Rechts in der digitalen Weltgesellschaft ist die Plagiatsdebatte – ich zitiere Georg Lukács aus einem etwas anderen Kontext – nur ein marginaler »Kleinwiderspruch im Großkapitalismus«.

Noch einmal ein womöglich hilfreicher Rückgriff auf den radikalen Friedell. Er hatte für eine Filmgesellschaft ein Plagiatsgutachten zu schreiben. Es ging um den Filmentwurf »Burg gen Osten« gegen den Entwurf »Condottieri«. Der ähnliche Kern, so Friedell: »Ein heldenhafter Anführer eint die Seinen im Kampf und siegt.« Ich bin nun tatsächlich der Ansicht, dass das Sujet des Films »Condottieri« entlehnt ist, aber nicht aus dem Filmentwurf »Burg gen Osten«, sondern aus

Wagners »Rienzi«, aus Schillers »Jungfrau von Orleans«, … Nach Goethe gebe es nur 46 dramatische Situationen, eine von ihnen: »Ein Befreier setzt sich an die Spitze und geht unter.« Friedell verwies u.a. auf Sheridans »Lästerschule«. Die Komödie behandelt die Geschichte vom guten und vom bösen Bruder, und zwar halten alle den guten Bruder für den bösen und den bösen für den guten. Ferner lieben die beiden ungleichen Brüder dasselbe Mädchen, das aber natürlich nur die Liebe des guten, scheinbösen erwidert. Schiller habe den Stoff dreimal behandelt, vor ihm Klingler schon viermal, man müsse sogar noch hinter Sheridan zurückgehen, zu Fieldings Roman »Tom Jones«. Oder gar bis zu Kain und Abel in der Bibel. Der freigeistige Friedell führte in seinem Plagiatsgutachten ohnehin alle Sujets auf den lieben Gott zurück. Damit entzog er allen säkularisierten Plagiatsvorstellungen jegliches moralische und rechtliche Fundament.

ANMERKUNG

1 Als Anton Kuh 1931 Friedells Erzählung »Kaiser Joseph und die Prostituierte« unverändert, nur unter Hinzufügung der drei Worte »Von Anton Kuh« veröffentlichte, schrieb ihm Friedell: »Es ehrt mich selbstverständlich, dass Ihre Wahl auf meine kleine launige Geschichte gefallen ist, da Ihnen doch die gesamte Weltliteratur seit Homer zur Verfügung gestanden hat. Ich hätte mich deshalb auch gern revanchiert, aber nach Durchsicht Ihres ganzen Oeuvres fand ich nichts, worunter ich meinen Namen setzen möchte.«

QUELLEN UND LITERATURHINWEISE

Baigent & Anor v. The Random House Ltd. (The Da Vinci Code) <2006> EWHC 719 (Ch) (7.4.2006) High Court (Chancery Division) und EWCA Civ. 247 (28.3.2007) Court of Appeal (Civil Division).

BVerfG U. v. 29.6.2000 – Germania 3, in: Neue Juristische Wochenschrift (2001), S. 598 ff.

Brecht, Bertolt, *Über Plagiate*, in: ders.: *Gesammelte Werke in 20 Bänden*, Frankfurt a. M. 1967, Bd. 18. [Im Folgenden GW (mit Band und Seitenzahl)]

Ders., *Der Dreigroschenprozeß*, in: GW 18, S. 139–209.

Davies, Gillian, *The Scope of Copyright Protection*, in: GRUR Int. (2008), S. 635 ff.

Englisch, Paul, *Meister des Plagiats* oder *Die Kunst der Abschriftstellerei*, Berlin 1933.

Friedell, Egon, *Aphorismen und Briefe*, München 1961.

Ders., *Kulturgeschichte der Neuzeit*, 3 Bände, Berlin 1927–1931.

Götz von Olenhusen, Albrecht, *Die Fabrikation der Fiktionen*, in: Pieper, Werner (Hg.), *Copyright oder Copywrong*, Löhrbach 1997, S. 11–40. [zuvor bereits abgedruckt in: Schattenlinien 8/9 (1994)]

Ders./Ling, Peter, *Parodie und Urheberrechtsverletzung in der Schweiz und in Deutschland*, in: Zeitschrift für Urheber- und Medienrecht, Berlin (2003), III, S. 695–724.

Kraus, Karl, *Kerrs Enthüllung*, in: Die Fackel (1929), Nr. 810, S. 129–132.

Obergfell, Eva Inés, *Das Plagiat als urheberrechtliche Kategorie*, in: Mitteilungen des deutschen Germanistenverbandes (2015), Sonderheft 2, S. 143–154.

OLG München, U. v. 12.11.2009 – 6 U 3595/08 – Tannöd, in: openjur.de.

Schott, Hans-Joachim, *Die Unschuld des Plagiats. Brechts intertextuelle Schreibstrategie*, in: CEJSH (2011), S. 83–110.

Siegrist, Hannes, *Der Wandel des Urheberrechts im langen 20. Jahrhundert*, in: Götz von Olenhusen, Irmtraud und Albrecht (Hg.), *Von Goethe zu Google. Das Urheberrecht in drei Jahrhunderten*, Düsseldorf 2011, S. 31–52.

Theisohn, Philipp, *Plagiat. Eine unoriginelle Literaturgeschichte*, Stuttgart 2009.

Unseld, Siegfried (Hg.), *Bertolt Brechts Dreigroschenbuch*, Frankfurt a. M. 1960.

Jörg Magenau im Gespräch mit Philipp Theisohn und Albrecht Götz von Olenhusen

JÖRG MAGENAU: Ich möchte mit einem Zitat beginnen: »Was habe ich denn getan? Ich habe gesammelt. Meine Werke speisen sich aus tausenden unterschiedlichen Individuen. Mein Werk ist dasjenige eines Kollektivwesens und es trägt meinen Namen«. Das war nicht Brecht, von dem man eine solche Aussage erwarten könnte, sondern Johann Wolfgang von Goethe im Jahr 1832. Ausgerechnet der Fixstern bürgerlicher Kultur hat sich selbst als ein Kollektivwesen bezeichnet. Das sollten wir im Ohr behalten. Es ist kein Zufall, dass man immer an Brecht denkt und über Brecht redet, wenn man das Thema Plagiate behandelt. Dabei ist das Thema weniger die Frage, ob Brecht ein Plagiator war, denn die Frage ist glaube ich einschlägig mit »Ja« zu beantworten, sondern wie und warum er das gemacht hat und welche ästhetischen und juristischen Konsequenzen es hat, wenn man plagiiert. Als Anwalt, Herr Götz von Olenhusen, stehen Sie an der Schnittstelle von Literatur und Recht. Sehen Sie sich als Anwalt der Autoren oder der Plagiatoren?

ALBRECHT GÖTZ VON OLENHUSEN: In erster Linie verstehe ich mich natürlich als Anwalt der Autoren, wobei auch unter diesen der Einzug der Plagiatoren sehr verbreitet ist. Eben sagten Sie, auch Brecht sei ein Plagiator. Da muss ich unhöflicherweise gleich widersprechen. Juristisch gesehen bin ich der Meinung, dass er überhaupt kein Plagiator war, auch nicht im Fall der »Dreigroschenoper«. Brecht hat in der Tat vergessen, den Namen von Herrn K. L. Ammer zu nennen. Er hat sich aber nachher mit ihm geeinigt, was Herrn Ammer sehr gefreut hat, weil er sein ganzes Leben lang bestens daran verdient hat. Ich wünschte, ich hätte auch einen 5 %- oder 2,5 %-Anteil an den Einnahmen der »Dreigroschenoper«, um mir damit einen Weinberg in der Nähe von Wien kaufen zu können, wie Ammer es gemacht hat. Meine juristische Sicht auf Brecht ist also eine andere. Ich halte es eher mit Egon Friedell, für den alle Autoren Plagiatoren sind und im Grunde die ganze Welt nur aus Plagiaten besteht.

MAGENAU: Brecht selbst, Herr Theisohn, hätte wahrscheinlich nicht widersprochen und frei heraus gesagt: »Ja, ich bin ein Plagiator«, oder?

PHILIPP THEISOHN: Ja, Brecht hatte einen ganz eigenen Plagiatsbegriff, den man kontextualisieren muss, um ihn zu verstehen. Er hat sich durch die Vorwürfe, Plagiate angefertigt zu haben, überhaupt nicht getroffen gefühlt und gesagt: »Ja, klar!«. Für Brecht galt die Überzeugung, dass plagiieren etwas ist, was nur die ganz Großen können: Wer nicht plagiiert, der kann auch nichts. Plagiieren muss man also gelernt haben. Das heißt, man muss wissen, wo die guten Sachen stehen und so gut schreiben können, dass die guten Sachen von anderen unter den eigenen nicht auffallen. Das war Brechts Vorstellung, sofern wir mal das gesellschaftlich-politische Konzept, das dahintersteht, noch ausblenden. Die Unschuld der Plagiate, das unschuldige Plagiieren gehörte für Brecht zur Blütezeit der Literatur.

MAGENAU: Gehen wir zunächst einen Schritt weiter zurück. In Ihrem Buch »Plagiat. Eine unoriginelle Literaturgeschichte« fangen Sie bei der griechischen Antike an. Könnten Sie uns knapp die Kurven skizzieren, die der Begriff des Plagiats, wie wir ihn heute benutzen, in den Jahrtausenden genommen hat?

THEISOHN: Es gibt da keine lineare Entwicklung. Was sich durchzieht, ist die Vorstellung, dass der Plagiator jemand ist, der das Innere eines fremden Werkes versklavt. Es geht nicht nur um ein paar Worte oder Sätze. Sprache beruht auf Konventionen, und wir alle benutzen Sätze, die andere auch benutzen. Demgegenüber geht es bei allen Plagiatsvorwürfen darum, dass von der Wörtlichkeit, die sich gleicht oder ähnelt, auf einen geistigen Vorgang geschlossen werden kann. Das heißt, jemand hat sich den Gehalt, den ein anderer hineingelegt hat, an dem er gearbeitet hat, an dem er gelitten hat, ohne eigene Arbeitsleistung angeeignet.

MAGENAU: Das heißt, Plagiieren basiert auf der Vorstellung, dass Kunst etwas ist, was man sich mit Schmerzen und Leiden erarbeiten muss und jemand anderes das Ergebnis einfach abschöpft.

THEISOHN: Ja, das ist die Idee dahinter. Derjenige, der sich über die reine Oberfläche des Textes oder eines anderen Produktes letztendlich die Arbeit, die dahinter steht, also das geistige Kapital, aneignet, ist ein Plagiator. Wie leicht das geht oder wie schwer das fällt, hängt immer davon ab, welche Medien wir benutzen. Heute wird den digitalen Medien und der Möglichkeit, mit dem Prinzip des ›copy and paste‹ zu arbeiten, oft die Schuld zugeschoben, dass gar nichts Neues mehr entsteht, sondern alles nur eins zu eins kopiert wird. Das stimmt so natürlich nicht. Zutreffend ist aber, dass der Zugang zu und das Übernehmen von Texten dadurch leichter geworden ist. Die Frage allerdings ist, ob es deswegen auch häufiger gemacht wird oder aber, ob wir durch die digitalen Medien solche Aneignungsprozesse jetzt nicht viel leichter kontrollieren können. Eine ähnliche Diskussion gab es auch, als der Buchdruck aufkam, der als die große Medienrevolution des 16. Jahrhunderts gilt. Es gibt also immer wiederkehrende Strukturen. Was auch über die Jahrhunderte und Jahrtausende gleichgeblieben ist – das ist meine zentrale These –, ist, dass Plagiate keine Objekte sind. Wir verwenden den Begriff »Plagiat« häufig so, als ob wir konkrete Objekte vor uns hätten, also bestimmte Sätze oder auch konkrete Bücher. Ich weiß noch, in der Diskussion um Helene Hegemanns Roman »Axolotl Roadkill« hieß es sehr schnell: »Der Roman ist ein Plagiat.« So verallgemeinernd kann man das aber nicht sagen. Der Roman hat nicht allzu viele, aber ganz bestimmte Passagen quasi übernommen oder zumindest eingearbeitet und in eine Welt gefügt, die der des Ursprungsromans sehr ähnlich war. Das war das Problem dabei.

MAGENAU: Aber was sind Plagiate, wenn sie keine Objekte sind?

THEISOHN: Plagiate sind immer Erzählungen. Was wir beim literarischen Plagiat vor uns haben, sind zwei Texte, die sich ähneln oder gleichen. Wir stellen Koinzidenzen fest, und dann könnte man sagen: »Na gut, gleicht es sich halt«. Aber was wir machen, ist etwas anderes, wir konstruieren eine Geschichte dazu und sagen etwa: »Aha, einer von diesen Texten muss aus dem anderen hervorgegangen sein. Wir wissen jedoch nicht wie. Es ist nicht angezeigt, es gibt keine Fußnoten und es gibt keinen Verweis.« Also fangen wir an, diese Geschichte weiterzuspinnen, mit bestimmten Absichten und Motiven. Der Ankläger beispielsweise sagt: »Naja, der kann nichts, der hat sich bei mir bedient, weil er bedürftig ist und sich von seinem eigenen geistigen Kapital nicht ernähren kann.« Oder: »Der konnte mich noch nie leiden – aus mehr oder weniger bestimmten Gründen.« Oder: »Sie wollte sich an mir rächen.« Oder: »Er war eifersüchtig.« Und so weiter. *Jetzt* erst hat man ein Plagiat. Der Beklagte bedient sich dann auch aus einem Arsenal von Argumenten, etwa: »Es klauen ja sowieso immer alle.« Er kann auch etwas sagen wie: »Mir ist es unterlaufen, dass ich 32 Disketten hatte und mir irgendwie die Fußnoten abhanden gekommen sind.« Jedenfalls gibt es letztendlich immer eine Erzählung und eine Gegenerzählung, und aus diesem Grund wehre ich mich auch entschieden dagegen, von einem Plagiatsobjekt zu sprechen. Bei Plagiaten geht es vielmehr um Wahrscheinlichkeiten, und die sind tatsächlich narrativ komplex. Wenn wir die Komplexität etwas reduzieren, können wir davon sprechen, dass wir manche dieser Erzählungen für unwahrscheinlicher halten als andere. Die oben zitierte von Karl-Theodor zu Guttenberg zum Beispiel, der wir unseren Glauben nicht schenken mochten, weil sie uns im Verhältnis zur Textkonstitution zu abenteuerlich vorkommt. Aber es gibt andere Erzählungen, bei denen man am Ende konstatiert: »Na ja, beweisen kann man es nicht. Man war nicht dabei.«

MAGENAU: Diese verschiedenen Erzählungen gegeneinander abzuwägen ist schließlich die Aufgabe der Gerichte. Aber wenn man diesem Gedanken folgt, dass es zwar um bestimmte Worte, Sätze und Texte geht, diese aber erst in einem bestimmten Kontext zu einem Plagiat werden, wie geht man damit dann juristisch um?

GÖTZ VON OLENHUSEN: Die Perspektive, die Herr Theisohn entwickelt hat, ist eine literarische oder auch literaturwissenschaftliche. Als Juristen haben wir eine Art schneidermeisterliche Methode. Wir schauen eben leider doch auf die Objekte, nämlich auf zwei Texte, die wir dann vergleichen, und für die wir ein bestimmtes Prüfungsprogramm haben. Nicht, dass ich das immer für gut erachte, aber es ist nun mal so, dass das auch so von den Gerichten angewendet wird. Man beginnt damit, dass man also erst mal guckt, welche Worte sich gleichen. Damit fängt es an. Bei den Inhalten ist man sehr zurückhaltend, weil der Urheberschutz an Inhalten ja sehr begrenzt ist. Eine Ausnahme wäre der sogenannte Fabelschutz, so zum Beispiel die Fabel von »Felix Krull« oder von der »Häschenschule«, ein berühmtes Kinderbuch, das mal das Reichsgericht beschäftigt hat, woraufhin der Inhaltsschutz, der sogenannten Fabelschutz entwickelt wurde. Wobei die Formgestaltung natürlich entscheidend ist, und dann auch die Frage, was ist übernommen? Hat sich da jemand tatsächlich mit fremden Federn geschmückt, also Formulierungen übernommen, Konzepte übernommen, Inhalte oder sogenannte Gewebe von Handlungen übernommen? Das alles kann man durchaus am Text festmachen. Die Engländer sagen dazu »the proof of the pudding is in the eating«. Man guckt es sich an, und dann vergleicht man es.

MAGENAU: Aber das ist doch eher eine Gefühlssache, oder?

GÖTZ VON OLENHUSEN: Nein, das ist keine Gefühlssache. Das lässt sich sehr genau festmachen, ob es inhaltliche bzw. formale Übereinstimmungen gibt. Das Urheberrecht ist ja eigentlich gar kein Inhaltsschutz, sondern reiner Formalschutz, der wiederum sehr begrenzt ist. Der Schutz des immateriellen Eigentums ist nicht übermäßig gut entwickelt. Übrigens hat sich die Einschätzung von Plagiaten historisch stark gewandelt. Es hat Zeiten gegeben, in denen man sich – ganz im Gegenteil zu heute – auf Autoritäten berufen und gesagt hat: »Okay, ich übernehme das. Warum? Weil es gut ist.« Und das war legal und vollkommen in Ordnung. Noch im 18. und 19. Jahrhundert verläuft die ganze Debatte um Nachdrucke und Plagiate sehr verschieden von der heutigen. Blickt man bis in die frühe Neuzeit und weiter zurück, wie Sie es in Ihrem Buch gemacht haben, Herr Theisohn, finden sich viele weitere Beispiele für eine differente Praxis im Umgang mit der Kompilation fremder Texte, die durchaus legitim und legal war. Sie haben also völlig Recht, den zeitlichen Kontext mit einzubeziehen. Was den Guttenberg betrifft, das war allerdings nicht nur eine bestimmte Form der Erzählung, sondern es war einfach eine große Lüge und Betrug. Das ließ sich feststellen.

MAGENAU: Man muss nicht unterscheiden zwischen Politikern, wo es eher um moralische Integrität geht, und literarischen Werken? Das sind doch zwei völlig verschiedene Dinge.

THEISOHN: Zumindest muss man literarische Texte und wissenschaftliche Texte, wie im Fall von Guttenberg, unterscheiden. Mit Blick auf die Literatur erachte ich es als besonderes Problem für die juristische Entscheidungsfindung, dass es nicht nur um ähnliche oder gleiche Sätze geht, sondern dass man immer auch nach der Schöpfungshöhe fragen muss. Bei Frank Schätzing hatten wir dafür ein Beispiel, bei Andrea Maria Schenkel ein anderes. Auch die »Dreigroschenoper« wäre zu nennen. Es ist immer eine Frage des Abwägens. Also hat das Werk, das den anderen Text benutzt, eine eigene Schöpfungshöhe erreicht oder nicht? Ich finde, das ist nicht immer einfach zu beantworten.

MAGENAU: Aber das genau ist doch eine Frage, die juristisch nicht zu entscheiden ist.

GÖTZ VON OLENHUSEN: Anknüpfend an die Aussage, dass wir Literatur von Wissenschaft unterscheiden müssten, möchte ich an den Fall Schenkel erinnern, bei dem ich allerdings befangen bin, weil ich ja die Beklagte und angebliche Plagiatorin vertreten habe. In diesem Fall war es so, dass auf der einen Seite ein literarisches Objekt, der »Tannöd«-Roman, stand und auf der anderen Seite eine wissenschaftliche, eigentlich eher historische Darstellung, die Aufarbeitung eines kriminologischen Falls durch einen Journalisten. Hier muss man tatsächlich verschiedene Maßstäbe ansetzen. Das Genre ist auch für die Frage, ob es nun ein Plagiat ist oder nicht, wesentlich. Zunächst einmal ist es in meinen Augen ohnehin völlig legitim und auch legal, den gleichen historischen Fall zu behandeln. Wenn das mit unterschiedlichen ästhetischen und literarischen Mitteln geschieht und eine gewisse

Schöpfungshöhe zur Geltung gelangt, komme ich zu dem Ergebnis, dass das eigentlich sogar was vollkommen Normales ist, auf die gleichen historischen Fälle zurückzugreifen.

MAGENAU: In diesem Fall geht es um zwei Autoren, konkret aber geht es um einen bestimmten Stoff. Es geht nicht um einen Plagiatsvorwurf, der einzelne Sätze betrifft, ja?

GÖTZ VON OLENHUSEN: Richtig. Das Problem des Stoffes ist oft entscheidend. Nehmen wir den Fall, den die englischen Gerichte entschieden haben: der »Da Vinci Code«. Der Roman greift viele Stoffe auf, die es seit Jahrhunderten gibt. Der englische Richter, der übrigens selbst ein literarisches Kunstwerk in seinem Urteilstext verbrochen hat, hat genau nachgewiesen, dass das alles auf Thesen und historische Darstellungen zurückgeht, die schon über Jahrhunderte hinweg virulent sind. Die werden übernommen oder auch nur zum Teil übernommen, jedenfalls so, dass man im juristischen Sinn nicht sagen kann, dass es ein Plagiat ist. Die Engländer haben einen etwas anderen Plagiatsbegriff als die Deutschen, aber im juristischen Sinn wäre das auch nach deutschem Recht kein Plagiat. Da Sie anfangs, Herr Theisohn, sehr prononciert von *Ihrer* These gesprochen haben. Ihre These ist urheberrechtlich auch nicht geschützt.

THEISOHN: Das will ich ja auch gar nicht. Die soll sich ja verbreiten! Um auf einen anderen spannenden Fall zu sprechen zu kommen: Uwe Tellkamps »Turm«. Da gab es auch Klagen, aber schließlich kam es zu einem Vergleich. Es gab den Vorwurf, in dem Roman würden das gleiche Antiquariat und die gleichen handschriftlichen Anweisungszettel auftauchen, wie man sie auch in Jens Wonnebergers »Die letzten Mohikaner« anträfe. Man kann auf so einen Vorwurf auf zwei Weisen reagieren. Das eine, was Tellkamp hätte machen können, ist zu sagen: »Na gut, selbstverständlich arbeite ich mit etlichen Büchern und habe natürlich viel DDR-Literatur benutzt, und dann habe ich das einfach verarbeitet.« Das wäre sicher durchgegangen, weil der Roman so dick ist. Man hätte sagen können: »Er hat das Motiv aufgegriffen. Der Roman von Tellkamp hat eine eigene Schöpfungshöhe, da muss man gar nicht groß diskutieren. Die Kunst darf das, sie darf sich anderer Texte bemächtigen, erst recht, wenn sie selbst ein großes stabiles Fundament hat.« Das wurde aber so nicht gemacht. Die Tücke liegt nämlich darin, dass sich die Kunst zwar immer durch sich selbst legitimieren und sagen kann: »Es ist ein Zitat, es ist eine Parodie, es ist im Grunde eine Überarbeitung, man könnte sagen, eine Überhöhung.« Aber dadurch bleibt immer ein böser Nachgeschmack hängen. Dann heißt es: »Gut, das war jetzt eigentlich ein Verstoß, aber man kann ihn halt nicht greifen, weil es Kunst ist.« Tellkamp hat es daher anders gehandhabt und gesagt: »Nee, ich war auch in dem Laden. Und ich habe die Zettel auch gesehen.« Und in dem Moment war er auf der sicheren Seite. Denn auf die Realität gibt es kein Urheberrecht, die ist einfach nicht geschützt.

MAGENAU: Mich würde der positiv besetzte Begriff des Plagiats noch mehr interessieren. Wenn wir an Epochen zurückdenken, in denen ein Plagiat nichts Ehrenrühriges hatte, gab es dann überhaupt diesen Begriff des Plagiats?

THEISOHN: Den Begriff gibt es eine Zeit lang und dann wieder eine Zeit lang nicht. Er stammt von dem römischen Dichter Martial. »Plagiarius«, das ist derjenige, der die Verse seines Freundes selbst verwendet, wie der Dichter Fidentinus, der Verse von Martial entführt und selbst eingesetzt hatte, diese also nochmal für seine eigene Dichtung versklavt hat. Nach der Antike, im Mittelalter, gerät der Begriff in Vergessenheit. Das ist relativ logisch: Im Mittelalter gibt es nur einen einzigen Eigentümer, und das ist Gott.

MAGENAU: Es gibt den Autorbegriff nicht.

THEISOHN: Nein, man braucht ihn gar nicht. Man schreibt Kommentar und Kommentar und Kommentar. Manchmal gibt es Regeln, die einen dazu veranlassen, dass man sagt: »Ich sollte schon vielleicht dranschreiben, wo kommt das jetzt genau her.« Aber oft wissen es die Schreibenden gar nicht. Wenn es in diesen Texten heißt: »Aristoteles sagt …«, dann haben die Verfasser oft lediglich gehört, dass jemand gesagt hat, bei Aristoteles stehe es so oder so. Das ist eine andere Art von Wissen. Wenn alles nur zur Ausfaltung der Ehre Gottes dient, dann hat ein Autorenname da nichts verloren. Und auch keine Eigentumsvorstellung. Der Begriff »Plagiarius« taucht erst wieder im 15. Jahrhundert auf. Und dann ist es so, dass der Begriff polemische Züge erhält. Erst im 20. Jahrhundert kommt es dazu, dass mit dem Plagiieren geradezu ein Stolz verbunden wird. Um »Plagiat« als positiv besetzten Begriff aufzufassen, braucht es eine brechtianische Auffassung, braucht es ein Gesellschaftskonzept, ein bestimmtes Eigentumsmodell und ein politisches Konzept, das in etwa wie folgt lautet: »Die Bürger nennen das ›Plagiat‹. Nun, wir Antibürgerlichen sagen: Ja klar, super, genau das wollen wir haben. Wir alle nehmen uns, was da ist, und sehen das als Provokation positiv.« So finden wir es bei Brecht, abermals sehr stark in den 1960er Jahren und auch jetzt wieder bei den Creative Commons der digitalen Kultur. Auch bei jemandem wie David Shields ist Plagiat ein positiver Begriff. Aber dies ist tatsächlich eine Wendung, die im 20. Jahrhundert kam, und Brecht ist dafür einer der wesentlichen Paten.

MAGENAU: Damit sind wir wieder bei Brecht. Herr von Olenhusen, in Ihrem Statement, das Sie als Ausgangspunkt dieses Gesprächs vorbereitet haben, betrachten Sie den Fall Brecht auch vor dem Hintergrund heutiger Rechtsprechung. Könnten Sie dies nochmals schildern?

GÖTZ VON OLENHUSEN: Wenn ich persönlich den Fall »Brecht-Karl Ammer« heute zu entscheiden hätte, würde ich darauf verweisen, dass es ein neueres Urteil des Bundesverfassungsgerichts gibt. Da ging es auch um Brecht, diesmal aber auf der anderen Seite sitzend. Zur Entscheidung stand die Frage, ob Heiner Müller in so ausgiebiger Weise wie geschehen Passagen von Brecht in seinem Stück »Germania 3« verwenden durfte. Die Brecht-Erben hatten sich dagegen gewendet und gesagt: »Du, Heiner Müller, darfst dich nicht bei unseren Rechten bedienen. Wir sind die Erben, wir haben die Urheberrechte, die Persönlichkeitsrechte und so weiter geerbt. Und deswegen sind wir der Meinung, dass das unzulässig ist.« Die Frage, ob das literarisch in Ordnung ist oder nicht, sei mal dahingestellt. Rechtlich aber gibt es eine eindeutige Entscheidung. Das Bundesverfassungsgericht kam zu dem Schluss, und ich finde diese Auffassung vollkommen richtig, dass es hier nicht um Zitate geht, denn es waren keine Zitate, die Passagen waren viel zu lang für ein Zitat (im Rechtssinne wohlgemerkt), sondern es geht darum, dass Heiner Müller die Brecht-Texte einarbeiten musste, weil er sich damit auseinandergesetzt hat. Die Passagen haben also eine bestimmte Funktion in seinem eigenen Stück. Von Urheberrechtlern wird dieses Urteil heftig angegriffen. Aber es ist nun mal in der Welt, und ich finde es in Ordnung, dass man die Meinungs-, Dokumentations-, vor allem aber die Kunstfreiheit in Beziehung setzen muss zum Zitatbegriff. Also Heiner Müller hat meines Erachtens nicht plagiiert, sondern er hat von bestimmten Werken Gebrauch gemacht und ein neues Werk geschaffen, indem er sich mit den fremden Texten antithetisch oder zustimmend auseinandergesetzt hat, so dass es kein Plagiat im Rechtssinne ist. Juristisch gehört ja zweierlei zum Plagiat: die objektive Urheberrechtsverletzung wie auch die subjektive, bewusste Anmaßung eigener Urheberschaft an fremdem Geistesgut, also der Schmuck mit fremden Federn.

MAGENAU: Aber expressis verbis gibt es den Begriff »Plagiat« doch in der Rechtsprechung nicht, oder?

GÖTZ VON OLENHUSEN: Nein, den haben wir dort gar nicht. Wir haben nur den Begriff »abhängige Übernahme«, das ist der § 23 im Urheberrechtsgesetz. Das meint, ich »übernehme« gewissermaßen Textteile oder Inhalte und begehe eine Urheberrechtsverletzung und mache das ganz bewusst. Das ist der juristische Plagiatsbegriff, der sehr eng gefasst ist.

THEISOHN: Urheberrechtsverletzungen sind das eine, im universitären Rahmen allerdings geht es vor allem um Täuschung. Auch in der Universität gibt es immer mehr Merkblätter gegen Plagiate, aber dort ist von Plagiaten in Anführungszeichen die Rede, woran man sieht, dass die Universitäten Plagiate nicht definieren wollen und auch nicht können. Daher muss man auf den Täuschungsbegriff zurückgehen. Zwar spielt auch der Eigentumsbegriff, im Rahmen des Urheberrechts, eine gewisse Rolle, vor allem aber geht es hierbei um vorgetäuschte und nicht erbrachte Leistungen.

MAGENAU: An einer Stelle Ihres Statements, Herr Götz von Olenhusen, bezeichnen Sie das Urheberrecht als »Prokrustesbett« oder gar als Folterwerkzeug. Das müssten Sie genauer erklären.

GÖTZ VON OLENHUSEN: Ja, das Urheberrecht ist tatsächlich ein juristisches Folterwerkzeug, denn ich halte es für zu eng. Es ist so einengend, dass wir Vieles, das wir ästhetisch oder literarisch als zulässig ansehen, damit nicht erfassen können. Ob das so richtig ist oder nicht, das lasse ich jetzt mal dahingestellt. Ich persönlich bin der Meinung, dass wir dieses sehr enge System des Urheberrechts so nicht akzeptieren sollten, weil es von Monopolstrukturen ausgeht. Diese merkwürdigen Strukturen werden damit begründet, dass wir das Monopolrecht für den Urheber brauchen, damit er von seinen Schöpfungen ordentlich leben kann. Diese Argumentation aber ist, offen gesagt, ganz dummes Zeug. Es gab im 19. Jahrhundert einen Soziologen, Albert Schäffle, der in einer schönen Untersuchung, die vollkommen unbekannt ist, nachgewiesen hat, dass die Rentenfunktion des Urheber- und Verlagsrechts überhaupt nicht funktioniert. Er hat mit den damaligen ökonomischen Mitteln festgestellt: Der Anspruch, dass der Urheber von seinem Werk, seinem immateriellen Eigentum, vernünftig und gut leben könne, stimmt mit der Wirklichkeit nicht überein. Das war also schon im 19. Jahrhundert eine Illusion.

MAGENAU: Außer es gelingt ihm, seine Werke gut zu verkaufen.

GÖTZ VON OLENHUSEN: Ja gut, aber das trifft nur auf die Wenigsten zu, auf die »happy few«. Zum gleichen Ergebnis kam 100 Jahre später ein Doktorand, der seine Studie im Bertelsmann Verlag veröffentlicht hat. Gerhard Prosi hat in seiner Analyse zur Ökonomie des Buches nachgewiesen, dass es leider nach wie vor so ist, dass die weit überwiegende Zahl der Autoren von dem, was sie so schreiben, nicht leben kann, von ganz wenigen Ausnahmen abgesehen. Vielleicht haben sie das Glück, gut verheiratet zu sein, so dass sie nicht unbedingt von diesen Einkünften leben müssen. Aber das System als solches ist nicht im Stande, immaterielles Eigentum so zu schützen, dass der Mensch davon auch leben kann. Insofern finde ich auch Brechts »Laxheit im Umgang mit geistigem Eigentum« vollkommen in Ordnung.

MAGENAU: Das ist ein gutes Stichwort, Herr Theisohn, um die Debatte um die »Dreigroschenoper« nochmal aufzugreifen und ihre Nachgeschichte zu beleuchten.

THEISOHN: Ich sehe die Bedeutung des Plagiatsvorwurfs im Fall der »Dreigroschenoper« vor allem in dem Widerspruch, den Brecht aufzeigen will und an dem sich seine Kritiker reiben. Dieser Widerspruch tritt erstmals mit Erscheinen der Songs der »Dreigroschenoper« zu Tage. Dies ist der Moment, in dem Alfred Kerr glaubt, Brecht an der Angel zu haben. Die Geschichte ist bekannt: Brecht hat sich für die »Dreigroschenoper« in einem Umfang von 25 Versen aus Ammers Übersetzung von Villon bedient. Das könnte man alles im Rahmen der brechtschen Ästhetik rechtfertigen, und auch Kerr stößt sich daran nicht. Was ihn allerdings alarmiert, ist der Umstand, dass die Songs unter dem »Copyright Brecht« erscheinen. Das heißt, Brecht stellt die Sachen, die er gesammelt hat, unter den eigenen Urheberschutz. Und das ist der Punkt, an dem Kerr glaubt, ihn mit dem Argument überführt zu haben: »Der Brecht tut so kollektivistisch, aber das ist alles bloß vorgeschoben. Eine andere Produktionsästhetik, ein anderes politisches System, ein anderer Kunstbegriff – aber letztendlich ist er Teil des Systems und profitiert davon. Das ist nur umso schlimmer, wenn derjenige, der alles kollektiv erledigt haben will, eigentlich eine Firma betreibt.« Das ist, was Kerr sagt. Er spricht ganz bewusst von »eigener Firma«, was so viel heißt wie: »Alle schuften und der Chef kassiert!« Interessant wird es, wenn man die Nachgeschichte in den Blick nimmt, denn Brecht arbeitet sich genau an diesem Widerspruch weiter ab. Vieles ist bekannt: 1930 verkauft er die Rechte an der Verfilmung der »Dreigroschenoper« an die Nero-Filmgesellschaft, sichert sich dabei aber ein Mitspracherecht am Drehbuch, das er dann zusammen mit der Filmgesellschaft erstellt. Und was passiert? Das von Brecht verfasste Drehbuch passt der Filmgesellschaft nicht, weil sie eine politische Kampftendenz darin sieht. Brecht ist aber nicht bereit, große Änderungen zu machen. Deswegen sagen sie sich: »Mit dem können wir nicht arbeiten, wir drehen es einfach alleine.« Genau so machen sie es auch, was zur Folge hat, dass Brecht und Weill einen Prozess gegen die Nero-Film AG anstrengen. Ausgerechnet Brecht, der zuvor mit Urhebern sehr lax umgegangen ist, zieht nun also wegen Verletzung seiner Urheberschaft vor das Gericht. Doch das Interessante kommt erst noch: Während Weill seinen Teil des Prozesses gewinnt, verliert Brecht den Prozess haushoch. Darüber schreibt er schließlich ein Buch, »Der Dreigroschenprozess«, in dem er die Berichterstattung über diesen Prozess spiegelt und Thesen dazu entwickelt. Das ist ein hochspannendes Dokument, denn es zeigt, dass Brecht den Prozess eigentlich nur geführt hat, um ihn zu verlieren. Und er ist sehr froh, dass er ihn bereits in der ersten Instanz verliert, sonst müsste er noch weitergehen und es würde immer teurer. Noch schlimmer wäre es gewesen, wenn er ihn in der ersten Instanz gewonnen hätte. Warum? Weil Brecht durch seine Prozessführung etwas aufzeigen will, nämlich dass der Kapitalismus das alte Urheberrecht mit seiner Vorstellung des Individuums, des Einzelnen, der etwas produziert und vermarktet, dieses ganze Image der Persönlichkeit zu seiner eigenen Aufrechterhaltung braucht. Diese Idee des Individuums geriet durch die Art und Weise, wie Kunst in den 1920er Jahren produziert wurde, durch die neuen technischen Mittel des Radios und Tonfilms, in die Krise, denn diese forcierten Prozesse, in denen Kunst sowieso immer im Kollektiv produziert und auch für ein Kollektiv gemacht wird. Letzteres kommt Brechts ästhetischer Vision sehr entgegen. Er geht ja davon aus, dass Kunst etwas ist, das nicht dem großen Einzelnen vorbehalten ist, dem Künstlergenie, das über den Dingen steht und sagt: »Ich produziere und ihr schaut zu!« Für Brecht sind daher die neuen Technologien wie Radio und Tonfilm, die die neuen kollektiven Arbeitsbedingungen widerspiegeln, revolutionäre Medien. Das heißt, der Kapitalismus bringt mit seiner Technik für die Massenkultur die Techniken und Produktionsbedingungen hervor, die ihn überwinden wollen, und die dabei kollektiv entstehenden Produkte, so Brechts Annahme, richten sich gegen das alte

Verwertungsmodell »Urheberrecht«. Die Logik hinter dem »Dreigroschenprozess« ist daher folgende: »Ich als Urheber führe diesen Prozess, und wenn ich mehr Geld einsetzen könnte, als ich jetzt kann, dann könnte ich den Prozess auch gewinnen und vernichte damit einen Film, der jetzt schon 800 000 Mark gekostet hat und fertig gedreht ist. Kurzum: Der Kapitalismus frisst sich dann selber.« Aber Brecht hat den Prozess verloren, der Urheber wird durch die Richter enteignet (wobei es für Brecht eh keine gerechten Richter gibt, das ist für ihn eine reine Geldfrage), und zugleich enteignet damit der Kapitalismus den Urheber zugunsten dieser neuen, kollektiven Filmindustrien und merkt gar nicht, dass er dabei ist, sein Geschäftsmodell zu vernichten. Und natürlich funktioniert es: Brecht verliert den Prozess, und die Filmgesellschaft ist so erschrocken darüber, dass sie den Prozess gewonnen und Brecht damit enteignet hat, dass sie ihm sofort die Filmrechte wieder zurückgibt und auch noch den Prozess bezahlt. Und dann sagt Brecht: »Diese widersprüchliche, paradoxe Situation ist es genau, was ich zeigen wollte. Da sieht man's!«

MAGENAU: Warum tut sie das? Warum gibt die Filmgesellschaft die Filmrechte zurück an Brecht?

THEISOHN: Brechts These dazu ist klar: Sie brauchen die Chimäre des Autors. Es gibt für sie immer noch den *Spiritus Rector*. Am Ende wollen sie im Film schreiben: »Nach Bertolt Brecht«, und nicht einfach: »Wir haben die ›Dreigroschenoper‹ genommen; sie hat uns eigentlich nicht gehört, wir haben sie auch nicht erfunden, wir nennen den Urheber nicht und machen was ganz anderes draus.« Sie brauchen Brecht, sein Image des Verruchten, als Marker, weil ihnen das die Möglichkeit gibt, den Film bestens zu vermarkten. Aber sie wollen nicht die Botschaft, sondern nur das Gesicht und den Namen. Eine revolutionäre Botschaft ist nicht erwünscht, sie wollen die Revolution nur als Branding so wie ein Che Guevara-T-Shirt. Deshalb kommt die Filmgesellschaft Brecht freiwillig entgegen. Statt den Autor auszulöschen, brauchen sie ihn als Popanz.

MAGENAU: Aber hält nicht auch Brecht die Chimäre des Autors aufrecht? Er schreibt ja auch nicht »Firma Brecht« auf seine Werke.

THEISOHN: In der Schrift »Dreigroschenprozess« ist der Widerspruch zwischen individuellen und kollektiven Produzenten wunderbar dialektisch analysiert. Wieweit sich Brecht selbst dieser Problematik stellt und wieweit es angenehm war, unter diesen Bedingungen mit ihm zu arbeiten, das ist eine andere Frage. Es gibt natürlich auch Beteiligte, die unter Brecht gelitten haben und für die es kein Spaß war, in einem Kollektiv zu arbeiten, bei dem nachher nur Brecht die Lorbeeren einsammelte. Es gibt ja dieses umfangreiche Buch von John Fuegi (»Brecht und Co.«), demzufolge Brecht letztendlich gar keinen eigenen Text geschrieben hat, sondern alles quasi über Sex-Sklaverei erpresst hat. Diese These ist natürlich hanebüchen. Dennoch wird Brecht mit Sicherheit kein netter Chef gewesen sein, so von wegen, »wir machen das alle gemeinsam und stehen alle dann oben drauf«. Da gab es schon Hierarchien.

MAGENAU: Hier sollten wir zunächst einen Schnitt machen, um auch die juristische Seite zum »Dreigroschenprozess«, dem Nachspiel zur »Dreigroschenoper«, zu hören.

GÖTZ VON OLENHUSEN: Das ist sehr interessant, wie Sie, Herr Theisohn, diesen Fall aus literaturwissenschaftlicher Perspektive sehen. Ich habe den »Dreigroschenprozess« auch einmal, aber unter rein urheberrechtlichen Gesichtspunkten, näher betrachtet. Da ist mir aufgefallen, dass mir der »Dreigroschenprozess«, so gerne ich die

Schrift auch lese, doch vorkommt wie eine retrospektive Bemäntelung. Da das Wort Chimäre verwendet wurde: Der Text hat auch etwas Chimärenhaftes. Die Prozesssituation wurde ja bereits skizziert. Brecht hatte in der ersten Instanz vor der Filmurheberkammer des Landgerichts Berlin verloren. Aber Weill, der parallel prozessiert hat, hatte gewonnen. Das heißt, Brecht hatte man gesagt: »Du hast kein Mitspracherecht und außerdem hast du dich vertragsmäßig nicht ordentlich verhalten. Deswegen weisen wir deine Klage ab«. Und Brecht antwortet in der Schrift »Dreigroschenprozess«, indem er sagt: »Das geistige Eigentum funktioniert eben im Kapitalismus nur, solange es nicht zu teuer wird.« Und das war ja in Ordnung. Das unterschreibe ich alles mit. Nur: Die Prozesssituation – warum Brecht dann nicht weitergegangen ist, war ganz einfach die: Die Nero-Film AG saß in einem ganz fürchterlichen Dilemma. Sie konnte den Film nicht machen, weil sie die Musik von Weill nicht verwenden durfte. Sie hatte nämlich die Musik von Weill verändert. Und deswegen kam Weill mit seinem Prozess durch. Und die Nero-Film AG, die den Film verwerten wollte, musste nun Weill was anbieten und hatte sogar eine hohe Summe dafür vorgesehen. Ich meine mich zu erinnern, dass es 50 000 Mark waren. Eine immense Summe damals, 1930, da war ja keine Inflation mehr. Und das für eine eher marginale Veränderung der Musik! Mit der gleichen Begründung hätte man auch Brecht recht geben und sagen können: »Dein Text ist verändert worden, also nicht plagiiert, sondern einfach verändert worden, und deswegen gewinnst du den Prozess.« Also mit anderen Worten, die Widersprüchlichkeit, die Sie vorhin angesprochen haben, zeigt sich auch in der Justiz ganz deutlich. Ich meine, wie kann man Brecht abschmettern und mit der gleichen Begründung in dem übrigens nicht sehr bekannten Urteil – das ist ja nirgends abgedruckt, um den Urteilstext zu finden, muss man ins Archiv gehen – Weill recht geben? Das heißt, die Nero-Film AG sitzt jetzt plötzlich in einem großen Dilemma. Sie will ja den Film verwerten, hat bereits 800 000 Mark investiert, was damals eine immense Summe war, und den Film auch schon nach Frankreich verkauft. Sie hätte den Film aber nicht verwerten können, wenn Brecht weitere Prozesse angestrengt hätte. Und Brecht hatten sie ja sehr wenig bezahlt, ich glaube 20 000 Mark. Er wurde eigentlich sehr billig abgefunden, während Weill den großen Reibach gemacht hat. In dieser Situation hat man sich daher geeinigt, damit der Film schnell in die Kinos kommen konnte. Und Brecht hat die Situation wiederum genutzt und gesagt: »Okay, dann will ich aber nach zwei Jahren die Rechte zurück und dann einen Film nach meinem Gusto machen.« Das konnte er dann nicht machen, weil die politischen Verhältnisse sich geändert hatten. Er hat dann noch »Kuhle Wampe« gedreht. Wobei man sagen muss, »Kuhle Wampe« ist tatsächlich eines dieser Beispiele, wo Brecht wirklich jemanden benutzt hat: den bulgarischen Regisseur und Skriptschreiber Slatan Dudow. Das ist für mich ein Beispiel, wo er geistiges Eigentum anderer ziemlich deutlich und auch die Person ausgebeutet hat – wobei Slatan Dudow dagegen gar nichts hatte, das muss man ehrlicherweise ergänzen.

MAGENAU: Die andere Frage, die sich aufdrängt, ist, warum Brecht die selbsterklärte Laxheit in Fragen geistigen Eigentums, die er für sich in Anspruch nimmt, nicht auch im Umgang mit seinem eigenen Werk gewährt, sondern stattdessen einen Prozess anstrengt. Also, wo ist der Unterschied?

THEISOHN: Brecht geht es um die Inszenierung. Im »Dreigroschenprozess« verkörpert er den Typus des alten kapitalistischen Urheberrechtssystems nach dem Motto: »Ich hab was geschaffen, alle, die es jetzt verwerten, müssen mir etwas zahlen.«

MAGENAU: Er tut das, um es ad absurdum zu führen. Ist das, kurz gefasst, Ihre These?

THEISOHN: Er verkörpert das alte System und zeigt, was passiert, wenn man das alte System konsequent versucht aufrechtzuerhalten. Dann wird es schlicht und einfach zu teuer; das merkt auch der Kapitalismus. Die technischen Mittel sind so weit, das alte System zu überwinden. Also muss man den Urheber enteignen, und es wäre nur allzu folgerichtig, die ganze Sache mit der Autorschaft und den Urhebern abzuschaffen. Das wäre in der Tat eine Konsequenz. Aber Brecht zeigt natürlich nur den Widerspruch. Er führt im Grunde vor, wie das System funktioniert. Das, was ihm bei der Einigung mit der Filmgesellschaft an Gutem widerfährt, sieht er als nicht abwendbares Eingeständnis des alten Systems, das mit derlei immanenten Widersprüchen leben muss.

MAGENAU: Aber hatte Brecht nicht ein doppeltes Interesse, das Urheberrecht einerseits als ein bürgerliches Folterwerkzeug vorzuführen, es andererseits aber auch – eine wichtige Forderung zeitgenössischer Autoren – als Schutz geistiger Leistungen und zur eigenen Verwertung seiner Werke zu nutzen?

THEISOHN: Man muss bedenken, dass das Urheberrechtsmodell, also das urheberrechtslose Modell, das Brecht im Kopf hatte, auf einer bestimmten politischen Vorstellung basierte. Was Brecht im Kopf hatte, ist die Gesellschaft von morgen – eine zukünftige Gesellschaft, die diesen Popanz von Urheberrecht nicht mehr braucht.

MAGENAU: Die Gesellschaft von morgen war damals der Sozialismus.

THEISOHN: Richtig, darauf zielten Brechts Überlegungen. Im Sozialismus arbeiten alle im Kollektiv fürs Kollektiv und im Grunde steht alles allen offen. Vor diesem Horizont kann man Autoren von heute ja mal fragen, ob sie bereit sind, sich für eine Gesellschaft von morgen zu opfern. Das ist genau das Problem, denn Brecht vertritt eher die Position: »Ich stehe dafür ein, aber solange die neue Gesellschaft noch nicht da ist, kassiere ich erst einmal.« Auch bei Karl Anton Klammer war er ja großzügig mit dem Weinberg. Die Frage aber, die sich immer stellt, lautet: Mache ich Kunst als utopisch-gesellschaftliches Konzept oder will ich auch davon leben? Ich würde es mal so formulieren: Brecht bringt das sehr gut zusammen.

MAGENAU: Denken Sie, in Ihrer Praxis als Anwalt, dass das Urheberrecht eigentlich eher etwas ist, das Autoren behindert, wenn sie von einem Folterwerkzeug und einem Prokrustesbett reden – also dass man es abschaffen sollte? Oder gibt es eine Alternative dazu?

GÖTZ VON OLENHUSEN: Ach ja, die bekannte Frage: »Herr Kästner, wo bleibt das Positive?« Nein, das werden Sie von mir nicht erwarten können. Vor ein paar Jahren hat sich die Leibnitz-Gemeinschaft in über 300 Seiten über ein neues Urheberrecht mit Open Access und ähnlichen Dingen ausgebreitet. Das ist sehr teuer und wird sich nicht durchsetzen lassen. Diese 300 Seiten finden sich natürlich im Internet, da kann man alles nachlesen und kopieren. Ganz wunderbare Ideen, die letzten Endes aber alle folgenlos geblieben sind. Es ist ein Entwurf des Urheberrechts, der niemanden zufrieden stellt; die Autoren nicht, die Verleger nicht und auch die Buchhändler nicht. Das Urheberrecht ist seit Jahren erodiert, das Filesharing zeigt dies ganz deutlich. Neue Geschäftsmodelle gibt es dabei nur von Anwälten, die Abmahnungen rausschicken, was alles sehr lachhaft ist. So jedenfalls habe ich mir das Urheberrecht nicht vorgestellt. Als Anwälte sollten wir immer nur die Abgemahnten vertreten, nicht die Abmahner. Aber es gab und gibt auch Fälle, in denen ich jemanden mal wegen eines Plagiats abmahnen muss. Wenn es sich um ein richtig krasses Plagiat handelt, also ein ganzes Kapitel abgeschrieben oder abkopiert wird, werde auch ich unruhig.

MAGENAU: Wir sollten noch näher auf die technische Grundierung von Plagiaten und Urheberrechtsfragen eingehen. Heute leben wir in einer Zeit, in der das Urheberrecht den digitalen Netzbedingungen angepasst werden muss, und in der man nicht genau weiß, wie das funktioniert. In der die Piratenpartei zwischenzeitlich hochkam und die freie Verfügbarkeit forderte, und die Autoren sich dagegen zu Recht wehrten, weil sie natürlich nicht enteignet werden wollten. Bei Brecht war das ja 1930 ganz ähnlich. Das Stichwort neue Medientechnologien, Radio und Tonfilm, ist schon gefallen. Diese Verwertung in anderen Medien, die plötzlich auf das Urheberrecht und die Plagiatsfrage zurückschlägt, hat ja auch beim Prozess um die Verfilmung der »Dreigroschenoper« eine große Rolle gespielt.

THEISOHN: Brechts Streit um die Verfilmung der »Dreigroschenoper« ist im Grunde ein guter Fall, um auf die Jetztzeit zu blicken. Bereits zu Brechts Zeit war das Bewusstsein virulent, dass das klassische Urheberrecht, das man in der Berner Konvention verankert hatte, überholt sei. Es gab 1929 eine große Konferenz in Rom, auf der festgestellt wurde, dass man dem neuen technischen Standard der Medien, also Schallplatten, Tonfilm und so weiter, damit nicht mehr gerecht werden könne. Das waren Medien, die andere Medien ›fressen‹. Es ging nicht mehr darum, dass jemand eine Sonate geschrieben hatte, sondern dass jetzt jemand diese Sachen aufnahm und sie auf Schallplatten vertrieb, die wiederum im Radio gespielt wurden. Diese ganzen Vorgänge waren juristisch nicht mehr richtig abgedeckt, weil es jetzt um Leistungsschutzrechte ging. Im Falle des Tonfilms waren diese Fragen besonders komplex, da das schließlich ganz verschiedene

Leistungen sind, die erbracht werden und abgegolten werden müssen. Das war unheimlich schwer, dem mit dem Urheberrecht beizukommen. Deswegen hat Brecht auch so eine Filmbegeisterung, kann er doch sagen: »Da, da sieht man's! Das war's, jetzt müssen wir eigentlich mit dem Urheberrecht aufhören!« Während die Urheberrechtler natürlich argumentieren: »Jetzt müssen wir das bisherige Recht modifizieren, damit wir es in die neue Zeit hinüberretten können.« Genau diese Zeit ist es, in die der Prozess um die Verfilmung der »Dreigroschenoper« fällt. Eine Fußnote dazu, ohne dass ich das hier vermischen will: Als die Nazis 1933 an die Macht kamen, waren die immer noch mit dem gleichen Problem konfrontiert, dass das Urheberrecht neu gestaltet werden müsse. Viele Urheberrechtler haben sie allerdings vertrieben, die meisten von ihnen sind in die Schweiz geflohen. Die UFITA, eine juristische Fachzeitschrift zum Urheberrecht, wurde von den Nazis mehr oder weniger übernommen. Und wenn man sich anschaut, was die Nazis für Entwürfe hatten, die alle nicht umgesetzt wurden, weil sie gar nicht mehr dazu kamen, auf diesem Gebiet etwas richtig zu gestalten, finden sich dort ganz ähnliche Vorstellungen zu Brecht, was die Vergesellschaftung und die Abschaffung des traditionellen Urheberrechts anbelangt. Zwar gibt es für sie nach wie vor die Instanz des Urhebers, aber eigentlich liegt das Recht an den Werken bei der »Volksgemeinschaft«. Völlig ausgeschlossen von jeglichen Rechten blieben natürlich diejenigen, die gar nicht zur »Volksgemeinschaft« gehörten. So heißt es in einzelnen Entwürfen sinngemäß: »Juden können sowieso keinen Anspruch auf geistiges Eigentum haben, weil die gar keines herstellen können.«

GÖTZ VON OLENHUSEN: Aber natürlich stand die Vergesellschaftung der Nationalsozialisten unter ganz anderen Vorzeichen als bei Brecht. Man sollte auch bedenken: So wie Brecht haben auch viele andere gedacht, beispielsweise Kracauer. Es lohnt, einen genaueren Blick auf den Film zu werfen, den Georg Wilhelm Pabst schließlich aus der »Dreigroschenoper« gemacht hat. Es war kein schlechter Film, und es war vor allem kein politisch rechter Film. Pabst war ein Linker oder ein Linksliberaler. Deshalb geht es im Streit mit Brecht letztlich um eine interne Debatte innerhalb der Linken, in der auch Kracauer eine große Rolle spielt, ebenso wie Lotte Eisner und viele mehr. Wenn man sich diesen Diskurs anschaut, dann ist das eine sehr fortschrittliche Debatte, die durch das »Dritte Reich« jäh abgebrochen wurde. Was die genannte Konferenz in Rom und die Folgezeit betrifft, ist es interessant zu sehen, dass die Urheberrechtler, aber auch die Verleger und so weiter der Meinung waren, man müsse die urheberrechtliche Schutzfrist verlängern. Die Frist betrug damals in Deutschland, wenn ich mich recht erinnere, zunächst 30 Jahre. Dann gab es den Zusatz »nach dem Tode«. Doch jetzt war die internationale Entwicklung weitergegangen, und aus den 30 Jahren wurden 50 Jahre. Das haben die Verleger und auch die Autoren selbstverständlich begrüßt, weil sie sich eingebildet haben, dass sie dann mehr verdienen. Das ist natürlich ein Irrtum, eine totale Illusion gewesen. Schließlich haben dann auch die Nazis die 50 Jahre übernommen. Sie haben sich nicht aus der internationalen Debatte ausgeklinkt.

THEISOHN: Das konnten sie auch gar nicht.

GÖTZ VON OLENHUSEN: Aber das Interessante war: Warum? Nach außen hin haben sie gesagt: »Wir wollen das deutsche, arische Geistesgut, wir wollen Wagner und Nietzsche und diese ganzen freien Sachen jetzt besser schützen.« Elisabeth Förster-Nietzsche ging ja ein und aus bei den Nazis. Der springende Punkt, warum die Nazis sich für eine lange urheberrechtliche Schutzfrist eingesetzt haben, war die Devisenlage. Sie haben sich gesagt: »Wenn wir Lizenzen exportieren, dann ist unsere Devisenbilanz besser.« Im Grunde ist die These von

Brecht – die politische Gefahr, die eine Aufrechterhaltung des Urheberrechts darstellt – auf der normativen Ebene sogar bestätigt worden.

MAGENAU: Ich möchte nochmal zurück zu der Frage, was man aus dem »Dreigroschenprozess« für heute lernen kann. Lässt sich die Problematik wirklich auf das digitale Zeitalter übertragen?

THEISOHN: Die Konstellationen wiederholen sich. Mit den digitalen Medien gibt es jetzt ein Medium, das nicht nur manch andere, sondern alle vorherigen Medien ›frisst‹. Der Film fraß das Theater und die Musik, und die digitalen Medien, so könnte man es sagen, fressen den Film. Wenn man sich beispielsweise YouTube oder vergleichbare Plattformen einmal anschaut, sieht man, wie das funktioniert. Und man sieht auch, wie sich im digitalen Raum urheberrechtlicher Schutz errichten, aber auch wieder einreißen lässt. Das ist ein Medium, dessen Schranken immer auch dazu da sind, niedergerissen zu werden. Die Frage ist, wie man sich positionieren sollte? Soll man versuchen, eine geistige Entität in einem Raum beizubehalten, der diese geistige Entität von der Materie her eigentlich gar nicht schützen kann? Oder soll man – dafür stehen die anfänglichen, inzwischen schon lange vergangenen Debatten der Piratenpartei – das gesamte Konzept von Kultur-Kreativität technologisch neu denken? Da ist man dann bei den Creative Commons. Daraus folgt dann die Freiheit der Nutzung, die allerdings nur funktioniert, wenn man es konsequent macht, sich alle daran halten und nicht am Schluss einer dasteht und sagt: »Okay, und ich vermarkte das Ganze jetzt.« Kurzum, die Konstellation und Frage, die mit der der Zeit Brechts vergleichbar ist, lautet: Gibt es Chancen und Möglichkeiten, das Urheberrecht legerer zu gestalten oder müssen wir versuchen, dieses Konzept, das ja auch nicht in allen Kulturkreisen und Staaten gleich ist (wir haben zum Beispiel eine andere Vorstellung davon als die Amerikaner), durchzuboxen, auch durch eine Medienkultur, an die man bei Weitem nicht gedacht hat, als das Urheberrecht rausgekommen ist? Das Filesharing und diese Abmahnwelle wurden bereits angesprochen. Das sind Dinge, an die man damals nicht gedacht hat, als man das Urheberrecht und seine Mechanismen geschaffen hat. Ob das im Sinne des Urheberrechts ist, muss man sich dann schon fragen.

MAGENAU: Es ist Zeit, das Gespräch für das Publikum zu öffnen.

PUBLIKUM: Es gibt ja auch den Begriff der Intertextualität. Das ist eine etwas positivere Begrifflichkeit gegenüber dem bösartigen Terminus »Plagiat«, den man ja gar nicht richtig fassen kann. Intertextualität ist, würde ich sagen, etwas ganz Normales innerhalb der Literaturgeschichte. Also, ich lese gerade ein voluminöses Buch von Frank D. Wagner, »Hegel und Brecht«, und da geht es nicht nur um das, was Brecht von Hegel übernommen hat, sondern um Motive aus der gesamten Weltkultur von der Antike an bis heute, und was Hegel, Brecht, aber auch viele andere Autoren daraus gemacht haben. Solch eine Form der Intertextualität ist schlicht und einfach die literarische Realität. Brecht da herauszunehmen, weil er ganz besonders frech bei anderen Autoren geklaut habe, halte ich für falsch. Mit der Frage, ob er nun Plagiator war oder nicht, halten wir uns an Kleinigkeiten fest, statt uns mit der spannenden Frage der Intertextualität zu beschäftigen, die uns interessieren sollte.

THEISOHN: Intertextualität ist ein Begriff, der Brecht selbst noch gar nicht zur Verfügung stand. Der wurde eigentlich erst durch Tel Quel, beziehungsweise durch Kristeva, entwickelt, und es wäre interessant zu wissen, ob Brecht den Begriff, wenn er ihn schon gehabt hätte, auch genutzt hätte. Ich glaube, er hatte großes Gefallen an dem Plagiatsbegriff. Er ist ja auch sehr affirmativ damit umgegangen, da man an diesem Begriff viel zeigen kann. Anders als beim Konzept der Intertextualität geht es beim Plagiat um Personen und einen bestimmten Habitus, und es geht um eine bestimmte Vorstellung von Diebstahl, Raub und Enteignung. Wenn wir von Intertext sprechen: Intertext heißt ja immer, dass zwei Texte miteinander kommunizieren. Das heißt, der eine Text holt den anderen rein, um ihm einen neuen Resonanzraum zu geben, um auch eine neue Seite an ihm zu zeigen. Soweit kann man das auf Brecht wunderbar anwenden. Das Konzept der Intertextualität steht aber, nach Kristeva, noch für etwas anderes. Es handelt sich eigentlich um die Vorstellung einer Welt ohne Autoren, ein Raum, in dem sich die Literatur mit sich selbst unterhält. Und diese Vorstellung richtet sich zwar radikal gegen Eigentumsansprüche und Urheberrecht, aber sie ist natürlich in gewissem Sinne auch weit weg von Gesellschaft und Produktionsverhältnissen. Intertextualität ist tatsächlich ein sehr »sauberer« Begriff, der genau deswegen auch oft aufpoppt in Diskussionen um Plagiate. Das gab es auch im Fall von Helene Hegemanns Roman »Axolotl Roadkill«. Auch da gab es die Gefahr, die Sache zu banalisieren und so zu tun, als ob man sein Leben lang Foucault gelesen habe und es genüge, von Intertextualität zu sprechen, um alle Plagiatsvorwürfe zu entkräften.

MAGENAU: Das radikalste Beispiel von Intertextualität, von Zitaten und Collagen, ist Bob Dylan. In Bob Dylans Album »Love And Theft« ist schon im Titel von »Liebe und Diebstahl« die Rede. Keine einzige Zeile der zehn Songs auf dieser Platte stammt von Bob Dylan selber. Stattdessen stammen die Zeilen von Ovid über Shakespeare bis zu Blues-Sängern der 1920er Jahre, bei denen er sich Liedzeilen rausnimmt und das alles zusammenmontiert. Keine dieser Übernahmen ist ausgewiesen, da steht keine Quellenangabe, keine Fußnote, nichts. Als Plagiatsjäger könnte man Zeile für Zeile nachschauen, was er woher hat. Aber trotzdem entsteht natürlich im Sinne der Schöpfungshöhe etwas ganz Neues. Bei Dylan geht es sogar soweit, dass er in Interviews Fragen mit Zitaten anderer Leute beantwortet. Also da entwirft sich der Autor selber tatsächlich als ein aus vielen Stimmen sprechendes Wesen; Stimmen, die durch ihn hindurchgehen. Und er sagt dann auch: »Ich bin sie alle, ich spreche sie alle.« Das ist eine Radikalisierung dieses Prinzips des Aufnehmens, Absorbierens und Kunsterzeugens, bei dem die Frage nach Plagiat oder Copyright oder Urheberrechtschutz grandios ins Leere führt.

PUBLIKUM: Ich möchte das Stichwort ›Konflikt zwischen Linken‹ aufgreifen, das im Zusammenhang der Verfilmung der »Dreigroschenoper« fiel. Ich finde das interessant, weil es sich fast zur gleichen Zeit in der Internationalen wiederholt hat. Da gab es einen Konflikt zwischen Walter Gilbricht und Brecht, auf den eine Zeitungskampagne folgte, innerhalb derer Brecht wieder als Plagiator bezeichnet wurde. Auch das war ein Konflikt zwischen zwei Linken, der von der konservativen bis zur rechten Presse aufgegriffen wurde. Und dann hieß es natürlich: »Wieder Plagiatsvorwürfe gegen Brecht!«

MAGENAU: In diesem Fall aber hat Brecht viel selbstbewusster widersprochen. Seine Erklärung endet mit dem Satz: »Gilbrichte sind nicht plagiierbar.« Damit sind wir wieder an dem Punkt, dass man auch plagiieren können muss. Nehmen wir das als Schlusswort. Vielen Dank für das interessante Gespräch.

WER SCHRIEB BRECHTS TEXTE? SELFMADEMAN VS. CO-AUTORSCHAFTEN

Statement von Sabine Kebir: »Geben und Nehmen im Brecht-Kollektiv«

Verbreiteter als die Kenntnis von Brechts Werk ist heute die Ansicht, dass dieses Werk zusammengeklaut wurde. Es sei von anderen, besonders Frauen, mitgeschrieben worden, ohne dass sie angemessen entlohnt beziehungsweise in Verträgen berücksichtigt wurden. Von links-feministischer Seite hat Peter Weiss mit den Abschnitten über Brecht in der »Ästhetik des Widerstands« diese Denktradition begründet, von explizit antikommunistischer Seite her John Fuegi mit »Brecht & Co.«.

Tatsächlich hatte Brecht immer Helfer und Helferinnen. Aber dabei hat er sich keinesfalls als ›Selfmademan‹ dargestellt, sondern als Teil von Gruppen. Der amerikanische Brecht-Forscher James K. Lyon hat eine Liste der Helfer erstellt, die von Brecht selbst genannt worden sind. Er kam auf acht Frauen und siebenundzwanzig Männer, die fundamentale Beiträge geleistet haben. Lyon erinnert auch daran, dass Brecht schon früh seine Kinder um ihre Meinung befragte und Vorschläge einforderte. Versuchte man, die unzähligen kleineren und größeren Vorschläge zu erfassen, die Brecht zum Beispiel von seinen Komponisten oder von den Schauspielern angenommen hat, wäre die Liste der Mitarbeiter um ein Mehrfaches länger.[1]

Anders als vielfach angenommen, wurden und werden weiterhin Mitarbeiter bei der Verteilung von Tantiemen in rechtsgültigen Verträgen berücksichtigt, und zwar auch, wenn sie – was meist der Fall war – nicht an der Endredaktion beteiligt waren, sondern Recherchearbeit geleistet hatten und/oder Diskussionspartner im Schaffensprozess gewesen waren. Benno Besson hat mir 1999 gesagt, dass er nie verstanden hätte, weshalb er und Elisabeth Hauptmann Tantiemenanteile an »Pauken und Trompeten« bekamen. Hauptmann sei zu der Zeit abwesend und krank gewesen und er selbst hätte Brecht nur als Dialogpartner und zur Selbstvergewisserung gedient. Aus dieser Information wird nachvollziehbar, weshalb Hauptmann Besson ihre Anteile testamentarisch überlassen hat. Besson aber bestand darauf, dass das ganze Stück von Brecht sei. Dieses Beispiel erhellt: Die Vergabe von Tantiemenprozenten durch Brecht war nicht von Kleinlichkeit geprägt, erfolgte allerdings auch nicht vorrangig nach juristischen Kriterien, sondern eher dem Wunsch, Mitarbeiter, die es nötig hatten, zu versorgen. Nicht anders ist auch die im maschinenschriftlichen Testament festgehaltene Passage zu verstehen, Isot Kilian die Rechte an allen seinen Songs zu vermachen, an denen sie ja nun wirklich nicht mitgearbeitet hatte. Es kam nicht dazu, weil Helene Weigel hinsichtlich des Testaments das bürgerliche Recht durchsetzte.

Wie Brecht die europäische Zentralperspektive in der Malerei ablehnte und *deshalb* die asiatische Malerei bevorzugte, wollte er auch in seine Theaterstücke nicht nur eine, das heißt seine eigene Perspektive einbringen, sondern mehrere. Und es sollten nicht nur männliche, sondern eben auch weibliche Perspektiven sichtbar werden. Ein besonders deutliches Beispiel dafür ist die Integration feministischer Positionen in »Der gute Mensch von Sezuan«, die Brecht unter anderem in Diskussionen mit Margarete Steffin, vor allem aber mit Ruth Berlau gewonnen hat. Die Hauptrolle war für Helene Weigel geschrieben, der das Stück auch gewidmet ist, weil auch ihre Lebenserfahrung darin eingegangen ist.

Wer als Mitarbeiter in den Druckversionen der Stücke benannt ist, war nicht unbedingt Tantiemeninhaber und umgekehrt: So ist bei der »Antigone«-Bearbeitung nur Caspar Neher als Mitarbeiter benannt; aber aus Ruth Berlaus Nachlass geht hervor, dass sie an diesem Stück Tantiemenanteile hatte. Dabei traf sie nachgewiesenermaßen erst in der Schweiz ein, als Brecht seine Bearbeitung abgeschlossen hatte und bereits bei den Proben war. Die großen Stücke des skandinavischen Exils wiederum kamen erst in den letzten Lebensjahren Brechts oder sogar erst danach unter Vertrag: Hier kam es zu Ungenauigkeiten, zum Beispiel was die Mitarbeit der 1941 gestorbenen Margarete Steffin betrifft. Sie wird zwar oft als Mitarbeiterin genannt, aber Tantiemenanteile wurden ihr postum nicht mehr zugestanden. Ihre Eltern wurden von Brecht und Weigel auf andere Weise unterstützt.

Ungenauigkeiten ja – aber auch Ungerechtigkeiten? Sicher gibt die »Große Berliner und Frankfurter Ausgabe« der Werke Brechts nicht genügend Auskunft über den Anteil von Mitarbeitern an Brechts Werk. Zum Teil wurden auch Werke von Mitarbeitern – zum Beispiel Gedichte von Steffin – als Brecht-Werke gedruckt. Größere Genauigkeit stellt aber die Sekundärliteratur her. In meinen Recherchen für meine Bücher über Elisabeth Hauptmanns und Ruth Berlaus Arbeit mit Brecht[2] habe ich nicht nur die Beiträge hervorgehoben, die sie für Brechts Werk leisteten, sondern auch viele Beiträge Brechts zu den Arbeiten der Frauen dokumentiert, die unter ihrem Namen veröffentlicht wurden, zum Teil aber unveröffentlicht blieben. Weil hier wichtige Arbeiten mit zum Teil brecht-untypischen Themen entstanden, an denen seine Mitarbeit aber dennoch belegbar ist, plädiere ich schon lange dafür, auch solche Arbeiten angemessen zu publizieren und den Anteil Brechts deutlich zu machen. Leider haben daran bislang weder die Brecht-Erben noch die Erben der Frauen Interesse gezeigt.

Brecht hat von frühester Jugend an in fröhlicher Runde mit Freunden gedichtet und gesungen: vor allem mit Georg Pfanzelt und Caspar Neher, die oft Ideen, Reime, Zeilen oder gar Strophen beisteuerten. Aber keiner stellte später infrage, dass Brecht über die endgültige Form entschied. Schon damals wollte er – anders als die heutige gängige Meinung – nicht als Einzelgenie auftreten, sondern er legte vielmehr Wert darauf, als Teil einer Dichtergruppe wahrgenommen zu werden. Heute ist sogar nachgewiesen, dass im Publikationsorgan der Gruppe, der Schülerzeitung »Die Ernte«, etliche Gedichte Brechts unter den Namen seiner Freunde publiziert wurden.[3]

Elisabeth Hauptmann hat in den auf Tonbändern vorhandenen Gesprächen für den 1972 über sie gedrehten Dokumentarfilm »Die Mitarbeiterin« von Karlheinz Mund gesagt, dass sich das von Brecht geleitete kollektive Produzieren von Texten aus einem gemeinsamen gesellschaftlichen und künstlerischen Interesse ergab, nichts mit Konkurrenz oder künstlerischem Individualismus zu tun hatte:

> Alles muß wirklich, wie es der Brecht genannt hat, einer dritten Sache [dem politischen Engagement] zugewendet sein. Es war keine Rivalität da, […] wie ich das in Amerika so oft erlebt habe. Jeder saß da: das ist meins und das bringe ich dann ins Gefecht und das ist dann so viel wert! Das war ja furchtbar. […] [Das betraf auch] Einfälle, Gags usw. Das war es [bei uns] nicht. Da hat niemand zurückgehalten, das wurde auf den Tisch gelegt. Wenn es irgendwie schwierig war, weiterzukommen bei einer kritischen Stelle, dann haben sich alle gefreut, wenn jemandem was eingefallen ist, wie es weiterging.[4]

Befragt, wie weit das Einverständnis mit der ›dritten Sache‹ gehen musste, damit die Mitarbeiter Zeit opferten, antwortete Hauptmann:

Nun ja, erstens war für viele der Spaß sehr groß. Die Arbeit wurde nicht tierisch ernst betrieben. Es war eine wirkliche Unterhaltung, so schwer die Arbeit immer sein konnte. Es war ein Spaß. Dann war es ein permanentes Lernen, was aber auch ein Spaß war. Das klingt vielleicht übertrieben, aber es war so. Und für einige, die so freiwillig dazukamen, war eben die Verlockung, sich an dem Spaß zu beteiligen, sehr groß und manchmal sehr schwer in Einklang zu bringen mit dem, was sie eigentlich tun sollten, was sie eigentlich zum Geldverdienen brauchten. Im Anfang war ja das so, daß kein Mensch wußte, was bei einer Arbeit rauskam. Zunächst wurde auch nicht danach gefragt. Wenn man das Minimum [zum Leben] hatte, dann ging es ja, dann konnte man sich da einen ganzen Vormittag hinsetzen und an irgendwas arbeiten, auch, wenn es lang dauerte und wenn man am Mittag nicht fertig war, oder am Nachmittag.[5]

Und ebenso:

Meine Theorie ist: wenn man sehr viel kann, dann kann man Kollektive halten. Wenn man sehr viel kann – sonst machen einen die Einwände der anderen sehr irritabel und sehr unsicher. Und es dauert auch zu lange, um die Einwände gleich zu verarbeiten, überhaupt darauf zu reagieren. Brecht konnte Einwände sehr schnell verarbeiten [...].[6]

Für Feuchtwangers Hilfe bei »Leben Eduards des Zweiten von England« und dessen von Elisabeth Hauptmann erwähnter Unterstützung beim Konzipieren von »Mann ist Mann«[7] revanchierte sich Brecht mit einem umfangreichen Textgeschenk. Davon zeugt eine Tagebuchnotiz Hauptmanns vom 27. Februar 1926:

Brecht hilft Feuchtwanger an der Bearbeitung von Warren *Hastings*. Ich lese Macaulays *Hastings* u. sehe, wie Feuchtwanger ihn zugerichtet hat. *Hastings* ist ›eine tolle Erscheinung auf diesem Planeten‹. Brecht sollte einen *Hastings* schreiben – er hat viele Ideen dazu [...].[8]

Und am 13. März notiert sie:

> Jeden Tag arbeitet Brecht am *Hastings* 3 Stunden. Gestern war Feuchtw. da, ich hörte durch die Tür, wie Brecht diktiert und Feuchtwanger schreibt. Brecht macht alles, alle Ideen u. Formulierungen, aber er läßt sich in keine großen Diskussionen ein, weil es ihm zu langweilig ist.[9]

Das Stück lief unter dem Titel »Kalkutta, 4. Mai« bis 1994 unter Feuchtwangers Namen, seitdem auch unter Brecht.

In ihrer Erzählung »Avantgarde« schilderte Fleißer ihren Ärger, dass Brecht bei der Inszenierung ihrer Stücke zu viel eigenen Text beigemischt hätte. Der dadurch erzeugte Skandal hätte sie um ihren guten Ruf in ihrer Heimatstadt gebracht. Der Vorgang könnte als ein früher Parallelfall zu dem von Castorfs »Baal«-Inszenierung 2015 gelten. Aber Fleißer hatte ja von ihrem juristischen Recht, die Inszenierung verbieten zu lassen, keinen Gebrauch gemacht. Ihr Text wäre in seiner ursprünglichen Form damals nicht auf die Bühne gekommen.

In ihrer unentschiedenen Haltung zeigt sich eine mangelnde Souveränität, die vielen Künstlerinnen der damaligen Zeit attestiert werden muss. Elisabeth Hauptmann ließ ihr Stück »Happy End« von Brecht unter dem Autorennamen Dorothy Lane inszenieren, weil sie sich – ähnlich wie Fleißer – sorgte, die Aufführung könne ihrem guten Ruf im heimatlichen Peckelsheim in Westfalen schaden. Es war nicht gerade Ausdruck fortgeschrittener Emanzipation, wenn diese Furcht um den guten Ruf größer war als das Bestreben, einen künstlerischen Erfolg zu erzielen. Für Brecht selber war ein Theaterskandal einer der Schlüssel zum Erfolg.

Es sei daran erinnert, dass es seit dem Ersten Weltkrieg nur ein maßgebliches Stück einer Frau auf einer deutschen Bühne gegeben hatte: 1919 war »Die Wupper« von Else Lasker-Schüler aufgeführt worden. So kommt Brecht eigentlich das Verdienst zu, Ende der 1920er Jahre überhaupt wieder einmal weibliche Dramatik auf die Bühne gebracht zu haben.

Obwohl »Happy End« also unter Dorothy Lane uraufgeführt wurde, galt es – vor allem wegen der Songs von Weill und Brecht – fortan meist als dessen Stück. Realiter hatte Hauptmann es formuliert, allerdings nach einem von Brecht stammenden Grundplan, der teilweise überliefert ist.[10] Obwohl sowohl Hauptmann als auch Brecht das klamottenartige Stück später am liebsten in die Mottenkiste verbannt hätten, wird es auch heute noch bisweilen aufgeführt, besonders in den USA – unter dem Namen Brecht oder sogar Kurt Weill.[11] Das geschieht jedoch sicher nicht ohne Wissen der dort lebenden Tantiemenerben Elisabeth Hauptmanns. Sie schätzen aber wohl richtig ein, dass das Stück nur unter Brechts Namen zur Aufführung kommen und ihnen die Tantiemen bringen kann, die ihnen nach dem ursprünglich festgesetzten Schlüssel zustehen.

Auch Margarete Steffin und Ruth Berlau haben für Brechts Arbeiten viel recherchiert und waren als Dialogpartnerinnen auch am Entstehungsprozess beteiligt. Rechtlich führt das nicht automatisch zu Urheberrechten mit Tantiemenanteilen. Diese hat Brecht oft nach juristisch zweifelhaften Gesichtspunkten vergeben. Über diese Praxis lässt sich lange diskutieren, aber es sollte dabei auch diskutiert werden, ob Brecht das nicht durch jahrelange Übernahme von Unterhaltskosten, zum Beispiel für Margarete Steffin in Skandinavien und für Ruth Berlau in den USA, kompensiert hat.

Ich möchte den Blick hier darauf lenken, dass er auch viel Zeit und Interesse in die Mitarbeit an Werken der Frauen investiert hat. Insbesondere im Nachlass von Ruth Berlau konnte ich viele, zum Teil umfangreiche Fragmente, aber auch abgeschlossene und publizierte Arbeiten mit deutlichen Spuren der Zusammenarbeit nachweisen, die jedoch bis heute im Bertolt-Brecht-Archiv unter der alleinigen Urheberschaft von Ruth Berlau registriert und teilweise auch nur unter ihrem Namen publiziert worden sind. Ich möchte ein eher unbedeutendes, aber charakteristisches Beispiel dafür geben: Ein im Berlau-Archiv der Akademie der Künste liegendes Blatt präsentiert das Manuskript einer Reportage über Finnland in Briefform, die 1941 in der finnischen Frauenzeitschrift »Eeva« unter einem der damaligen Pseudonyme Berlaus: ›Eleonora von Tranaborg‹, publiziert wurde. Das Manuskript[12] ist hauptsächlich dänisch abgefasst, enthält aber deutsche Passagen in Berlaus unvollkommener Orthographie, die eindeutig Brecht zuzuorden sind. Offenbar entwarfen sie den Text zusammen, und wenn Berlau nicht aus dem Stegreif übersetzen konnte, was Brecht diktierte, notierte sie einfach auf Deutsch. Die Reportage enthält viele sozioökonomische Beobachtungen über die damalige Lage Finnlands, die eher Brechts als Berlaus Interessen spiegeln, was die Vermutung nahelegt, dass der Text vorwiegend von ihm stammt. Am erstaunlichsten sind aber Belege für Brechts Mitarbeit an Projekten, deren Hauptinteresse eher Berlau zuzuschreiben ist. In meinem Buch zu Berlau konnte ich unter anderem mindestens vier weit fortgeschrittene, gemeinsame Arbeiten in ihrem Nachlass nachweisen, in denen es um liebeskranke Frauen geht. Es ist höchst bedauerlich, dass die Forschung an Texten, die sowohl Berlau als auch Brecht zugeordnet werden müssen, zur Zeit noch ebenso behindert wird wie ihre Publikation.

Verlage und Bühnen haben den »großen Einzelautor Brecht« ins Rampenlicht gestellt. Es ist Zeit, ihn endlich als Kollektivautor wahrzunehmen. Als Kollektivautor wird er nicht kleiner. Im Gegenteil, wenn wir ihn so sehen, begreifen wir eher, dass das Projekt der Aufklärung in unserer widerspruchsvollen Moderne kaum noch von großen Individualautoren im traditionellen Sinne fortgesetzt werden kann.

Das Geben und Nehmen im Brecht-Kreis beruhte auf Freiwilligkeit. Ist dieses Kriterium erfüllt, ist sicher auch heute nichts gegen ein einvernehmliches Tauschgeschäft mit ›Content‹ zu sagen. Aber ein Tausch sollte es schon sein. Deshalb: Kein freier Zugriff auf ›Content‹!

ANMERKUNGEN

1 Lyon, James K., *Collective Productivity – Brecht and His Collaborators*, in: The Brecht Yearbook / Das Brecht-Jahrbuch (21/1996), S. 1–18.

2 Kebir, Sabine, *Ich fragte nicht nach meinem Anteil. Elisabeth Hauptmanns Arbeit mit Bertolt Brecht*, Berlin 1997 und dies.: *Mein Herz liegt neben der Schreibmaschine. Ruth Berlaus Leben vor, mit und nach Bertolt Brecht*, Algier 2006.

3 Hillesheim, Jürgen/Wolf, Uta (Hg. u. Kommentare), *Bertolt Brecht: Die Ernte. Die Augsburger Schülerzeitschrift und ihr wichtigster Autor*, Augsburg 1997, S. 49ff.

4 Aus den durch mich von den Tonbändern zum Film *Die Mitarbeiterin. Gespräche mit Elisabeth Hauptmann* (1972, von Karlheinz Mund, Rolf Liebmann, Wolfgang Gersch) angefertigten Transkriptionen für: Kebir, *Ich fragte nicht;* vgl. ebd. S. 136 (Kap. »Kollektive Arbeitsweise – Sündenfall oder ›spaßhafte Belastung‹?«), hier S. 136. Aussparungen und Einschübe gemäß Vorlage.

5 Ebd., S. 130. Einschub gemäß Vorlage.

6 Ebd., S. 129f. Aussparung gemäß Vorlage.

7 Der Druckfassung des Stücks *Leben Eduards des Zweiten von England* setzte Brecht den Satz voran: »Dieses Stück schrieb ich mit Lion Feuchtwanger«. Dem Stück *Mann ist Mann* sind als Mitarbeiter »Slatan Dudow, H. Emmel, Elisabeth Hauptmann, R. Kass, Bernhard Reich« vorangestellt. Aber Hauptmann erwähnte in den Filmgesprächen mehrfach, dass Feuchtwanger auch bei diesem Stück geholfen hätte. Siehe: *Ich fragte nicht*, S. 26 und 29.

8 Elisabeth Hauptmann: [Tagebuchaufzeichnungen von 1926], Archiv der Akademie der Künste, EHA 151, transkribiert von mir für Kebir: *Ich fragte nicht;* vgl. ebd., S. 42. Kursivierung gemäß Vorlage.

9 Ebd., S. 44. Kursivierung gemäß Vorlage.

10 Brecht an Elisabeth Hauptmann, Juni 1929: »[...] heute fiel mir ein, ob Sie nicht Lust haben, sich an dem Massyarygeschäft zu beteiligen. Ich würde Ihnen eine Fabel geben usw. und Sie würden ein kleines Stück daraus zimmern, ganz locker und schlampig meinetwegen, auch fetzchenweise!« Im Folgenden skizzierte er einige Szenen zu einem Stück im Heilsarmee-Milieu und schlug auch bereits Songs aus seiner *Hauspostille* zur Verwendung vor. Vgl. Brecht, Bertolt, *Werke. Große kommentierte Berliner und Frankfurter Ausgabe*, hg. v. Hecht, Werner / Knopf, Jan / Mittenzwei, Werner / Müller, Klaus-Detlef, Berlin/Weimar/ Frankfurt a. M. 1988–1998/2000, Bd. 28, S. 320f.

11 In der FAZ vom 14.4.2000 schrieb Jordan Mehas einen Artikel über eine Aufführung von *Happy End* in Los Angeles mit dem Titel: *Die Klangwolken ziehen dahin. Man sollte vielleicht etwas in die Knie gehen vor dieser Musik: Kurt Weills ›Happy End‹, umgekrempelt für Hollywood.* Im Artikel selbst werden Weill und Brecht als »Schöpfer« des Stücks bezeichnet, das jedoch Elisabeth Hauptmann habe schreiben müssen, »weil der Stückeschreiber Lust nur für die Songtexte hatte«.

12 Das Manuskript liegt unter der Signatur RBA 46 im Archiv der Akademie der Künste. Eine Ablichtung der publizierten Reportage befindet sich in meinem eigenen Archiv. Sie konnte auf Grund eines Briefs von Ruth Berlau an Knut Rasmussen vom 5.4.1941 (Bertolt-Brecht-Archiv/Akademie der Künste, E8/68) ausfindig gemacht werden, in dem Titel der Reportage und der Zeitschrift, Erscheinungsdatum und Pseudonym genannt wurden.

Statement von Uwe Kolbe: »Brechts Kunst der Übervorteilung«

Einer der Ausdrücke, die Brecht gern benutzte, war das Wort Ausbeuter. Die »Kantate zu Lenins Todestag« von 1935 beginnt:

> Als Lenin gestorben war
> Sagte, so wird erzählt, ein Soldat der Totenwache
> Zu seinen Kameraden: ich wollte es
> Nicht glauben. Ich ging hinein, wo er liegt, und
> Schrie ihm ins Ohr: »Iljitsch
> Die Ausbeuter kommen!« Er rührte sich nicht. Jetzt
> Weiß ich, daß er gestorben ist.[1]

Im »Lob des Kommunismus« von 1931 hat der Begriff aus Brechts Wörterbuch zwei Auftritte:

> Er ist vernünftig, jeder versteht ihn. Er ist leicht.
> Du bist doch kein Ausbeuter, du kannst ihn begreifen.
> [...]
> Die Ausbeuter nennen ihn ein Verbrechen
> Aber wir wissen:
> Er ist das Ende ihrer Verbrechen.
> (GBA 11, S. 234)

Wir könnten nun diese Kindersprache – pardon, liebe Kinder! –, diese sehr einfache Sprache übernehmen. Wir könnten sprechen wie der Demagoge Brecht, wie er es dem »ABC des Kommunismus«, 1920 auf Deutsch erschienen, von Bucharin und Preobraschenski nachgesprochen hat, zweier begeisterter Autoren, die später der Gulag verschlang, wie er auch Carola Neher verschlang, die erste Polly der »Dreigroschenoper«, aber das nur am Rande.

Wir könnten von Brecht sprechen wie er selbst von den Tatsachen, die er in der Zeitung fand und die in Cafés, Kneipen und Theatern, in den Hinterzimmer-Debatten von München bis Berlin verhandelt wurden, insbesondere von den politischen und den ökonomischen: Sie, Brecht, waren ein Ausbeuter. Sie haben Caspar und Carola Neher ausgebeutet und Margarete Steffin und Elisabeth Hauptmann und alle Ihre Freunde von der Dachstube in Augsburg an bis zum eigenen Theater in Ostberlin. Das war, ich weiß, immer alles zum gegenseitigen Vorteil. Sie haben auch Fremde, die Ihnen allfällig begegneten, sofort mit Ihren Ideen und Anliegen behelligt und ausgebeutet, Menschen überhaupt ausgebeutet. Ruth Berlau haben Sie ausgebeutet und auch die wunderbare Hella Wuolijoki, die Ihnen eins der sowieso immer wunderbaren, von Frauen bereiteten und betreuten Brecht-Quartiere zur Verfügung stellten, wo Sie sich mit Weib, Kind, Liebhaberin und Sekretärin usw. usf. einnisten konnten in Ihrem sehr schlimmen Exil. Hella Wuolijoki hat Ihnen sogar geholfen, ihr eigenes Stück umzuarbeiten, gemeinsam mit Margarete Steffin, damit schließlich Sie der Verfasser wurden des »Puntila« und von ihr nur noch als Lieferantin die Rede war.

Ausbeutung ist keine Verletzung des Urheberrechts. Eine Verletzung des Urheberrechts kann Ausbeutung sein. Die souveräne Hella Wuolijoki hat darunter nicht gelitten. Eine oder die andere Person aber schon, eine von denen, die ein Kind von Ihnen, Herr Brecht, abtrieb, eine, die nicht wie Marieluise Fleißer, wohl dankbar für die Unterstützung, aber früh genug die Kurve kriegte, eine vielleicht, die ein Kind gebar, das nicht überlebte, am Rande der großen Stadt New York, der großen Hure Babylon, in der Sie, Herr Brecht, sich immer so wohlfühlten in den wohlbereiteten Zimmern der Ruth Berlau zum Beispiel, die leider auch noch in die Psychiatrie ging, als nichts mehr ging, oder die nun wohl verheiratete Elisabeth Hauptmann, die trotzdem bereit war, Ihnen weiter zu dienen, und es schließlich, über Ihr, Brechts, Lebensende hinaus, in der grauen DDR tat, schweigend, finanziell benachteiligt, von Helene Weigel zwar nicht des Berliner Ensembles verwiesen wie Ruth Berlau, aber finanziell geschnitten bis zum Gehtnichtmehr.

Die Ausbeutung der Urheberrechte und anderer Bereitstellungen lebender Autorinnen, Übersetzerinnen, Dichterinnen, bei Brecht überwiegend der weiblichen, ist im Fall dieses Privatunternehmers durchaus ein Delikt. Nicht vor der Literaturgeschichte, versteht sich. Die schaut auf Ästhetik, auf bleibenden Wert. Vor der Geschichte der – horribile dictu – Moral, vor dem ethischen Zug in der sozialen Entwicklung, wo zwischen Menschen Umgangsformen kodifiziert worden sind seit Moses Zeiten. Die regelten ja insbesondere Fragen des Privatbesitzes, siehe das 7. und das 10. Gebot. Vor der Geschichte des Menschen also, der menschliche Regeln einsetzt und einhält, die der Dichter und Stückeschreiber und homo politicus Brecht verachtete, vor der ist er ein Verbrecher. Ja, diese Umgangsformen sind, wie Brecht nie müde wurde, seinen Lehrern nachzuplappern, immer ökonomisch bestimmte, ja, erst kommt das Fressen, aber ja, aber genau, und ebendarum: Brecht war ein antikapitalistisches Großmaul, das von Anfang an auf den eigenen Profit sah, ein Schreiber, der gern Verbrecher und Huren auf die Bühne stellte, nicht nur, weil er grobe Männlichkeit und willige Weiblichkeit liebte, sondern weil er ihre Methoden als kleiner großer Kapitalist der Schriftstellerei und des Theaters anwendete.

Dass die »Dreigroschenoper« eine geniale Umarbeitung des Stoffs der »Beggar's Opera« von John Gay aus dem Jahre 1728 ist, dass »Der Jasager« die Bearbeitung von Elisabeth Hauptmanns Übersetzung des Stücks »Taniko *oder* Der Wurf ins Tal« eines japanischen Dichters des 15. Jahrhunderts ist, aus dem Englischen des genialen Arthur Waley, eines Freundes von Ezra Pound, übersetzt, wie sie es konnte, Elisabeth Hauptmann, und zwar allein sie, die das für sich entdeckte und dann Brecht zu Füßen legte und für ihn, den vor Fremdsprachen ohne seine bienenfleißigen Gehilfinnen lebenslang Hilflosen, sie, Elisabeth Hauptmann, die auch die für Brechts Stilistik folgenreichen Gedichte des Li Bai, eines chinesischen Dichters des 8. Jahrhunderts, aus dem Englischen übersetzte ... Dass die den Weltruhm zementierende »Mutter Courage« eine wiederum geniale Dramatisierung des Stoffes von Grimmelshausens genialer Fortschreibung des »Simplicissimus«, der »Landstörzerin Courage« von 1669 ist, dass »Die Heilige Johanna der Schlachthöfe« angeregt wurde durch das Stück »Happy End« von Elisabeth Hauptmann, das seinerseits 1929 zwanglos an die Personnage der »Dreigroschenoper« anschloss, wenn es auch zur »Heiligen Johanna« sicher nie gekommen wäre ohne Schillers Vorgängertum anno 1801 und erst recht nicht ohne Upton Sinclairs grandiosen Roman »Der Dschungel« von 1906. Brecht, darauf angesprochen, hat lieber andere Namen genannt. Wer aber »The Jungle« einmal zur Hand nimmt, erlebt, welche sinnliche Macht dieses Buch hat, wie es einen beeindruckt mit seinen Schauplätzen, vor allen eben den Schlachthöfen, überwältigt mit seinen verzweifelten und doch bis zum Äußersten moralischen, bis zum eigenen Untergang edel handelnden Protagonisten, die den hohen Herren der Stadt, den Verbrechern, ausgeliefert sind. Der Roman von Upton Sinclair schöpft übrigens, im Unterschied zu den meisten Texten Brechts, aus Recherchen vor Ort, aus direkter Begegnung mit dem Leben in den damals noch existierenden, den viehischen Schlachthöfen Chicagos.

Geschriebenes kommt von Geschriebenem her, Gedrucktes aus zuvor Gedrucktem, Literatur heckt Literatur. Denken Sie nur an Shakespeare und seine Quellen. Was wäre Dante ohne die Hand des großen Vergil? Und der wiederum kannte seinen Homer. Denken Sie an Zeiten wie das Barock, wo Übersetzungen unter dem Namen des Übersetzenden erschienen und der Urheber kaum als solcher genannt wurde – Brecht als Schnorrer steht in der Tradition eines alten Gewohnheitsrechts. Seine besondere Hinterfotzigkeit liegt in der

Übervorteilung seiner Zulieferer, die trotz seiner Cleverness und der seiner Erben gut dokumentiert ist.

Dass diejenigen, die ihre Rechte und sich selbst auslieferten, es mit Lust taten, macht es nicht besser. Brecht war ein Geschäftsmann, der in seinem Werk die Grundlage des Geschäftemachens verurteilte und bekämpfte und eben daraus Kapital schlug. Er war als Unternehmer, als Kapitalist ein Expropriateur der Art, wie sie in seinen Stücken bloßgestellt wurden und dort wie in anderen Texten den noch skrupelloseren maskulinen Revolutionären mit den hehren Zielen unterlagen.

Nur im bösen Amerika einmal, da ging es ihm eine kurze Zeit etwas weniger gut als manchen um ihn herum, da war er mal eine Zeitlang ein Kleinunternehmer, der sich mit den anderen in die Schlange einreihen musste. Aber er hat sich gerächt am amerikanischen Imperialismus. Seine Freunde Lion Feuchtwanger und Hanns Eisler haben ihm damals griechische Hexameter vorgesagt nach der Art von »Singe, o Muse, den Zorn des Peleïden Achilleus«. Und er hat von Stund an im sonnigen Hollywood bis kurz vor seinem Tod im weniger sonnigen Ostberlin daran gearbeitet, eine Art Hexameter zu schreiben. Es handelte sich um die nie vollendete Versifizierung des »Kommunistischen Manifests« von 1848. Leider auch kein Fall fürs Urheberrecht.

ANMERKUNG

1 Brecht, Bertolt, *Werke. Große kommentierte Berliner und Frankfurter Ausgabe*, hg. v. Hecht, Werner / Knopf, Jan / Mittenzwei, Werner / Müller, Klaus-Detlef, Berlin/Weimar/Frankfurt a. M. 1988–1998/2000, Bd. 12, S. 57. [Im Folgenden GBA (mit Band und Seitenzahl)]

Statement von Jürgen Marten: »Bertolt Brecht – eine urheberrechtliche Fußnote«

Bertolt Brecht starb am 14. August 1956. Juristische Auseinandersetzungen, die seinen literarischen Nachlass betreffen, scheinen mittlerweile beigelegt zu sein. Gemäß § 64 UrhG erlöschen seine Urheberrechte Ende 2026. Brechts Werke werden dann gemeinfrei sein. Einzelne Werke betreffend, bestehen daran jedoch begründete Zweifel.

Vor allem, wenn sie unmittelbar mit praktischer Theaterarbeit entstanden, waren die Werke Brechts häufig Ergebnis eines kollektiven Produktionsprozesses. Nicht in jedem Falle ist eindeutig geklärt, wann die Mitwirkung Dritter mehr als bloße Anregung und kritische Anmerkung war und urheberrechtlich als Miturheberschaft i. S. von § 8 UrhG zu bewerten ist. Eine auf den bisherigen literaturwissenschaftlichen Erkenntnissen, aber auch Irrtümern und wohl auch bewussten Verdunkelungen sich begründende urheberrechtliche Bewertung der Bertolt Brecht zugeschriebenen Werke ist bisher nicht vollständig geleistet.

Brecht selbst hat an der Verdunkelung der tatsächlichen und rechtlichen Zusammenhänge mitgewirkt. Bekannt und wohl auch hingenommen – von der Allgemeinheit wie von seinen Mitarbeitern – ist, dass Brecht, auf seine grundsätzliche »Laxheit in Fragen des geistigen Eigentums«[1] verweisend, urheberrechtlichen Regelungen keine allzu große Bedeutung beigemessen hat. Vor allem, wenn es sich um die Rechte Dritter handelte. Auf die Sicherung seiner in seinem Verständnis eigenen Rechte achtete er – mehr noch aber seine Erben – sehr viel nachdrücklicher.

Ein gutes Jahr vor seinem Tod, am 15. Mai 1955, hat Brecht seinen letzten Willen formuliert und dabei auch einige urheberrechtlich relevante Fragen berührt. Eine frühe Biografie Brechts vermerkt, er habe dieses Testament seiner ihm eng verbundenen Mitarbeiterin Isot Kilian diktiert und diese beauftragt, es abzuschreiben und bei einem Notar beglaubigen zu lassen. Durch Nachlässigkeit sei die Sache unerledigt geblieben.[2] Diese Darstellung ist später ohne genaue Überprüfung übernommen und mit der Behauptung erweitert worden, dass Helene Weigel, die Witwe Brechts, dieses Testament, weil es »nicht mehr rechtzeitig beglaubigt« wurde, »erfolgreich anfechten« konnte.[3]

Tatsächlich existiert ein maschinenschriftlich verfasstes Testament, das auch von Brecht unterschrieben worden ist.[4] Allerdings war eine Anfechtung nicht erforderlich, da das staatliche Notariat Mitte von Berlin mit ausreichender juristischer Sachkenntnis dieses Testament aufgrund der Tatsache, dass es nicht wie rechtlich erforderlich handschriftlich verfasst war, wegen Formmangels für ungültig erklärte[5] und in einem sechs Tage nach seinem Tod von seiner Witwe Helene Weigel und seinen drei Kindern Hanne, Stefan und Barbara beantragten Erbschein diese als gesetzliche Erben Brechts feststellte.

Das aus dem Jahre 1955 stammende »Testament« ist unter urheberrechtlichen Aspekten vor allem auch deshalb interessant, weil Brecht in ihm die Verteilung von Einnahmen aus seinen Arbeiten und Stücken verfügt, ohne eine Miturheberschaft von Dritten in Erwägung zu ziehen. Das entsprach seinem Verhalten zu Lebzeiten und auch dem späteren Verhalten seiner Erben.

Um das urheberrechtliche Problem deutlich zu machen, wird nachfolgend, obgleich die juristischen und sozialen Dimensionen insgesamt damit keineswegs erfasst sind, lediglich auf zwei Stücke Bezug genommen: »Don Juan von Moliere« und »Pauken und Trompeten« nach »The recruiting Officer« von George Farquhar. Beide Stücke sind in ihrer Entstehung ganz wesentlich durch zwei Mitarbeiter

Brechts geprägt: Elisabeth Hauptmann[6], Brecht über Jahrzehnte nicht immer nur durch Arbeit (durch diese aber bis zum Tode) verbunden, und durch den Regisseur Benno Besson, den Brecht nach dem Krieg in der Schweiz kennenlernte und nach Berlin holte. Der wesentliche Anteil von Hauptmann und Besson wird auch in den Editionsberichten der »Großen kommentierten Berliner und Frankfurter Ausgabe« hervorgehoben. Zu »Don Juan« wird vermerkt:

> Als dem Regisseur und Schauspieler Benno Besson 1951 angeboten wird, eine Gastinszenierung am Volkstheater Rostock zu übernehmen, beschließt er, Dom Juan (1665) von Molière für die Bühne neu zu bearbeiten [...]. Elisabeth Hauptmann ist von Beginn an dem Projekt beteiligt. / Brecht greift erst unmittelbar vor der Uraufführung (25. Mai 1952) in den Bearbeitungsprozeß ein [...]. Im Programmheft von 1952 wird sein Name nicht genannt. Dort heißt es: »für die deutsche Bühne eingerichtet von Elisabeth Hauptmann und Benno Besson« [...]. Die Neustrukturierung des Bühnenstoffs sowie die gegenüber der Molièreschen Komödie konstatierbaren Akzentverschiebungen bei Fabelführung und der Figurengestaltung sind im wesentlichen als das Werk Elisabeth Hauptmanns und Benno Bessons zu betrachten. (GBA 9, S. 417)

Wenngleich in die »Große kommentierte Berliner und Frankfurter Ausgabe« nicht die »Rostocker Fassung«, an der Brecht nur in geringem Umfang teilgenommen hat, sondern eine spätere »Berliner Fassung« aufgenommen worden ist (vgl. GBA 9, S. 423), besteht, obgleich Erben und auch der Suhrkamp Verlag das bestritten haben, kein Zweifel daran, dass Hauptmann und Besson Mitautoren des Stückes sind. Von beiden stammt auch die der Bearbeitung zugrundeliegende Übersetzung. Das trifft in gleicher Weise für das Stück »Pauken und Trompeten« zu. Anfang 1954 übersetzen Hauptmann und Besson »The Recruiting Officer« von George Farquhar und beginnen mit der Bearbeitung.

> Die Initiative, The Recruiting Officer (1705/06) von George Farquhar zu bearbeiten, ist nach Auskunft des Regisseurs Benno Besson von Elisabeth Hauptmann ausgegangen [...]. Wann genau sich Brecht in den Bearbeitungsprozess eingeschaltet hat, konnte nicht ermittelt werden. (GBA 9, S. 431, 433)

Die Mitautorenschaft von Hauptmann und Besson ist auch das Stück »Pauken und Trompeten« betreffend offensichtlich. Auf die Mitautorenschaft von Besson hat zudem Brecht selbst ausdrücklich hingewiesen. Auf dem Deckblatt des ersten im Nachlass erhaltenen Typoskripts von 1955 bezeichnet Brecht handschriftlich als Autoren: »brecht besson«[7].

Diese Mitautorenschaft hat rechtliche Konsequenzen. Zum einen sind die Urheber entsprechend den urheberrechtlichen Beteiligungsgrundsätzen an allen Verwertungen ihres Werkes zu beteiligen, zum anderen haben sie als Ausdruck ihres Urheberpersönlichkeitsrechts den Anspruch, als Urheber genannt zu werden. Entscheidenden Einfluss darauf, wie diese rechtlichen Konsequenzen realisiert wurden, hatten nicht nur die in der Literatur umfassend beschriebenen persönlichen Abhängigkeitsverhältnisse zwischen Brecht und seinen Mitarbeitern, sondern auch die von seinen Erben geschaffenen Machtverhältnisse bei der Verwertung der Werke Brechts.

Was die genannten beiden Stücke betrifft, sind Hauptmann und Besson an den Aufführungstantiemen beteiligt worden. Und zwar in einem Verhältnis, das von Brecht, der als Autor und Vertragspartner auftrat, bestimmt – nicht etwa mit seinen Mitautoren vereinbart – worden ist. Nach welchen Grundsätzen das geschah, ist heute nicht mehr nachvollziehbar. Zunächst erfolgte die Übertragung von Aufführungsrechten ohne Vermittlung eines Verlages unmittelbar durch Brecht. In einem von Brecht und dem Berliner Ensemble abgeschlossenen Aufführungsvertrag über »Pauken und Trompeten« vom 31. August 1955, der Brecht als alleinigen Autor bezeichnet und die Beteiligung von Hauptmann und Besson lediglich als Mitarbeit erwähnt, ist festgelegt, dass von dem für Brecht vereinbarten Urheberanteil 50 % an ihn, 30 % an Besson und die verbleibenden 20 % an Hauptmann ausgezahlt werden sollen. Die Münchner Kammerspiele forderte Brecht am 8. Juni 1956 auf, die Aufführungstantiemen für »Pauken und Trompeten« zwischen ihm und Besson zur Hälfte zu teilen (vgl. BBA 766/54). Später erhielten – was bis in die Gegenwart praktiziert wurde – Hauptmann und Besson an den Aufführungstantiemen für »Pauken und Trompeten« jeweils 30 %. Der Anteil an den Aufführungstantiemen für »Don Juan« belief sich für Besson auf 25 %, für Hauptmann auf 20 %.[8] Diese Verteilung betraf nur die Einkünfte aus den Aufführungsrechten. Die Einnahmen aus anderen Verwertungen der Werke, etwa aus Publikationen, fielen allein den Erben Brechts zu, die sich konsequent weigerten, eine Mitautorenschaft von Hauptmann und Besson anzuerkennen und eine Beteiligung an allen Verwertungserlösen zu akzeptieren.

Auch hinsichtlich der Urheberpersönlichkeitsrechte von Hauptmann und Besson bedarf es zumindest einer Anmerkung. In der von Elisabeth Hauptmann erstmals edierten Fassung der Stücke von Brecht, die 1959 zunächst beim Suhrkamp Verlag erschien, wird, wenngleich zurückhaltend, die Miturheberschaft bei den Stücken »Don Juan« und »Pauken und Trompeten« jeweils wie folgt gekennzeichnet: »Mitarbeiter: B. Besson, E. Hauptmann«.[9] In der »Großen kommentierten Berliner und Frankfurter Ausgabe« ist dieser persönlichkeitsbezogene Mitarbeiter-(Mitautoren-)Hinweis durch die urheberrechtlich völlig untaugliche Kennzeichnung »in der Bearbeitung des Berliner Ensembles« (GBA 9, S. 199, 259) ersetzt worden. Als alleiniger Autor wird Brecht bezeichnet. Die Miturheber Hauptmann und Besson werden als Urheber – bis auf die Beschreibung ihrer Arbeit in den Editionsberichten – nicht ausdrücklich genannt. Diese Unterlassung der Mitautorenbenennung in Verbindung mit dem Werk ist unter Berücksichtigung des belegbaren tatsächlichen

Anteils von Hauptmann und Besson an der Werkschöpfung ganz offensichtlich als Verletzung von § 13 UrhG zu qualifizieren.

Bereits diese kurzen Anmerkungen machen ein wesentliches urheberechtliches Problem klar erkennbar. Mit § 64 UrhG ist die Regelschutzdauer von urheberrechtlichen Werken auf 70 Jahre post mortem auctoris festgelegt. Steht das Urheberrecht mehreren Miturhebern zu, so erlischt es gem. § 65 UrhG jedoch erst siebzig Jahre nach dem Tode des längstlebenden Miturhebers. Bezogen auf die hier betrachteten Werke »Pauken und Trompeten« und »Don Juan« muss davon ausgegangen werden, dass Bertolt Brecht nicht der alleinige Urheber ist – was im Übrigen auch auf verschiedene andere der ihm zugeschriebenen Werke zutrifft. Alle bekannten Tatsachen und die Erkenntnisse der literaturwissenschaftlichen Forschung sprechen, wenngleich einzelne konkrete Fragen nicht abschließend beantwortet werden können, dafür, dass Elisabeth Hauptmann und Benno Besson gem. § 8 UrhG Mitautoren der beiden genannten Werke sind. Sie haben zu den Werken ganz unbezweifelbar einen eigenen schöpferischen Beitrag geleistet. Nicht nur sind sie Urheber der als vorbestehende Werke existierenden Übersetzungen, die Grundlage der Stückentwicklung waren. Ihr Beitrag an dieser Stückentwicklung, also an der Werkschöpfung, ist wesentlich und kann nicht auf bloße Mitarbeit oder gar Gehilfenschaft reduziert werden. Wie umfassend der Beitrag der beteiligten einzelnen Miturheber war und welche Bedeutung der dabei zweifellos existierende und von den Miturhebern auch anerkannte kreative Einfluss Brechts auf den gesamten Schaffensprozess hatte, ist für die rechtliche Bewertung nicht maßgeblich. Hauptmann und Besson sind Miturheber der beiden hier genannten Stücke. Elisabeth Hauptmann verstarb am 20. April 1973,[10] Benno Besson am 23. Februar 2006. Damit läuft die Schutzfrist erst am Ende des Jahres 2076, also 120 Jahre nach Brechts Tod ab.[11] Die rechtlichen Folgen, die sich daraus ergeben, sind offensichtlich und nicht negierbar.

ANMERKUNGEN

1 Brecht, Bertolt, *Werke. Große kommentierte Berliner und Frankfurter Ausgabe*, hg. v. Hecht, Werner / Knopf, Jan / Mittenzwei, Werner / Müller, Klaus-Detlef, Berlin/Weimar/Frankfurt a. M. 1988–1998/2000, Bd. 21, S. 316. [Im Folgenden GBA (mit Band und Seitenzahl)]

2 Völker, Klaus, *Bertolt Brecht. Eine Biographie*, München 1976, S. 388.

3 Kebir, Sabine, *Ich fragte nicht nach meinem Anteil. Elisabeth Hauptmanns Arbeit mit Bertolt Brecht*, Berlin 2000, S. 210; ebenso: Fuegi, John, *Brecht & Co. Biographie*, Berlin 1999, S. 825.

4 Vgl. zu dessen Inhalt: Fuegi, *Brecht & Co.* Das Testament ist jedoch nicht nur, worauf Fuegi verweist, von Isot Kilian, sondern auch von Peter Palitzsch als Zeugen unterzeichnet.

5 Ebenso wie ein weiteres maschinenschriftlich eingereichtes Nottestament, das Brecht am Todestag seinem Freund Otto Müllereisert diktiert hatte und das von diesem mit der Schreibmaschine abgefasst und als einzigem Zeugen unterschrieben wurde.

6 Elisabeth Hauptmann ist auch an anderen Stücken Brechts, u. a. der *Dreigroschenoper* beteiligt. Vgl. dazu Kebir, *Ich fragte nicht*, insbes. S. 211ff.

7 Bertolt-Brecht-Archiv/Akademie der Künste, Nachl. B. Brecht 198/01. [Im Folgenden BBA (mit Mappe und Seitenzahl)]

8 Elisabeth Hauptmann hat testamentarisch verfügt, dass ihre Tantiemenanteile für die beiden Stücke an Benno Besson fallen sollen.

9 Brecht, Bertolt, *Stücke*, Bd. XII, Redaktion: Elisabeth Hauptmann, Berlin 1962, S. 80, 188.

10 Nur angemerkt sei, dass insofern die Schutzfrist für die *Dreigroschenoper* erst 2043 endet.

11 Das gilt auch für das Werk *Der Prozess der Jeanne d'Arc*, dessen Mitautor Benno Besson ebenfalls ist.

Sonja Hilzinger im Gespräch mit Sabine Kebir, Uwe Kolbe und Jürgen Marten

SONJA HILZINGER: Wir wollen der Frage nachgehen, wer was zu den Stücken, Gedichten und der Prosa beigetragen hat, die wir unter dem Namen »Brecht« kennen, und was diese kollektive Produktionsweise der Brecht-Werkstatt für das Urheberrecht an den Texten bedeutet. Brecht hat sein Leben lang mit begabten Frauen und Männern zusammengearbeitet, und oft waren diese Arbeitsbeziehungen auch Liebesbeziehungen. In einer der »Keuner«-Geschichten definiert Brecht ein Verständnis von Liebe, das auf einem produktiven Miteinander beruht, mit den Worten: »Liebe ist die Kunst, etwas zu produzieren mit den Fähigkeiten des anderen«. Da ist ein gewisser Unterton drin; das bietet sich als Ausgangspunkt für unser Gespräch an. In den 1920er Jahren entwickelte Brecht sein Geschäftsmodell. Er schuf zusammen mit anderen unter seinem Namen Literatur von Weltrang und verdiente gut daran, im Unterschied zu denen, die ebenfalls daran beteiligt waren. Ausgerechnet Brecht, der ja als Marxist programmatisch daranging, die geschichtsbildende Kraft der Arbeitenden, der Unterdrückten und Ausgebeuteten gegenüber ihren Herren sichtbar zu machen, war selber ein Ausbeuter – sagen die Einen. Brecht war das organisierende Zentrum gemeinsamer Arbeit und gemeinsamer politischer Interessen. In kollektiver Arbeit entstanden vor allem die Stücke, was ja aber für Theaterarbeit nicht ungewöhnlich ist, aber auch Prosa und Gedichte. Die wichtigsten Mitarbeiterinnen Brechts, Elisabeth Hauptmann, Grete Steffin und Ruth Berlau, waren Kommunistinnen und verstanden ihre Mitarbeit auch als Beitrag zum Kampf gegen Kapitalismus und Faschismus. Urheberrechte und Tantiemen waren ihnen nicht wichtig – sagen die anderen. Wo Literatur auch Ware ist, geht es natürlich auch um Profit. Wie fair und wertschätzend ging Brecht mit seinen Mitautoren und Mitautorinnen und Mitarbeitern und Mitarbeiterinnen um? Wie verhandelte er Verträge und Tantiemen? Wie gerecht ging es beim Verteilen der Erlöse aus der gemeinsamen Arbeit zu? Welche Rollen spielen dabei später die Erben, die Verleger, die Herausgeber der Werke oder auch die Brecht-Forschung? Mit solchen und anderen Fragen wollen wir uns, ausgehend von den vorliegenden drei Statements, beschäftigen. Herr Marten, könnten Sie nochmal die Ausgangsüberlegung Ihres Statements in Erinnerung rufen?

JÜRGEN MARTEN: Zunächst einmal verwundert mich, dass erst 60 Jahre nach dem Tod von Brecht begonnen wird, sich die Frage präziser zu stellen, wie es sich mit Brecht und dem Recht verhält, und zwar nicht nur in Hinblick auf das Urheberrecht. Es gibt bisher nur wenige Beiträge, die das Schaffen Brechts aus einer juristischen Perspektive untersuchen. Wenn man es wie Siegfried Unseld vor etwa 20 Jahren hält, ist die Fragestellung »Wer schrieb Brechts Texte?« leicht zu beantworten. Forderungen von anderer Seite müssten, so Unseld, juristisch geprüft werden. Doch letztendlich sei es egal, inwiefern Brecht mit fremden Vorlagen oder Übersetzungen gearbeitet hat. Das Entscheidende, was seine Texte zur Kunst mache, ist, so Unseld weiter, dass Brechts Texte von keinem anderen als von Brecht stammen. Das ist die einfachste Beantwortung der Frage. Allerdings ist sie total falsch, denn ein vermeintlicher Kunst-Charakter ist juristisch nicht einwandfrei zu klären. Das Bundesverfassungsgericht hat eindeutig erklärt, dass das Recht keine Definition von Kunst geben könne. Es gibt ein paar Dinge, bei denen der Bundesgerichtshof Ausnahmen gemacht hat, weil es anders nicht ging. Aber grundsätzlich ist es für die rechtliche Bewertung völlig uninteressant, ob es sich um Kunst handelt oder nicht. Stattdessen ist die Frage, wer welche Beiträge geleistet hat, zu beantworten. Wenn wir über Brecht und das Recht bzw. über Urheberrechte sprechen, dann haben wir eine ganze Reihe unterschiedlicher Ebenen, die zu betrachten sind. Die eine Ebene knüpft an das an, was Sabine Kebir in ihrem Statement ausgeführt und was Uwe Kolbe gesagt hat, nämlich dass Brecht jemand war, der eine kollektive Form literarischer Produktion organisiert und betrieben hat, die im Grunde genommen etwas ungewöhnlich für die urheberrechtliche Regelung war. Das Urheberrecht kennt zwar eine Miturheberschaft, aber der grundsätzliche Gedanke des Urheberrechts war, etwas überspitzt formuliert, dieser: Da sitzt ein individueller Künstler und Urheber, der schreibt etwas auf, und wenn er es aufgeschrieben hat, dann hat er auch die Verwertungsrechte dafür, die er übertragen kann. Hinzu kommt noch das Recht, seine Urheberpersönlichkeitsrechte durchzusetzen. Die Veränderung der künstlerischen Produktion, die stattgefunden hat, hat das Urheberrecht nur schwer aufnehmen können. Das ist ein Grund dafür, dass Brecht die rechtliche Dimension des künstlerischen Prozesses mit einer gewissen »Laxheit« behandelte. Das hatte für ihn aber auch theoretische Gründe. Brechts Interesse war nicht so sehr am Recht orientiert, sondern er hat sich vielmehr für das Problem der Gerechtigkeit interessiert, und die Gerechtigkeit im Verhältnis zum Recht spielt in seinen Werken, ich will das jetzt nicht im Einzelnen ausführen, ja eine große Rolle. Brechts Laxheit gegenüber dem Recht findet sich schließlich bei denen wieder, die bestimmte Aspekte der Anerkennung ihres Rechts gegenüber Brecht nicht wahrgenommen haben. Ein Beispiel dafür sind die Übersetzungen, die von Brecht verwandt worden sind. Ich habe in der ganzen Literatur, die sich mit Brecht und dem Recht beschäftigt, keinen Gedanken gefunden, der davon ausgeht, dass ja bereits die Übersetzungen, die beispielsweise von Elisabeth Hauptmann gemacht wurden, urheberrechtlich geschützte Werke sind. Die Übersetzungen sind in dem

Produktionsprozess von Brecht ein Zwischenprodukt, dem überhaupt keine Relevanz zugemessen wurde. Selbst wenn man davon ausgehen würde, wovon die Erben ja ausgegangen sind, dass Elisabeth Hauptmann und andere mit den Stücken nichts zu tun haben und dass die Rechte allein bei Brecht liegen, der der alleinige Urheber ist, dann hätten sie zumindest als Übersetzer einen Anspruch auf Vergütung und auf die Sicherung ihrer Persönlichkeitsrechte. Das fällt völlig unten durch und wird nicht im Geringsten berücksichtigt. Insofern ist also die Verdunkelung, die in den Jahrzehnten nach Brechts Tod stattgefunden hat, zum Teil viel verheerender als die Dinge, die er gemacht hat. Was er gemacht hat, war, dass er durchaus anerkannt hat, dass auch andere an seinen Werken mitgewirkt haben. Er hat zwar nie exakt ausgewiesen, worauf sich die Mitwirkung bezog, aber das ist auch nicht so genau feststellbar. Bei manchen Werken wäre das möglich gewesen, bei anderen nicht. Vor allem aber hat Brecht dafür gesorgt, dass Vergütungen gezahlt wurden. Allerdings hat er das nach Gutsherrenart gemacht. Er hat nicht gesagt: »Wir sind ein Kollektiv und wir müssen uns darüber einigen«, sondern er hat gesagt: »Du kriegst 25%, du kriegst auch 25%«, und alle waren damit zufrieden. Elisabeth Hauptmann hat das irgendwann mal so beschrieben: »Wir waren natürlich alle stolz, dass unser Lehrer uns wie Schüler daran beteiligte, und für Brecht war das selbstverständlich.« Es gibt noch einen weiteren Aspekt, den man unter rechtlichen Gesichtspunkten berücksichtigen muss. Wesentliche Fragen knüpfen sich an die Theaterproduktionen, also an die Tatsache, dass Stücke im Laufe des theatralischen Produktionsprozesses entstanden sind. Und deshalb schreibt zum Beispiel der Suhrkamp Verlag auch: »Das ist die Fassung des Berliner Ensembles« – als wäre das Berliner Ensemble ein Urheber. Das ist völliger Unsinn, nicht wahr, das ist einfach nur der Versuch, andere Urheber auszuschalten. Das Problem, das dahinter steckt, ist, dass Theaterinszenierungen nicht als Werke im Sinne des

Urheberrechts anerkannt sind, sondern dass in der Vorstellung des Urheberrechts Theater immer noch die in Szene gesetzte Literatur ist. Und nur das literarische Werk ist zu berücksichtigen, weshalb auch der Theaterregisseur kein Urheber ist, was allerdings zunehmend hinterfragt und bestritten wird. Hier haben wir auch von allgemeinen Ausgangspunkten her etwas, was den Widerspruch zwischen Brecht und der Produktionsweise, doch sehr kompliziert macht.

HILZINGER: Ich möchte Ihren Hinweis aufgreifen, dass das Urheberrecht zwei verschiedene Bereiche regelt, nämlich materielle und persönlichkeitsrechtliche Ansprüche. Können Sie an einem Beispiel aus der Brecht-Werkstatt zeigen, was das konkret bedeutet?

MARTEN: Das bedeutet zum Beispiel, dass bei einem Stück wie »Don Juan« die Mitarbeit von Hauptmann und Besson völlig unter den Tisch gefallen ist. Die haben bereits die Übersetzungen geliefert, also schon ein Werk geschaffen, das dann für die Erarbeitung der Stückfassung mitbenutzt worden ist, dessen Miturheber sie sind. Das ist aus den Editionsberichten und aus dem, was wir wissen, durchaus bekannt. Sie haben einen so beträchtlichen Teil an diesem Stück geliefert, wahrscheinlich mehr als Brecht, dass sie eindeutig und unbestreitbar Miturheber sind. Und aus dieser Miturheberschaft ergeben sich zum einen verteilungsrechtliche, also materielle, Vergütungsansprüche, und zum anderen resultiert daraus die Tatsache, dass sie benannt werden müssen.

HILZINGER: Genannt als Autoren oder als Mitarbeiter?

MARTEN: Das ist ja eine komplizierte Frage. Das Urheberrecht kennt den Begriff »Mitarbeiter« nicht, es kennt nur die »Mitautorenschaft«. Wenn nun ein Mitarbeiter, der auch genau so genannt wird, einen beträchtlichen Anteil an der Schaffung eines Werkes hat, dann ist er »Mitautor«. Und dann sind alle Mitautoren eine Gesamtheitsgemeinschaft, die auch nur gemeinsam die Rechte an dem Werk geltend machen können. Das ist das Eine, sie müssen genannt werden. Das ist in der Ausgabe, die Elisabeth Hauptmann herausgegeben hat (erschienen zwischen 1961 und 1967), und bei der früheren Ausgabe im Suhrkamp Verlag (1959) auch geschehen; hier werden die Mitarbeiter noch genannt. Da steht in etwa: »Mitarbeit: Besson, Hauptmann, Ruth Berlau« usw. In der neueren »Großen Frankfurter und Berliner Ausgabe« der Werke Brechts stehen die Mitautoren zum Teil drin, bei der »Dreigroschenoper« etwa, doch bei »Don Juan« und bei »Pauken und Trompeten« werden sie nicht aufgeführt. Da steht dann: »Fassung des Berliner Ensembles«. Das ist eine klare Rechtsverletzung, denn Urheber – und Mitautoren sind Urheber – haben nach § 13 des Urheberrechtsgesetzes das Recht, dass ihr Name genannt wird.

SABINE KEBIR: In meiner Suhrkamp-Ausgabe von 1967 werden Hauptmann und Besson als Mitarbeiter bei »Pauken und Trompeten« und »Don Juan« genannt. Ich habe 1999, in Vorbereitung der von mir verfassten Biografie Helene Weigels, ein Gespräch mit Besson geführt. Wir haben auch über die beiden genannten Stücke gesprochen und er hat zu mir gesagt, dass er überhaupt nicht verstehe, weshalb Brecht ihm und Elisabeth Hauptmann überhaupt Tantiemen gegeben hätte, da Brecht das Stück, jedenfalls die Fertigstellung des Stücks, alleine gemacht habe. Elisabeth Hauptmann allerdings wäre zu der Zeit sehr krank gewesen, und er hätte ihr diese Tantiemen gegeben, um sie nochmal ein bisschen zu versorgen. Ich sage jetzt bloß, was mir Herr Besson erzählt hat. Es ist aber denkbar, dass Besson auch dem Suhrkamp Verlag gegenüber gesagt hat: »Schreibt mich nicht mehr rein« oder so. Es gibt unglaublich viele Spekulationen, was die Mitarbeit an den Texten Brechts betrifft.

MARTEN: Naja, naja!

KEBIR: Jedenfalls waren die Tantiemen, die an Elisabeth Hauptmann und Besson gezahlt wurden, nicht unerheblich. Für »Pauken und Trompeten« bekamen Hauptmann und Besson je 30 %, der Komponist Rudolf Wagner-Regeny 10 %, Brecht, der die sprachliche und dramaturgische Endfassung machte, bekam 30 %. Ich verstehe nicht recht, was daran skandalös sein soll. Wie gesagt, Besson selber hat überhaupt nicht verstanden, weshalb er überhaupt Tantiemen gekriegt hat – so hat er sich mir gegenüber geäußert. Das ändert nichts an der Rechtsposition gegenüber den späteren Ausgaben, die Sie ansprachen, doch ich halte jede Empörung gegen Brecht in diesem Kontext für unangebracht.

MARTEN: Das muss man ja gar nicht in Empörung ummünzen. Ich weiß nicht, was Benno Besson getrieben hat, das so zu sagen, gerade bei diesen beiden Stücken, wo Brecht selber auf das Titelblatt geschrieben hat: »Brecht/Besson sind Autoren« oder so ähnlich. Das ist alles im Bertolt-Brecht-Archiv nachzulesen. Da zu sagen: »Ich weiß gar nicht, warum ich Tantiemen kriege«, ist äußerst merkwürdig.

KEBIR: Er saß dabei und hat mit Brecht diskutiert. Er leugnet nicht, dabei gewesen zu sein, aber er sagt, er sei nicht wesentlich beteiligt gewesen.

MARTEN: Das ist vielleicht eine Frage der Abhängigkeit.

UWE KOLBE: Für eine Theaterarbeit ist das außerdem ganz selbstverständlich. Das changiert immer gewaltig, wenn man da zusammensitzt. Welchen Anteil hat welcher Dramaturg an irgendwelchen Sachen, die da entstehen, wo die gesamte kreative Energie hineinfließt? Das ist eine enorme Grauzone.

MARTEN: Eindeutig aber ist, dass Benno Besson Übersetzungen für Brecht angefertigt hat und Urheber dieser Übersetzungen ist. Die Konsequenz daraus, die uns interessieren muss, weil damit eine Reihe von Fragen verbunden ist, betrifft das Jahr 2026. Es wird davon ausgegangen, dass Ende 2026 die Werke von Brecht gemeinfrei werden. Ich habe da große Bedenken, genau darauf zielt auch mein Statement ab.

KOLBE: Bedenken oder Zweifel?

MARTEN: Zweifelnde Bedenken. Ich habe die Gewissheit, dass der Fall so nicht eintreten wird. Ob das aber jemand einklagen und durchsetzen wird, weiß ich nicht, obwohl es einige gibt, die dazu verpflichtet wären. Denn Schutzfristen sind ein gesetzliches Rechtsverhältnis und nicht eine Sache, die man nur als schuldrechtlichen Anspruch geltend machen kann.

HILZINGER: Um nochmal zu dem bereits angesprochenen Beispiel zurückzukehren. Da steht also in der durch Elisabeth Hauptmann besorgten Brecht-Ausgabe sinngemäß: »Mitarbeit: Benno Besson, Elisabeth Hauptmann.« Berechtigt das jetzt zu Urheberansprüchen?

MARTEN: Im Zusammenhang mit den erhalten gebliebenen Dokumenten und den Editionsberichten, die erstellt wurden und so etwas wie ein wissenschaftliches Gutachten sind, meiner Meinung nach schon. Im neunten Band der »Großen kommentierten Frankfurter und Berliner Ausgabe«, die im Suhrkamp Verlag erschienen ist, steht das auch so geschrieben. Da ist die Miturheberschaft eindeutig. Das Problem ist aber noch viel komplizierter. Brecht hat auf Gutsherrenart angeordnet: »Lieber Eichler«, oder wie er hieß, »geben Sie mal mir 50 % der Autorenanteile, Besson 25 % und Elisabeth Hauptmann auch 25 %.« Da ist nichts regulär vereinbart worden, aber diese

Anteile haben Hauptmann und Besson immer gekriegt; der Verlag hat das immer gemacht. Sie waren allerdings nur an den Aufführungsrechten beteiligt und erhielten nur einen Teil der Tantiemen, die für Aufführungen gezahlt wurden. Aber Urheberrechte sind unteilbar. Und die Urheber haben einen Gesamtvergütungsanspruch. Was die Printsachen, also die Vervielfältigungen, betrifft, da ist gar nichts gemacht worden.

KEBIR: Das war aber dann vor allem nach Brechts Tod relevant. Zu seinen Lebzeiten wurde im Westen ein Brecht-Boykott ausgerufen. Daran haben sich fast alle Theater gehalten, und großartig verkaufen konnte man seine Bücher dort zunächst auch nicht. Man muss immer unterscheiden zwischen Brecht und dem, was die Erben und Verleger daraus gemacht haben.

MARTEN: Genau darauf möchte ich hinaus. Brecht hat aus der Gesamtatmosphäre, aus der Produktionssituation heraus entschieden: »Ich bin hier der Chef und ich sage, wer was kriegt.« Die Erben haben aus ganz anderen Motiven gehandelt und die konkreten Arbeitsanteile noch viel mehr verdunkelt. Ich lese immer mit großer Verwunderung, was sich in der Sekundärliteratur dazu findet, auch bei dir, Sabine. Du hast von Klaus Völker übernommen, dass Brecht ein Testament gemacht habe, das von Helene Weigel erfolgreich angefochten werden konnte. Das entspricht aber nicht den Tatsachen! Brecht hat tatsächlich zunächst Isot Kilian ein Testament diktiert. Das ist auch deshalb interessant, weil er wiederum – nach was für Kriterien auch immer – als derjenige auftritt, der verteilt und sagt: »Die soll das kriegen, der soll jenes kriegen«. Dazu war er aber rechtlich gar nicht befugt. Allerdings ist das Testament ohnehin ungültig und konnte und musste auch nicht angefochten werden. Wenn jedoch John Fuegi schreibt – er hat übrigens auch manches Richtige geschrieben –, dass die der Partei untergeordneten Gerichte in der DDR Helene Weigel zur Alleinerbin gemacht haben, dann ist auch das wiederum völliger Mumpitz und eine bloße Verdunkelung der Tatsachen. Es wurde von Helene Weigel und den Kindern, den gesetzlichen Erben Brechts, ein Erbschein beantragt, woraufhin das staatliche Notariat die beiden vorhandenen Testamente geprüft hat. Das erste Testament aus dem Jahr 1955, das angeblich bei Isot Kilian in einem Kuvert war, wurde für ungültig erklärt, nicht weil die Partei oder die Gerichte irgendetwas gedeichselt haben, sondern weil es so im Bürgerlichen Gesetzbuch steht, das zu dieser Zeit auch in der DDR galt. Das zweite Testament aus dem Jahr 1956, das Müller-Eisel und Helene Weigel mitunterschrieben haben, wurde ebenfalls für ungültig erklärt, weil es als Nottestament gar keine Rolle spielt. Ich bin sogar der Meinung, dass Brecht von der Nichtigkeit des Testaments gewusst hat, zwar nicht beim ersten, aber bei dem letzten. Diesen Dingen genauer nachzugehen, würde sich sicherlich lohnen.

KEBIR: Die Miturheber, die auch Rechte auf Tantiemen und Urheberrechte haben, sind ja viel später als Brecht gestorben. Ist das der Grund, weshalb die eingeschränkte Benutzbarkeit von Brechts Werk 2026 nicht erlischt? Können da auch die Brecht-Erben Einfluss nehmen? Verlängert sich – das ist ja für viele ein Schreckgespenst – deren Anspruch auch?

MARTEN: Barbara Brecht-Schall hat das nie begriffen. Ich habe aus einem anderen Grund mit ihr darüber geredet und ihr gesagt: »Es ist doch unsinnig, das nicht zu akzeptieren, dass das Miturheber sind.« Und da hat sie nur gesagt: »Ach, der Papa hat das alles ganz anders gemeint«, auch wenn sie selbst nicht wusste, wie es denn der Papa nun gemeint hat. Die formal rechtsdogmatische Folge ist diese: Besson ist vor zehn Jahren gestorben, seine Werke sind noch 60 Jahre geschützt.

Das bedeutet, dass erst 2076 die Schutzfrist an den Werken Brechts endet, an denen Besson als Miturheber beteiligt war.

HILZINGER: Aber 2076 endet die Frist dann auf jeden Fall?

MARTEN: Einen Beteiligten, der noch länger gelebt hat oder lebt, den gibt's dann nicht mehr.

KEBIR: Haben denn alle, die beteiligt sind, bis 2076 die Rechte?

MARTEN: Ja, natürlich! Die haben sie alle. Da wird gar nicht die Frage gestellt, wie genau der Einzelne beteiligt ist. Die Rechte haben sie trotzdem.

KEBIR: Das ist das eigentlich Sensationelle.

MARTEN: Die Erben von Elisabeth Hauptmann werden übrigens gar nichts sagen können; das ist eine komplizierte Angelegenheit. Das Testament von Elisabeth Hauptmann, über vierzig Seiten lang und im Polizeikrankenhaus geschrieben, ist nichts anderes als eine Liste oder Ansammlung von Vermächtnissen. Darin steht beispielsweise: »Meine Tantiemen an der ›Dreigroschenoper‹ soll Margret Maynatt kriegen.« Ein richtiges Testament ist das aber nicht. Die Konsequenz wäre, dass die gesetzlichen Erben von Elisabeth Hauptmann, nämlich ihre Schwester und ihre Nichte, Erben geworden wären. Das aber wollte offenbar die DDR nicht, denn die beiden lebten im Westen. Daraufhin hat das staatliche Notariat das Testament von Elisabeth Hauptmann so ausgelegt, dass gesagt wurde: Die Erbin ist die Akademie der Künste. Heinz Schnabel, der Direktor, ist schnell hingerannt und hat sich einen Erbschein geben lassen, die Vermächtnisse hingegen aber nie richtig erfüllt. Als ich schließlich Wolfgang Trautwein, den späteren Archivdirektor der Akademie der Künste, ermahnte, die Vermächtnisse doch mal zu erfüllen, schließlich war und ist die Akademie dafür verantwortlich, stellte sich heraus, wie verwickelt die Situation inzwischen ist. Beim Zusammenschluss der Akademie Ost und West, zunächst zur Berliner Akademie, dann zur Berlin-Brandenburgischen Akademie der Künste, und bei der Bildung der Stiftung Archive der Akademie wurden zwar die Sachzeugnisse alle der Stiftung übertragen, doch die Urheberrechte hatte man beim Staatsvertrag vergessen. Jetzt ist die Rechtssituation also die, dass die fünf neuen Bundesländer und Berlin Inhaber der Urheberrechte von Elisabeth Hauptmann sind. Und die können sich bisher nicht einigen. Das ist ein Riesenproblem, weil die Rechteinhaber natürlich die Vermächtnisse weiter erfüllen müssten.

KOLBE: Und bei Elisabeth Hauptmann wird es auch erst richtig interessant. Schließlich geht es hier um mehr als bloß um »Don Juan« oder »Pauken und Trompeten«, wie bei Besson. Da geht es auch um die »Dreigroschenoper«. Da geht es richtig um Geld! (*lacht*)

MARTEN: Ja, nur wer soll denn nun dafür sorgen, dass die fünf neuen Bundesländer und Berlin gegenüber anderen Vermächtnisnehmern durchsetzen, dass sie noch Tantiemen kriegen? Andererseits können die Bundesländer nicht einfach sagen: »Wir machen das nicht.« Das ist nun mal eine Pflicht, der auch öffentlich-rechtlich Nachdruck verschafft werden kann.

KEBIR: Also der Suhrkamp Verlag müsste eigentlich zahlen.

MARTEN: Der Suhrkamp Verlag geht davon aus, dass 2026 alles zu Ende ist. Bis dahin zahlt er, aber nur für Aufführungsrechte. Andererseits hat der Suhrkamp Verlag seine Meinung in den letzten Jahren immer mal wieder geändert. Bei bestimmten Werken hat der Verlag durchaus anerkannt, dass es Miturheber gibt, aber behauptet, dass es zwischen Brecht und den Miturhebern eine Vereinbarung gegeben habe, dass diese nur so und so viel von den Aufführungstantiemen bekommen.

KEBIR: Vor einigen Jahren hatte ich Kontakt zur Erbin von Margret Maynatt, die übrigens nicht in der DDR, sondern in England lebte und dort die Werke von Marx und Engels herausgab. Deren Erbin also hat mir bestätigt, dass sie Gelder für die »Dreigroschenoper« bekommt.

MARTEN: Ja, aber das hat ja noch Brecht verfügt. Und es gilt nur für die Aufführungstantiemen! Für die Print-Sachen ist nichts gezahlt worden, weil es keine entsprechenden Verabredungen und Verlagsverträge gegeben hat. Als das nach der Publikation der Werke wichtig wurde, hat Brecht bereits nicht mehr gelebt.

KEBIR: Also verfügt hat das Elisabeth Hauptmann, lange nach Brechts Tod, und die Nachricht der Maynatt-Erbin bestätigt, dass diese Verfügung rechtskräftig wurde. Durchgesetzt hat sich der Wille der Hauptmann, ob er nun juristisch korrekt zu Papier gebracht wurde oder nicht. Damit ist aller von Fuegi aufgewirbelter Staub um die »Dreigroschenoper«-Tantiemen, um die die Hauptmann-Erben in den USA prozessierten, nichtig. Ich möchte aber noch auf einen anderen Punkt kommen, der zeigt, wie kompliziert es sein kann, die Verhandlungen zwischen Brecht und seinen Mitarbeitern zu beurteilen. Da muss man sich jeweils sehr genau die Umstände ansehen. Brecht hat Anfang der 1950er-Jahre, als es um die Edition seiner Werke bei Suhrkamp ging, Elisabeth Hauptmann vertraglich als Herausgeberin eingebunden. Aber nach Erscheinen des ersten, von ihr herausgegebenen

Bandes hat sie sich merkwürdigerweise gesträubt, das Honorar entgegenzunehmen und wollte offenbar sogar aus dem Vertrag aussteigen. Man muss wissen, dass sie damals versuchte, sich als freischaffende Autorin, Dramaturgin und Übersetzerin mit Projekten zu etablieren, die sie von Brecht unabhängiger machten. Sie kam damit finanziell aber nicht gut zurecht. Dass sie trotzdem das Geld von Suhrkamp ablehnte, hatte wahrscheinlich den Hintergrund, dass sie als gewissenhafte SED-Genossin – sie hatte auch ihren amerikanischen Pass abgegeben – wohl kein Westgeld annehmen wollte, zumal sie zu Zeiten des Brecht-Boykotts mit üppigeren Honoraren für Brecht-Ausgaben in der DDR rechnen konnte. Brecht schrieb ihr im Juli 1952, dass er nicht einsehe, weshalb sie das Geld nicht annehmen wolle. Für ihn als Österreicher war das freilich kein Problem. »Ich werde es also einstweilen nehmen«, kündigte er in einem Schreiben an Hauptmann vom Juli 1952 an und bestand auf den Vertrag: »die Spaltung hört eines Tages auf, dann brauchen wir ihn also, wie er ist«. Da ihr die angestrebte größere Unabhängigkeit von Brecht den Lebensunterhalt nicht sichern konnte, wurde Hauptmann 1954 dann als feste Mitarbeiterin ins Berliner Ensemble aufgenommen und von Brecht auch wieder in die Stückentwicklung einbezogen. Wie aus ihrem Nachlass und ihren Verfügungen hervorgeht, hat sie dann auch die Abneigung überwunden, Westgeld zu verdienen.

HILZINGER: Frau Kebir, Sie kennen den Nachlass Brechts sehr gut. Wie schätzen Sie die Situation in Hinblick auf die Urheberrechtsfrage ein? Was für archivalische Materialien und Dokumente gibt es, um Zuschreibungen fremder Anteile an den Werken Brechts abzuleiten?

KEBIR: Es gibt dazu eine ganze Menge Materialien, von denen mich vor allem die aus Brechts Lebenszeit erhaltenen Dokumente interessieren. Ich würde übrigens nicht sagen, dass Brecht die Tantiemen nach

Gutsherrenart aufgeteilt hat. Wir wissen nicht, ob es nicht doch Diskussionen darüber und gemeinsame Absprachen gegeben hat. Bestimmt kam es auch zu Nachlässigkeiten. Aber im Falle von Weill beispielsweise kann ich mir ein gutsherrenmäßiges Vorgehen gar nicht vorstellen.

MARTEN: Nein, von bloßen Nachlässigkeiten kann man da, glaube ich, nicht sprechen. Und dass es bei Weill ein bisschen anders war, versteht sich von selbst.

KEBIR: Gut, aber worauf ich hinaus will, ist, dass Brecht eigentlich stolz war, Mitarbeiter zu haben. Es war nicht so, dass er das verstecken wollte. In dieser Hinsicht muss ich auch Ihnen, Herr Kolbe, deutlich widersprechen. Sie haben in Ihrem Statement eigentlich nur eine sprachlich aufgehübschte Version der Thesen John Fuegis vorgelegt: nichts inhaltlich Neues, ohne jede Überprüfung seiner Meinungen.

KOLBE: Zu John Fuegi kann ich nur sagen: Er hat zu seinem Buch sehr umfassend recherchiert. Auf einer so langen Strecke können einem, wie jedem anderen Wissenschaftler auch, Fehler unterlaufen. Doch Fuegi hat wie verrückt Zeitzeugen befragt. Bereits in den 1960er Jahren war er in der DDR unterwegs, als andere noch gar nicht auf die Idee gekommen sind, mal nachzuschauen, was da eigentlich los ist. Im Vorwort zur deutschen Ausgabe, geschrieben Ende der 1990er Jahre, heißt es, dass die Erben immer gleich mit den Anwälten kommen. Damit hat er fest gerechnet, aber es ist niemand gekommen. Das spricht eine sehr deutliche Sprache und ist für mich ein Zeugnis dafür, wie viel an seiner Darstellung stimmt. Die hätten diese sonst demontiert, jede Wette. Das andere, was mich fasziniert, ist der Widerspruch, der für mich im Thema »Brecht und das Urheberrecht« selbst liegt. Einerseits wird Brecht gehandelt als der größte ›Klotz‹ des Projekts der Moderne auf deutschem Gebiet, jedenfalls auf sprachlichem Gebiet, ebenso auf dem lyrischem sowie im Bereich des Theaters. Er ist sozusagen unser ›großer Moderner‹, neben allen Dadaisten, Expressionisten und so weiter. Tatsächlich war er in seiner Sprachmächtigkeit als Einzelperson ein Projekt und eine Institution wie das ganze Bauhaus auf dem Gebiet der Kunst. Und wenn wir dann andererseits über Details des Urheberrechts reden, dann finde ich das schon sehr bezeichnend, da kriege ich große Ohren. Über meine eigenen Urheberrechts- und Buy-out-Verträge, die ich alle schon unterschrieben habe, will ich gar nichts sagen hier. Aber was Brecht betrifft, ist es falsch, bezüglich seiner mageren Zuteilungen für andere Mitarbeiterinnen und Mitarbeiter so lächelnd nebenbei zu sagen: »Na ja, er hat das nicht so gesehen und nicht böse gemeint und so weiter.« Nein, er hat es nicht anders gewollt! Sicherlich hat es ähnliche Formen kollektiver Arbeit auch schon vorher gegeben, bei Shakespeare etwa. Dennoch ist im Grunde auch dieses kollektive Arbeiten ein modernes Projekt. Verbrecherisch aber wird es, wenn Brecht nach Gutdünken Gelder zuteilt oder aber nur stark genötigt und gedrängt immer mal wieder was hergibt, ansonsten sein Geld aber genau im Blick behält. Und da ist es nicht unerheblich, dass das Kollektiv bei Brecht immer auch ein produktionserotisch geprägtes war. Ob sich dieses nun in der Frühzeit eher mit Männlein gestalten ließ oder dann nur noch mit Weiblein sei dahingestellt: In jedem Fall waren es komplizierte, nicht einfach zu erschließende produktionserotische Arbeitszusammenhänge.

PUBLIKUM: Mit dem Begriff Kollektiv lässt sich im Urheberrecht schwer umgehen. Die Urheberschaft ist unabtrennbar von der Persönlichkeit des Autors. Daraus resultiert, welche Rechte es gibt. So ist die Sachlage.

KOLBE: Der wunderlichste Kontrast, darauf wollte ich hinaus, liegt darin, dass Brecht ja nicht nur ein großer Dichter, sondern auch ein

Kommunist war, und dass er eine starke Idee und Vorstellung von einer Welt hatte, in der Dinge wie Urheberrecht, Finanzen und dergleichen keine Rolle mehr spielen sollten, oder? War das nicht das große Projekt? Das Ziel seiner literarischen Bemühungen? Aber worauf läuft es dann am Schluss hinaus? Der große Berg kreißte und gebar die kleine Maus des Urheberrechts! Das ist doch verrückt, ja? Das ist für mich eine ganz enorme Fallhöhe. Eine Fallhöhe zwischen Brechts Anspruch und der eigenen Lebensführung, bei der dann plötzlich das bürgerliche Recht griff, auf das Brecht, soweit es nicht um Geld ging, gepfiffen hat.

MARTEN: Brecht hat eine ziemlich schlechte Meinung vom Recht gehabt. Er hat Rechtsnormen wortwörtlich nur als »Vorschläge« begriffen. Das ist letztlich die Quelle von Anarchismus. Wenn es das Recht nicht als Regelung und Gestaltung von Widersprüchen gibt und alles nur Vorschläge sind, dann ist das Anarchismus. Das funktioniert nicht, entspricht aber Brechts Auffassung von der Gesellschaft. Deshalb hat er sich auch viel mehr der Frage der Gerechtigkeit als dem Recht zugewandt, sowohl in seinen Stücken als auch in seinen Überlegungen. Ich möchte den Aspekt der kollektiven Autorschaft, Brechts Produktionsform oder auch die Produktionserotik, gerne noch aus einer anderen Perspektive beleuchten. Man kann, was diese besondere Form der Kollektivität betrifft, Fuegi durchaus vorwerfen, nicht bedacht zu haben, dass Brecht seine Mitarbeiterinnen nur deshalb ausnutzen konnte, weil er zunächst ihre Produktivität geweckt hatte, die es ohne seinen Einfluss und sein Wirken wahrscheinlich nicht in vergleichbarer Form gegeben hätte. Angesichts dieser Situation frage ich mich, ob das Urheberrecht, das von grundsätzlich anderen Produktionsbedingungen ausgeht, wirklich geeignet ist, diesen Verhältnissen gerecht zu werden. Das Urheberrecht ist von Anfang an ein Verwerterrecht gewesen. Aus naturrechtlichen Gesichtspunkten wurden die Urheber zu geistigen Eigentümern erklärt, damit man eine bessere rechtliche Handhabe hatte. Doch letztlich steht das Urheberrecht in der Tradition der Druckprivilegien, bei denen es sich um feudale Zugeständnisse handelte. Diese Ursprungsgeschichte des Urheberrechts betrifft uns noch heute. Allerdings stellt sich heute in einem noch viel größeren Maße die Frage, ob das Urheberrecht geeignet ist, die spezifischen neuen Formen der Produktion zu erfassen? Wir erleben ja eine so starke Veränderung durch die Digitalisierung beispielsweise, dass wir geradezu eine Permanenzdiskussion über das Urheberrecht führen. Und ich sehe im Moment keine großen Hoffnungen für das Urheberrecht, denn in einer Situation, in der die Produktivkräfte, die Produktionsinstrumente und die Produktion so vergesellschaftet sind, wie sie es jetzt sind, ist es fraglich, ob das überhaupt noch einer individualrechtlichen Aneignung zugänglich ist. Denn Urheberrecht ist ja ein Ausschließungsrecht. In dieser Hinsicht übrigens muss man präzisieren, dass Brecht zwar großzügig darin war, sich kollektiv entstandener Werke zu bemächtigen, aber auch selbst die Ansprüche der Rezipienten und Konsumenten achtete, wenn eines seiner Werke in die Gesellschaft entlassen und die Öffentlichkeit erreicht hatte.

KEBIR: Ich möchte nochmal auf den Zusammenhang von »Geben und Nehmen« zu sprechen kommen, den ich in meinem Statement fokussiert habe, und nochmals auf den Tagebucheintrag von Elisabeth Hauptmann aus dem Jahre 1926 verweisen, in dem sie beschrieb, dass Brecht eigentlich Hauptautor an dem später unter Feuchtwangers Namen aufgeführten Stück »Kalkutta, 4. Mai« nach Macaulays »Hastings« war: »Jeden Tag arbeitet Brecht am Hastings drei Stunden. Gestern war Feuchtwanger da, ich hörte durch die Tür, wie Brecht diktiert und Feuchtwanger schreibt. Brecht macht alles, alle Ideen und Formulierungen, aber er lässt sich in keine großen Diskussionen ein, weil es ihm zu langweilig ist.« Das ist eines von vielen Beispielen, wie Brecht und sein Kreis mit Urheberrechten umging.

Feuchtwanger hat die Arbeitsleistung Brechts großzügig in Anspruch genommen, ohne dass Brecht dagegen vorgegangen wäre. Vorher, bei »Eduard dem Zweiten« und »Mann ist Mann«, war es umgekehrt. Das verweist auf eine ganz besondere Form des Miteinanders, wie es unter diesen Autoren damals zugegangen ist, und diese Ebene finde ich sehr interessant. Um aber nochmal anders auf das Thema der Interaktion einzugehen: Warum wollte Brecht die vielen Mitarbeiter eigentlich haben? Weil er verschiedene Ansichten in sein Werk einbringen wollte. Auch in der Malerei wollte er die europäische Zentralperspektive am liebsten verboten sehen, weil das für ihn eine diktatorische, einseitige Sicht war. Er liebte die asiatische Malerei, die diese Zentralperspektive nicht kennt. Das war sozusagen auch ein kennzeichnendes Motiv seiner Arbeit als Autor. Ich finde, es ist eigentlich sehr schön, dass er versucht hat, diese vielen Standpunkte in seine Texte hineinzubringen und einzubinden. Dadurch ist Brechts Werk sehr dialogisch und dialektisch geworden. Es verfehlt daher den Kern der Sache, Brechts Zusammenarbeit mit anderen Autoren und Autorinnen nur unter dem Aspekt der Ausbeutung zu diskutieren.

HILZINGER: Wir sollten noch auf Margarete Steffin zu sprechen kommen, Brechts wichtigste Mitarbeiterin in den Jahren des Exils, die einen erheblichen Anteil an den zwischen 1933 und 1941 entstandenen Texten aus der Brecht-Werkstatt, an Stücken, Gedichten und Prosa, hat. Im Jahr 1941 starb Steffin in Moskau, da war sie 33 Jahre alt, auf der Flucht Richtung USA. Könnten Sie, Frau Kebir, darlegen, wo der Anteil Steffins an Brechts Werk sichtbar wird?

KEBIR: Ja, das ist ja auch bekannt. Natürlich hat sie sehr viel eingebracht. Sie war für Brecht eine völlig unabdingbare, ständige Gesprächspartnerin, aber auch Rechercheurin. Sie hat für ihn Grundlagenforschung betrieben, die er dann verarbeitet hat. Und sie hat seine

Sachen auch regelmäßig abgeschrieben, denn er wollte am nächsten Tag immer vor einem sauberen Blatt sitzen. Dabei sind natürlich ihre Vorschläge mit in die Texte eingeflossen, zum Beispiel beim »Caesar«-Roman. Wobei gerade in diesem Fall, bedingt durch Brechts Hegel-Rezeption, auch viele philosophische Elemente eine Rolle spielen, die auf gar keinen Fall von Margarete Steffin stammen. Das gilt auch für viele andere Dinge. Daher wäre es falsch, Margarete Steffin gleichberechtigt zu Brecht als Autorin des »Caesar«-Romans anzusetzen. Das Stück, was sie selbst geschrieben hat, heißt »Wenn ich einen Engel hätte«. Das ist in seiner ästhetischen Qualität nicht im Ansatz mit einem Stück Brechts vergleichbar. Steffin und Brecht waren nicht zwei Autoren auf Augenhöhe. Doch wie der urheberrechtliche Aspekt der Mitarbeit von Steffin gehandhabt worden ist, ist sicherlich der problematischste Fall. Man muss nämlich wissen, dass die Sachen, an denen sie mitgearbeitet hat, jedenfalls die Stücke, zu ihren Lebzeiten gar nicht unter Vertrag gekommen sind, weil keine Bühne der Exilländer sie spielen und kein Verlag sie drucken wollte. Es gab also überhaupt keine Erlöse zu verteilen. So war nun mal die Situation im Exil.

HILZINGER: Das war die Situation zu Lebzeiten Steffins. Aber wie verhielt es sich dann später?

KEBIR: Auch nachträglich, als dann, in der Regel erst nach Brechts Tod, Verträge gemacht wurden, steht Steffin eigentlich nie in den Verträgen drin und auch ihre Eltern oder ihre Schwester nicht, die die Erben waren. Das ist von rechtlicher Seite her nicht in Ordnung. John Fuegi breitet sich darüber aus, dass Steffin in Moskau viel Geld durch die Übersetzung von Nordahl Grieg verdient habe und dass es dann dieses Geld war, das Brecht samt Familie half, nach Amerika zu kommen. Das aber als »Ausbeutung« darzustellen, wie es Fuegi tut, finde ich sehr zweifelhaft. Wer hat denn die Unterhaltskosten von

Margarete Steffin in den ganzen Exiljahren in Dänemark, Schweden und Finnland getragen? Das war natürlich größtenteils Brecht.

HILZINGER: Das ist nicht ganz unumstritten. Es gibt doch die Geschichte, dass Margarete Steffin, die ja Tuberkulose hatte, immer mal wieder dringend ins Krankenhaus musste, was Brecht überhaupt nicht guthieß, weil er wollte, dass sie für ihn arbeitet.

KEBIR: Sie ist dann aber doch ins Krankenhaus gegangen. Gott sei Dank.

HILZINGER: Ja, aber wer hat das veranlasst? Der Mann von Ruth Berlau, Dr. Lund, der Arzt war. Der hat gesagt: »So, jetzt ist Schluss.« Soweit musste es erst kommen. Das spricht doch für einen gewissen Umgang Brechts mit seinen Mitarbeiterinnen ...

KEBIR: Nun, natürlich hat Brecht gesagt: »Ich brauche sie.« Das ist so eine Sache, das wird jeder Mann, der eine Frau dringend als Gegenüber und Mithilfe braucht, sagen: »Um Gottes Willen, die kann jetzt nicht ins Krankenhaus.« So ist nun mal das Leben.

KOLBE: Also, nein ...

KEBIR: Also ich finde, wir rühren jetzt hier im Sand. Fakt ist doch: Steffin hat sich nicht davon abbringen lassen, ins Krankenhaus zu gehen. Sie ist auch mehrfach auf die Krim gefahren, und zwar auch auf Kosten Brechts, um die Tuberkulose auszukurieren. Er und Eisler haben ihr die Kur in der Schweiz bezahlt, die Operation von Sauerbruch, hier in Berlin, auch diese haben Brecht und Eisler bezahlt. Wenn wir das alles gegeneinander aufrechnen, kommt am Ende ein Ergebnis raus, das Brecht bestimmt nicht in ein bösartiges Licht setzt.

Es ist ja auch bekannt, dass Steffin in Moskau auch für sich selbst Geld behalten hat, um nach Amerika weiterzufahren. Es war nicht so, dass für sie überhaupt nichts mehr übrig blieb, oder?

KOLBE: Sie wissen das bestimmt alles viel besser als ich, aber Steffin ist zum Schluss wirklich jämmerlich gestorben! Und all diese Krokodilstränen, die Brecht danach vergossen hat, da kommt mir der Kaffee hoch! Auch weil er genau wusste, was in der Sowjetunion gespielt wird. Ich kann das Politische da nicht rausnehmen, tut mir leid. Dieses Politische, Menschliche, Rechtliche, Schriftstellerische, das ist bei Brecht alles gemischt. Bei einem echten Giganten des 20. Jahrhunderts, das meine ich jetzt wirklich so … Also, allein schon, wenn der einen Strich an irgendeinem Text von anderen, von seinen Mitarbeiterinnen, die selbst geschrieben haben, gemacht hat, saß der Strich – das ist mir völlig klar – garantiert mehr, als wenn sie selbst sich daran gemacht hätten. Wenn Brecht einen Strich gemacht hat, dann kann dieser Strich in der Tat der absolut entscheidende gewesen sein, immer, allemal, weil er das wirklich konnte, mit links, von der Pieke auf gelernt, von seinen ersten Anfängen an. Aber dann, diese auffällig schnelle Reise durch die Sowjetunion, schnell rein in die Transsibirische Eisenbahn und zack, ab ins böse ›imperialistische‹ Kalifornien. Warum lässt er Steffin zurück? Warum so schnell weiter? Weil er wusste, was in der Sowjetunion gespielt wird, und zwar sehr genau. Man denke an Carola Neher! Er bittet zwar Feuchtwanger, sich für Neher einzusetzen, aber … Das sind alles so Geschichten. Ich weiß, dass das jetzt hier mit dem Urheberrecht nichts zu tun hat. Aber ich bin da so voll von im Moment, leider. Diese ganze Doppelbödigkeit, all diese Verwicklungen in Brechts Verhalten haben mich gerade ein halbes Jahr beschäftigt in der Arbeit an meinem Buch über Brecht, das in Kürze erscheinen wird. Natürlich ist da auch der Aspekt der Produktionserotik, das menschliche Faszinosum, das Brecht bei allem

Widerspruch bleibt. Gerade auch die Beziehung mit Steffin war unerhört intensiv. Und trotzdem, sie hat sich am Ende verschlissen, ja, wirklich verschlissen. Und dann ... Er hat sie zunächst gebraucht, ihm hat etwas gefehlt, der Soldat, die Soldatin, ja, hat ihm gefehlt? Okay, aber was für ein General war er denn? Jedenfalls fuhr er flux durch ins böse Kalifornien, weil er genau wusste, wie die Verhältnisse in der Sowjetunion sind, die er gleichzeitig, bis zu seinem späten Gedicht »Die Erziehung der Hirse«, mit einer fürchterlich unangenehmen Affirmation reflektiert hat.

PUBLIKUM: Sie war eine Parteisoldatin, die ihm als Nicht-Parteimitglied an die Seite gesetzt war. Aber dann hat sie sich ganz anders verhalten, weil sie ihn geliebt hat. Das war etwas ganz anderes als ihr Auftrag als Soldatin.

KOLBE: (*lacht*) Das ist gut, ja.

KEBIR: Also, Margarete Steffin hatte, schon bevor sie Brecht kennenlernte, Tuberkulose. Das Exil in Skandinavien war dann für ihre Gesundheit sehr nachteilig. Aber es gab keine andere Möglichkeit, denn sie war arm und mittellos. Ich weiß nicht, ob sie in der Sowjetunion überhaupt eigenständig Exil bekommen hätte, also wenn sie nicht in Begleitung Brechts gereist wäre. Aber das sind jetzt natürlich nochmal ganz andere Fragen. Jedenfalls ist es zu einfach, alles auf Brecht abzuladen. Er wollte schon viel eher aus Finnland weg, doch Steffin bekam das Visum für Amerika nicht. Auch das kann man nicht Brecht in die Schuhe schieben. Deshalb aber wurde ihre Krankheit immer schlimmer. Zum finnischen Winter kam dann auch noch der Hunger hinzu. Also ich sehe jetzt da keine einseitige Schuldzuweisung. Dass das alles nicht schön war, versteht sich von selbst. Später nun ist Steffin beziehungsweise sind die Erben von Steffin nicht in die

Verträge aufgenommen worden. Zwar haben sich Helene Weigel und Brecht mit den Eltern und der Schwester von Steffin, die sie auch irgendwie unterstützt haben, ganz gut verstanden. Aber natürlich war das keine Unterstützung in einem rechtlichen Sinn.

HILZINGER: Und die Texte von Steffin, die sie unter eigenem Namen geschrieben hat, sind auch erst 1991 das erste Mal veröffentlicht worden, also 50 Jahre nach ihrem Tod.

KEBIR: Das hängt damit zusammen, dass man lange nicht Bescheid wusste, dass auch ihre Sachen in Moskau in irgendeinem Keller oder wo auch immer geblieben sind. Und dann, als sie gefunden waren, wurden sie zunächst nicht rausgerückt. Es ist zu vermuten, dass man immer noch nicht alles gefunden hat, so zum Beispiel auch ihr Grab. Es ist natürlich besonders unangenehm, dass einige Gedichte von Margarete Steffin in die »Große Berliner und Frankfurter Ausgabe« der Werke Brechts aufgenommen worden sind; zuvor, glaube ich, auch schon in die Ausgabe von Hauptmann im Suhrkamp Verlag. Aber das liegt nun einmal daran, dass Margarete Steffin auch Brechts Sekretärin war. Sie hat ihre Sachen, die mit derselben Maschine geschrieben waren, zwischen seine gelegt. Sie wusste womöglich, dass sie nicht lange überlebt. Denkbar also, dass sie sich selber gewünscht hat, dass ihre Texte zwischen jenen Brechts liegen bleiben und so überdauern – so haben sie es ja auch. Erst durch Herta Ramthun ist das Gedicht »geliebter! hast du es denn nicht gelesen?« richtig zugeordnet worden. Möglicherweise können noch weitere Texte neu zugeschrieben werden. Das sind Forschungsfragen.

HILZINGER: Forschungsfragen, genau. Gibt es Kommentare, Einsprüche oder weitere Fragen an die Diskutanten?

PUBLIKUM: Frau Kebir, Sie haben sich ja viel mit Brecht und den Frauen beschäftigt. Würden Sie es gerechter finden, wenn die Namen der Mitarbeiterinnen bei den jeweiligen Texten jetzt immer neben Brecht als Autorennamen erscheinen würden?

KEBIR: Auf jeden Fall. Ich finde das nicht gut, dass das immer mehr verblasst, und zwar je später die Ausgabe, umso mehr. In der Erstausgabe und alten Ausgaben werden Mitarbeiter vor dem Text der Stücke genannt. Ganz offensichtlich wollte Brecht das so. Das wird in der jüngeren Rezeption einfach weggewischt. Wobei, es gibt auch sehr kuriose Fälle. »Happy End« zum Beispiel wird in Amerika unter dem Namen Brechts gespielt. Wahrscheinlich würde niemand reingehen, wenn man schreiben würde: »›Happy End‹ von Elisabeth Hauptmann«. Aber »Happy End« ist natürlich von Elisabeth Hauptmann, wenngleich es einen überlieferten Stückplan von Brecht gibt, der schon ziemlich genau die ganze Handlung festlegt. Sie hat das Stück in Dialogform gebracht, und er hat mit Weill dann noch die Songs dazu gemacht. Aber das drückt sich ja auch in den Tantiemen aus, dass Hauptmann der Hauptanteil an der Autorschaft zukommt.

PUBLIKUM: Es wurde wiederholt ausgeführt, dass es, was die Anteile anderer Autoren an den Texten Brechts angeht, eine Situation von Verdunkelung und Unklarheit eingetreten sei. Aber welchen Teil trägt das Urheberrecht selbst zur Verdunkelung der Situation bei? Diese Frage scheint mir besonders dringlich, wenn man bedenkt, dass die kollektive Produktionsweise, wie sie Brecht praktiziert hat, heute in den künstlerischen oder auch kreativwirtschaftlichen Bereichen gang und gäbe ist, also: Koproduktion, Cocreation, Coworking spaces und so weiter.

MARTEN: Das ist in der Tat das Grundproblem der gegenwärtigen Urheberrechtsentwicklung. Das Urheberrecht stammt aus einer ganz anderen Zeit und erfasst bestimmte Prozesse in der geistigen Produktion nicht mehr adäquat. Ich habe dafür immer ein Lieblingsbeispiel. Vielleicht erinnern Sie sich an den Streit um den Berliner Hauptbahnhof mit dem Architekten Meinhard von Gerkan, der seine Entwürfe nur mit großen Einschnitten ausgeführt sah. Es ist doch eigentlich für einen normalen Menschen absurd, darüber nachzudenken, dass der Hauptbahnhof einen einzigen Urheber haben soll; ein komplexes, hochspezialisiertes Gebäude. Und da ist dann Gerkan der Urheber? Daran zeigt sich die Grenze des modernen Urheberrechts. Lassen Sie mich nochmal betonen, dass Brecht nicht sehr viel vom Recht gehalten hat. Für die Erben war die Situation neu und anders. Die hat niemand daran gehindert, zu prüfen, wer welche Anteile an welchen Werken hat. Sie standen auch nicht in einem erotischen Produktionsverhältnis mit den Mitautoren. Sie hätten also alles richtigstellen und sagen können: »Wir machen anständige Verträge, wir akzeptieren, wer da welche Rechte hat.« Aber nein, sie haben vielmehr Einfluss darauf genommen, dass sich beispielsweise die verlagskulturell völlig idiotische Formulierung »In der Fassung des Berliner Ensembles« durchsetzen konnte. Eigentlich muss jeder Verleger wissen, dass man sowas nicht macht.

KEBIR: Ich weiß es nicht genau, aber es gab schon Anfang der 1950er Jahre das Buch »Theaterarbeit«, das das Berliner Ensemble herausgegeben hat. Da sind alle gezeigten Inszenierungen genannt, und da steht meiner Meinung nach auch häufig: »In der Fassung des Berliner Ensembles«. Das könnte sich also schon deutlich früher eingeschlichen haben.

MARTEN: Das ist aber ein anderer Zusammenhang. Ich habe ja schon erwähnt, dass Inszenierungen nach der vorherrschenden Auffassung keine urheberrechtlichen Werke sind. Druckfassungen aber, also literarische Werke, sind etwas anderes.

KEBIR: Und da dürfte also nicht stehen: »In der Fassung des Berliner Ensembles«?

MARTEN: Das kann man zwar schreiben, aber wer ist das Berliner Ensemble in diesem Falle? Also Urheber jedenfalls können nur natürliche Personen sein.

PUBLIKUM: Man sollte vielleicht noch bedenken, dass Recht wandelbar ist. Der Gesetzgeber kann es ändern. In der DDR beispielsweise betrug die urheberrechtliche Schutzfrist nicht 70, sondern bloß 50 Jahre, selbst nachdem die DDR die entsprechende Genfer Vereinbarung zum Urheberrecht unterschrieben hatte. Und müssen wir nicht bei der Veränderung von Publikationsformen im Internet, um das Urheberrecht aufrechterhalten zu können, es wiederum enger oder weiter gestalten?

MARTEN: Ja, bloß das ist eine ganz andere Problemebene. Sie haben völlig recht, der Gesetzgeber kann Änderungen vornehmen. Er versucht es ja auch. Nur ist die Gesetzgebung viel komplizierter geworden. Wir haben ja heute ein Urheberrecht, das europäischen Richtlinien unterworfen ist. Den nationalen Gesetzgeber in dieses System einzubinden, ist bei den widerstreitenden Positionen, die es diesbezüglich gibt, außerordentlich schwierig. Aber eines, darüber können wir uns sofort einigen, ist dies: Das Urheberrecht muss verändert werden. Darüber sind sich auch alle einig, die Frage ist bloß wie.

HILZINGER: Gut, belassen wir es an dieser Stelle mit dem Ausblick. Ich möchte mich sehr herzlich bedanken für die sehr lebhafte und spannende Diskussion.

URHEBER(B)RECHT

Künstlerische Visionen für Brechts Werke nach dem Ablauf der urheberrechtlichen Schutzfrist im Jahr 2027

Call for Papers: Positionen zu Brecht 2027

Der 14. August 2026 wird der 70. Todestag Bertolt Brechts sein. Dieser Tag läutet das Ende der urheberrechtlichen Schutzfrist für Brechts Werk ein, das ab 1. Januar 2027 gemeinfrei sein wird. Das heißt: Dann darf jede und jeder damit machen, was sie oder er will. Ein Wendepunkt in der Theatergeschichte oder zumindest im Umgang mit Brechts dramatischem Werk?

Einer Idee Cornelius Puschkes folgend, machten sich die Brecht-Tage 2016 im Literaturforum des Berliner Brecht-Hauses bereits zehn Jahre vor Ablauf der Schutzfrist Gedanken, was das Auslaufen derselben für das Werk Bertolt Brechts bedeuten könnte. Gemeinsam mit dem Theaterportal nachtkritik.de wurden Künstlerinnen und Künstler mit einem Call for Papers dazu aufgerufen, ihre Zukunftsvisionen zu Brecht jenseits des Urheberrechts zu formulieren.

Aus den eingegangenen Vorschlägen und Manifesten wurden von der Jury (Annett Gröschner, Christian Hippe, Cornelius Puschke und Esther Slevogt) drei Einreichungen ausgewählt, ihre Brecht-Visionen für 2027 und danach am 11. Februar 2016 im Brecht-Haus zu präsentieren:

friendly fire,
Alexander Karschnia (andcompany&Co.),
LIGNA.

Auf die Longlist hatten es auch Beiträge folgender Künstler bzw. Gruppen geschafft:

copy & waste (Jörg Albrecht),
Ivo Eichhorn,
Kevin Rittberger.

Nachfolgend abgedruckt sind die drei zur Präsentation ausgewählten Beiträge (im Falle von LIGNA die am Abend gehaltene Dialogfassung) und das anschließende Gespräch mit Cornelius Puschke und Esther Slevogt.

Position friendly fire: »BRECHT 2027. COPY: RIGHT«

(Blackbox.)

Im Jahr 2027 ist die Gegenwart Vergangenheit.
Im Jahr 2027 ist die Zukunft Gegenwart.
Im Jahr 2027 beginnt die große Produktion.
Im Jahr 2027 wird Brechts Werk ein Produktionsmittel: Dann nehmen wir Kontakt mit Brecht auf.

(Schließen Sie die Augen.)

Die Beantwortung der Frage, wie Brechts Theater 2027 aussehen wird, setzt die Beantwortung der Frage voraus, was für ein Theater in was für einer Gesellschaft Brecht spielen wird.

(Wir betreten die Bühne.)

Für uns meint die Frage nach einem Brecht-Theater ohne Einschränkung durch Copyrights die Frage nach einem copyrightfreien Theater. Die Frage nach einem copyrightfreien Theater meint die Frage nach einer copyrightfreien Gesellschaft.

(This is the end ...)

Ab 2027 haben wir die Chance mit Brechts Theater unsere Gegenwart in eine radikale Versuchsanordnung, ein Theater der Zukunft zu verwandeln: seine Form wäre das fortdauernde (P)Re-Enactment, der Test und der Versuch, die Erprobung des Unbekannten, das Aus-der-Zukunft-angeschaut-werden. Mit und für und gegen und neben Brecht.

Wir denken, dass Brechts Werk in 10 Jahren endlich ein/ein endliches Produktionsmittel werden kann: eine Toolbox, ein Werkzeugkasten, ein Laboratorium der Gesellschaft, in dem das Jenseits des Copyrights erprobt werden kann.

(All tomorrow's parties.)

Brecht jenseits des Copyrights und diesseits des Rechts stellt die Frage nach dem richtigen Kopieren, bedeutet die Frage nach einer anderen Institution Theater und einer anderen Gesellschaft, in welcher Theater seinen Unort findet.

Wir kopieren nicht nur die Gegenwart und Vergangenheit: Wir kopieren auch die Zukunft, die wir noch nicht sehen. Für uns bedeutet das, die Frage nach der Zukunft des Brecht-Theaters mit der Frage nach einem Theater der Zukunft zu verbinden.

(Öffnen Sie die Augen. Folgen Sie uns.)

Brechts Theater des Jahres 2027 ist ein Theater der Zukunft. Seine Praxis ist die des richtigen Kopierens: How to copy right? Brechts Stücke bilden für uns ab 2027 den Grundstock eines Theaters, in dem das Kopieren im Zentrum steht.

Das Kopieren von Worten und Gesten, Handlungen und Choreographien, das Kopieren von Alltagsbewegungen und politischen Modellen, von Menschen und Tieren und Dingen und Welten. Und ein Kopieren ohne Gesetz und Recht hält hierbei immer auch jenen Moment offen, durch den das Neue in die Welt kommt.

(This is not America.)

Wie Kafkas Naturtheater von Oklahoma versetzt Brechts Theater der Zukunft die Welt auf eine andere Bühne, auf der nicht die Kopierrechte, sondern die Rechte des Kopierens im Fokus stehen. Dabei geht es nicht um die richtige Nachahmung, sondern – Stichwort Kopie – um die richtige Vervielfältigung der Welt.

Damit ist das Theater ein Ort der Vervielfältigung – der Menschen, Dinge, Zeiten, Orte, Praktiken, Bilder, Gesten und Diskurse.

Fatzer, Mackie Messer, der Wagen der Mutter Courage, Galy Gay und all die anderen Figuren der Brechtschen Stücke: Sie sind viele.

(Die Bühne ist leer.)

Ein Fatzer ist viele Fatzer. Ein Mackie Messer ist viele Mackie Messer, ein Wagen ist viele Wagen, ein Galy Gay ist viele Galy Gays. Ein 2027 ist viele 2027. Sie bevölkern die leere Bühne. Eine, zwei, drei Sekunden lang.

(Fortgesetzte Gesten aus der Zukunft.)

Als Institut des Vervielfältigens ist Brechts Theater ab 2027 für uns ein Theater des individuellen und kollektiven Umschreibens. Eine Institution, die die Fehler der Kopisten zu Produktionszentren macht.

(To be continued until 2027 and after.)

Position Alexander Karschnia (andcompany&Co.): »BRECHT DEN WELTREKORD«

Skizzen eines 10-Jahres-Planes: Brecht-Institute auf der ganzen Welt

Die Planung für die Brecht-Tage 2027 müssen unverzüglich in Angriff genommen werden. Umfassende Lobby-Arbeit wird nötig sein, damit in 10 Jahren die Goethe-Institute auf der ganzen Welt umbenannt werden können in Brecht-Institute. Das Brecht-Haus muss dafür ein Brecht-Forum einrichten wie das gleichnamige Institut in New York, um Weltveränderer aus der ganzen Welt zusammenzuführen (Aktionen wie Occupy Wall Street konnten dort vorbereitet werden).

Brecht Factory mit COLLABS

Ausgehend von Brechts Praxis, die Klassiker nach ihrem Materialwert zu beurteilen und wie ein Automobil auseinanderzuschrauben, sollte sein Werk von Textteams im Sinne eines Reengineerings zerlegt und wieder neu zusammengesetzt werden: eine Brecht Factory, in der verschiedene Formen der artistischen Kollaboration erprobt werden. In diesen COLLABS (kollaborativen Laboratorien) soll der BB CODE gehackt werden: Muster, die als besonders wirksam erkannt werden. Damit soll Brechts Anspruch, ein Schreiber des »wissenschaftlichen Zeitalters« zu sein, entsprochen werden. Technikhistoriker wie Hans-Christian von Herrmann haben auf die Faszination des späten Brecht für die Kybernetik verwiesen und ihn damit für ein Theater nach der Ära des Fordismus entdeckt. Eine Kollaboration mit Pionieren der Netzkultur ist dabei unausweichlich. Unser Vorschlag wäre das Amsterdamer Institute of Network Cultures, dessen Gründer Geert Lovink den Begriff der »Netzkritik« geprägt hat, um den alten Begriff der »Ideologiekritik« zu aktualisieren. Brechts Radio-Theorie dient dabei als Grundlage für die Umwälzung des Internets durch »virtuelle RevolutionärInnen«, ergänzt um »meetingähnliche Kollektivveranstaltungen« wie während der »Besetzung der Plätze« in Kairo, Tel Aviv, Athen, Madrid, NY usw.

RECHT AUF BRECHT: die Berliner BRECHT-Festspiele

2027 ist auch das Jahr, in dem alle Initiativen, die aufgrund des Copyrights im Untergrund operieren mussten, an die Öffentlichkeit treten können, um ihr RECHT AUF BRECHT einzufordern: alle jene »Theaterchen«, zu deren Gründung Brecht in seinem letzten öffentlichen Auftritt in der Akademie der Künste aufgerufen hatte. Es wird sich zeigen, dass ein Großteil der Gruppen der sog. »Freien Szene« dazu gehören. Damit wird 2027 auch das Jahr sein, in dem der notorische Gegensatz zwischen »Stadt- und Staatstheater« und »Freie Szene« endgültig der Vergangenheit angehören wird. Dazu wird ein Festakt im Berliner Ensemble gefeiert. Das Motto: BRECHT FREI! Das Ganze darf sich aber nicht auf die Innenräume des Hauses beschränken, sondern muss als Groß-Demonstration geplant werden. Vorbild ist die Teilnahme des BE an der Love Parade unter dem Motto: »Spaß haben, die Welt verändern und dabei Geld verdienen!« Ein Karneval der verschiedenen Brecht-Kulturen der Welt, die den triumphalen Einzug von Brecht/Baal in die Stadt Berlin begehen, der den 2500 Jahre alten Kampf zwischen den Kräften der Ordnung

(König Pentheus) und des Chaos (Bacchen) beendet: ein Kampf, den diese Stadt wie kaum eine andere in ihren Eingeweiden ausgetragen hat. Aber auch ein Kampf, der Brechts Werk zerreißt: Marx vs. Nietzsche, Nietzsche vs. Marx. Ab 2027 sollen die seit 2011 in Mülheim stattfindenden Fatzer-Tage nach Berlin verlegt werden. Fatzer wird an der Spitze eines neuen anachronistischen Zuges, einer DEMONSTRATION DER DESERTEURE marschieren, gefolgt von Andreas Kragler und dem Jungen Genossen aus der Kalkgrube: Exodus, movement of the people!

Die Oper: Brechts Weltraumflug

Höhepunkt der Brecht-Festspiele ist die Aufführung der Oper »Brechts Weltraumflug«, die in der Brecht-Factory erarbeitet wird. andcompany&Co. hat sich seit Jahren darauf vorbereitet (genau genommen seit dem 100. Geburtstag von Brecht im Jahre 1998 und der Teilnahme an der Bundestagswahl mit Schlingensiefs Partei Chance 2000). Grundlage ist ein Rewriting von Brechts »Ozeanflug«. Dabei ist das Genre der Alternative History von Interesse, das gerne von einem anderen Ausgang des Zweiten Weltkrieges, wie der Eroberung der USA, ausgeht: In Philip Roths Roman »The Plot Against America« gewinnt Lindbergh 1940 die Wahl gegen Roosevelt. Lindbergh, dem Brecht sein Stück ursprünglich gewidmet hatte, engagierte sich für die US-Faschisten: »Vote for Lindbergh or vote for war!« Konfrontiert mit vielfältigen Kriegen und einer sog. »Friedensbewegung 2.0«, die – ähnlich wie der historische Lindbergh – hinter ihrer Rhetorik menschenfeindliche Ideologien verbirgt, muss es zentrales Anliegen aller Nachgeborenen sein, in Brechts Sinne für den Frieden zu werben – im internationalistischen, emanzipatorischen Sinne.

Die Erfindung der Rakete durch Wernher von Brauns »V2«

markierte den Eintritt in ein neues Zeitalter, das Thomas Pynchon als die oder das »Enden der Parabeln« beschrieben hat. Durch das Durchbrechen der Schallmauer wird das Ursache-Wirkung-Prinzip außer Kraft gesetzt. Das hat auch für Brechts nicht-aristotelische Dramaturgie dramatische Konsequenzen, da Brecht bei aller Kritik am Prinzip der Parabel nicht rütteln wollte. Es gilt also, die nicht-aristotelische Dramaturgie zu radikalisieren, um auf der Höhe der technischen Entwicklung zu bleiben. Nachdem die Schall- und die Feuermauer durchbrochen wurden, steht die Menschheit nun davor, die dritte Mauer zu durchbrechen und endlich Lichtgeschwindigkeit zu erreichen. Daher das Motto: BRECHT DEN WELTREKORD! Zugleich bestand immer eine Möglichkeit, die Menschheit vor der eigenen Vernichtung zu bewahren, darin, den Blick in den Himmel, den Weltraum zu verlegen. Die Weltraum-Oper soll dem Umstand Rechnung tragen, dass Brecht den Sputnik-Flug nur knapp verpasst hat. Unschwer vorzustellen, wie begeistert er gewesen wäre! Es gilt also, in dieser Oper eine ähnliche futuristische Begeisterung zu verbreiten, die eine friedliche Weltraum-Mission vorstellbar werden lässt. Das Bild des lächelnden Juri Gagarin (dem Lindbergh der 60er Jahre) mit einer Friedenstaube in der Hand ist dabei die Inspiration. Dahinter steht lächelnd Brecht und flüstert uns zu: »Wo wir hingehen, werden wir keine Straßen mehr benötigen.« BRECHT AUF!

Position LIGNA: »Der Lindberghflug / Der Flug der Lindberghs / Der Ozeanflug – ein Inszenierungsvorschlag«

Die Präsentation greift auf kleine, im Raum platzierte Radioapparate zurück. Die Sprecher T (Torsten Michaelsen) und O (Ole Frahm) werden zum Teil durch diese Radios wiedergegeben (Radio T bzw. Radio O). Neben Rückgriffen auf Begriffe und Zitate Brechts gibt es kurze Einspielungen aus einer Inszenierung des »Ozeanflug«, wiederum durch die Radioapparate.

RADIO T: LIGNA schlägt vor, nach dem Auslaufen der Urheberrechte das Lehrstück »Der Lindberghflug« von Bertolt Brecht endlich so zu spielen, wie es bisher nicht gegeben werden konnte:

O: *originalgetreu.*

T: »Der Lindberghflug« wurde mit der Musik von Paul Hindemith und Kurt Weill unter der Regie von Ernst Hardt erstmals bei den Baden Badener Musiktagen 1929 der Öffentlichkeit vorgestellt.

RADIO: *(Ausschnitt Apparat)*

O: Das Stück fragt nach der Zukunft der Aufführung angesichts der Verbreitung des damals sehr modernen Radios:

RADIO T: Was soll mit dem Konzert oder Theaterstück passieren, wenn das Radio die Darbietung an unzählig viele Orte zerstreut, somit die einheitliche Rezeptionssituation im Theatersaal zerteilt und zerstört und nur noch ein Abbild der künstlerischen Darbietung ausstrahlt?

O: »Der Flug der Lindberghs« gibt darauf eine radikale Antwort:

T: Brecht zerteilt auch das Stück selbst und affirmiert so die Zerstreuung der Darbietung.

O: Im »Flug der Lindberghs« geht es um den ersten geglückten Flug von Charles Lindbergh über den Atlantik.

T: Als »Lehrgegenstand«, so Brecht in den nach der Uraufführung entstandenen »Erläuterungen«, zerfalle das Stück in zwei Teile:

RADIO T: Der eine Teil werde vom Apparat zur Verfügung gestellt, er umfasst die Chöre, die Gesänge der Elemente, die Wasser- und Motorengeräusche, sprich: das gesamte Hörstück.

RADIO: (*Ausschnitt Schneesturm*)

RADIO O: – mit einer Ausnahme: Die Rolle des Fliegers – die Hauptrolle des Stückes – wird nicht mit ausgestrahlt. Sie ist der »*pädagogische* Teil« und bildet den »Text für die Übung«:

T: Der »Übende ist Hörer des einen Textteiles und Sprecher des anderen Teiles«.

O: Mit anderen Worten: das Stück soll *unvollständig* ausgestrahlt werden – überall dort, wo in der Partitur Lindbergh spricht oder singt, ist lediglich die Orchesterbegleitung zu hören.

RADIO O: Die HörerInnen antworten auf diese Leerstelle: Sie singen und sprechen den Lindberghpart vor dem Apparat mit.

T: Ohne – und das scheint uns entscheidend – ohne damit das Stück zu *vervollständigen*, ohne den radikalen Schnitt zu überdecken, den Brecht zwischen den beiden Teilen – dem apparativen und dem pädagogischen Teil – ansetzt: Der Schnitt bleibt weiterhin deutlich hörbar, der volle und vollständige Klang, die Präsenz der konzertanten Aufführung, die mit der Radioübertragung zerstört und nur noch als Abbild zu den HörerInnen nach Hause geschickt wird, stellt sich nicht wieder ein.

RADIO O: Die verlorene Präsenz wird vor dem Radio nicht zu einer gelungenen Ganzheit wieder zusammengefügt, wie sie etwa beim euphorischen Mitsingen eines Liedes oder bei der rauschhaften Versenkung in eine Opernarie noch zu erahnen wäre.

RADIO T: »von allen alkoholischen Exzessen ist nichts gefährlicher als der stille Suff.«

O: Vielmehr wird dieser Schnitt in der gemeinsamen Übung von HörerInnen und Apparat hervorgearbeitet und verstärkt. Denn der Apparat leitet die Übung nicht nur ein, vielmehr

RADIO O: »unterbricht«

O: er sie immer wieder. Die Übenden hätten im Gegenzug den Text, so Brecht,

RADIO T: »mechanisch zu sprechen und zu singen«

O: Dem gegenüber, was da aus dem Apparat kommt –

T: der gesamten gemeinsamen Übung – ist also mit Distanz zu begegnen.

O: Genau darin scheint uns die Pointe der Brechtschen Übung zu liegen: Sie legt nahe, in dem Apparat eines der vielen Medien der Verdinglichung, der gesellschaftlichen zweiten Natur zu erkennen, zu dem es eine Haltung zu gewinnen gilt.

T: Die Haltung kann nicht darin bestehen sich in einen Helden »hineinzufühlen«. Die Haltung der Hörenden ist nicht der Nachvollzug der »heroischen« Haltung Lindberghs, sondern deren distanzierte Prüfung.

O: So erklärt sich auch Brechts durchaus ambivalenter Satz, die Übung diene »der Disziplinierung, welche die Grundlage der Freiheit ist«:

T: Erst die »disziplinierte« Distanz dem Medium gegenüber, die zu üben ist, ermöglicht eine freie Handlung.

O: Brecht verwendet in einem Brief an den Regisseur Ernst Hardt für die Beschreibung des Verhältnisses zwischen »Hörer« und »Radioapparat« den Begriff der *Beteiligung*. Die Beteiligung des Hörers hält er *für notwendig zum Zustandekommen des ›Kunstaktes‹*.

T: Es handelt sich also um keine Beteiligung im Sinne einer Unterordnung, sondern im Sinne einer Produktion.

O: In einem anderen Zusammenhang merkt Brecht in Gegenwart von Walter Benjamin über die Problematik der Produktion an:

RADIO T: »Produktion ist nicht geheuer. Man kann ihr nicht trauen. Sie ist das Unvorhersehbare. Man weiß nie, was bei ihr herauskommt.«

T: In der Erfahrung des Hörers, der, während er mit dem Radio das Kunstwerk produziert, dieses in seiner Ganzheit selbst nicht hören kann, wiederholt Brechts Modell *für den Hörer* die technische Situation des Radios: die *Distribution* der Stimme.

O: Der Hörer spricht nicht dem Stück nach, und er summt und singt nicht einfach die Melodien aus dem Apparat nach, wie es bis heute immer wieder praktiziert wird. Der Hörer spricht, summt und singt *mit dem Apparat* als Dialogpartner. Beide sprechen, summen, singen *gleichzeitig*, mehrstimmig. Das Ergebnis ist unvorhersehbar – Produktion, die Produktion des Radios.

T: Deshalb wählt Brecht das Wort Kunst*akt* und nicht Kunst*werk*, um zu beschreiben, worum es im »Lindberghflug« geht. Anders als bei einem Kunstwerk, das als produziertes eine wiederholt zu rezipierende Materialität erhält, ist dies im Kunst*akt* nicht möglich.

O: Der Kunstakt ist eine Tätigkeit als flüchtige Produktion. Sie wird nur durch den technischen Apparat während der Ausstrahlung ermöglicht. Diese nicht geheure, unvorhersehbare Produktion übt der Hörer ein.

T: Daraus erklärt sich auch, weshalb die Aneignung des Radios nach Brecht nicht abgeschlossen werden kann. Jede Aneignung muss sich verräumlichen.

RADIO T: Das Tun ist als Produktion ein Prozess, der sich nicht aneignen lässt – indem die Stimme sich verräumlicht, wird die Tätigkeit zerstreut. Ihr Produkt wird unvorhersehbar.

O: Hellsichtig erkannte Brecht, dass der Rundfunk seiner Zeit kein Interesse daran haben wird, ein unvollständiges Stück auszustrahlen.

T: Auch bei den Baden Badener Musiktagen konnte die Trennung zwischen Radio und Hörer – ein Abgrund, der sich nicht mehr zuschütten, nur noch überdecken lassen wird – nur in einer öffentlichen Generalprobe demonstriert werden.

RADIO T: Seitdem gab es lediglich konzertante Aufführungen des Werkes.

O: Wir schlagen nun eine Aufführung des Stückes vor, die den »Flug der Lindberghs« tatsächlich als Übung im Brechtschen Sinne begreift, also auf die Ausstrahlung der Hauptrolle verzichtet.

T: Das aber wird, solange die Urheberrechte gelten, Probleme mit sich bringen, denn die Verwalter des Erbes, so ergaben erste Recherchen, bestehen auf einer Aufführung, die nicht nur originalgetreu, sondern »originalgetreu *und vollständig*« zu erfolgen habe.

O: Damit ist eine konzertante Aufführung gemeint, eine

T: »also falsche« Aufführung – so ließe sich aus Brechts Notizen zur *Vorstellung bei falscher konzertanter Verwendung* – ergänzen ...

O: ... bei der auch der Lindberghpart von einem Profisänger vorgetragen wird.

RADIO O: Originalgetreu *und* vollständig.

T: Die additive Konjunktion »und« unterstellt, die Bestimmungen »originalgetreu« und »vollständig« ergänzten sich gegenseitig oder meinten ungefähr dasselbe. Dagegen ist die ganze Kraft der Negation aufzubringen:

O: Das bejahende »und« ist zu einem verneinenden »un« zu verkürzen, um so den Widerspruch zwischen »originalgetreu« und »vollständig« herauszuarbeiten:

T: Statt »originalgetreu und vollständig« wollen wir den »Lindberghflug« also »originalgetreu un-vollständig« aufführen.

O: In unserer Fassung würde der *erste Teil* von einem Orchester, SchauspielerInnen/SängerInnen und einem Chor ganz nach den Vorgaben der Partitur aufgeführt werden. *(Hier die linke Bildhälfte des zerschnittenen Fotos zeigen)*

T: Einzig der Charles Lindbergh würde dem Ensemble fehlen. Zur Ausstrahlung des unvollständigen Stückes müsste ein Radiosender gewonnen werden. Es scheint uns jedoch wichtig, dass auch das Theater oder Konzerthaus, in dem diese Aufführung erfolgt, während der Darbietung für den Publikumsverkehr geöffnet ist, so dass man sich in den Zuschauerrängen die lückenhafte Ausführung anhören kann. *(Hier die rechte Bildhälfte des zerschnittenen Fotos zeigen)*

RADIO T: Der Aufführung im Theater werden keine fremden Stimmen hinzuaddiert. Vielmehr wird ihr die Hauptrolle *subtrahiert*.

O: Der *zweite Teil* der Übung – der Part der HörerInnen – wird im Stadtraum stattfinden. *(Geräusche aus dem Radio?)* Verteilt über die Stadt bauen wir häusliche Situationen mit Tisch und Stuhl auf. Ein Aufruf fordert AnwohnerInnen auf, ihr Mobiliar für diesen Tag zu verleihen.

T: Auf dem Tisch wird jeweils ein Radio stehen, das die Übertragung des Stückes aus dem Theater spielt und zum Vervollständigen der Protagonistenrolle einlädt.

O: Da die Rolle des Charles Lindbergh nicht leicht zu singen ist, werden wir in den Wochen vor der Aufführung mit Laien an der Interpretation gearbeitet haben.

T: Diese SängerInnen werden bevorzugt an den über den Stadtraum verteilten Hörstationen Platz nehmen.

O: Das Publikum bewegt sich in der Stadt von einer Hörinsel zur anderen, lauscht den verschiedenen Produktionen, stimmt mit ein oder wohnt der (unvollständigen) Aufführung im Theater bei.

T: Zuletzt wollen wir eine häufig geäußerte Kritik am »Flug der Lindberghs« erwähnen:

RADIO T: Handelt es sich bei der Übung des Hörers, mit dem Apparat zu singen, nicht lediglich um dessen *Unterwerfung* unter den Apparat?

T: Ist der »Flug der Lindberghs« eine frühe Form der Einübung in kybernetische Regelkreisläufe – und damit ein Vorläufer der kybernetischen Organisierung der Gesellschaft heute?

O: Oder eröffnet die von Brecht beschriebene distanzierte Haltung, die von ihm geforderte Genusslosigkeit des »Mittuns«, gerade eine Möglichkeit des Umgangs mit den medialen Apparaten, die unsere heutige Zeit beherrschen? Gerade weil sie – die Apparate – nicht allein ständiges Mitmachen fordern, sondern die *totale Affirmation und der permanente Genuss des Mitmachens* gefordert ist?

T: Ermöglicht die brechtsche Haltung eine Aneignung der Apparate, deren Ergebnis eben eine Produktion, also unvorhersehbar, wäre?

RADIO O: Eine *originalgetreu unvollständige* Aufführung des »Flug der Lindberghs« könnte diese Frage weiter bearbeiten – leider wohl erst 2027, wenn Facebook, Whatsapp und Twitter nur noch halb vergessene Namen aus längst vergangenen Tagen sind.

(Ausschalten!)

Cornelius Puschke im Gespräch mit Esther Slevogt sowie mit Ole Frahm, Alexander Karschnia, Torsten Michaelsen und Michael Wehren

CORNELIUS PUSCHKE: Mit den künstlerischen Beiträgen von LIGNA, friendly fire und Alexander Karschnia (andcompany&Co.) liegen hier Positionen vor, die sich mit der Frage beschäftigen, was im Jahr 2027 beziehungsweise in dem Moment passiert, wenn man mit den Werken Brechts frei umgehen kann. Dem steht die Welt der bereits jetzt »legalen« und traditionellen Brecht-Rezeption gegenüber, die im Theater nach wie vor große Bedeutung hat, schließlich ist Brecht einer der meistgespielten Autoren. Was kennzeichnet diesen konformen Umgang mit Brecht im gegenwärtigen Theater? Gibt es Tendenzen, die man ablesen kann? Gibt es bestimmte Stücke, die Konjunktur haben? Esther Slevogt, als Theaterkritikerin reisen Sie viel durch die Lande. Was beobachten Sie im Umgang mit Brechts Werken?

ESTHER SLEVOGT: Das ist ein weites Feld. Es wird immer wieder versucht, Brecht in die Gegenwart zu katapultieren. Sehr präsent ist die »Heilige Johanna der Schlachthöfe«, meist veranstaltet als eine Art von Kapitalismusaufklärung für Dummies. Das kommt immer gut an. Eine Erklärung des Kapitalismus wie in der Volkshochschule. Da erfährt man, was die Bösen so alles tun und wie die Guten es besser machen könnten. Nach dem Theaterabend kann man dann nach Hause gehen und sagen: »So, jetzt haben wir den Kapitalismus verstanden!« Viele Theaterschaffende geben sich gerne als die großen Erklärer in Sachen Wirtschaft und Gesellschaft. Als Kritikerin denke ich mir da oft, dass sie mit ihrem ökonomischen Wissen aber in Wirklichkeit wahrscheinlich schon mit der privaten Steuererklärung überfordert sind. Deshalb bin ich immer sehr misstrauisch, wenn mir Leute im Theater den Kapitalismus erklären möchten. Darüber hinaus habe ich selten Brecht-Aufführungen gesehen, die mich wirklich interessiert haben. Zu den wenigen Ausnahmen zählen die Versuche von Friederike Heller, das Ganze zu abstrahieren und als Versuchsanordnung mit Musik zu präsentieren. Außerdem die »Baal«-Inszenierung von Frank Castorf, die ja einer der Gründe ist, dass wir uns hier nun über Brecht und das Urheberrecht verständigen, weil die Inszenierung und ihr Verbot durch die Brecht-Erben die ganze Urheberrechtsdebatte noch einmal hochgespült haben. Dabei macht Castorf genau das, was man machen sollte, wenn man ein Stück inszeniert, nämlich den Materialwert betrachten und fragen: Was ist eigentlich in dem Stück los? Kann ich das in die Gegenwart bringen? Kurzum: Es geht ihm darum, das Stück zu retten. Manchmal muss man eine enge Vorstellung von Werktreue und einen zu eng gefassten Werkbegriff hinter sich lassen, um ein Werk in der Gegenwart lebendig zu halten.

PUSCHKE: Hinter der Frage nach dem Urheberrecht verbirgt sich die Frage nach dem Werkbegriff. Also, was fassen wir heute überhaupt als Werk auf? Dieser Werkbegriff verändert sich in Zeiten des Internets und der Digitalisierung. Was die Urheberschaft und was geistiges Eigentum ist, müssen wir neu denken und diskutieren. Das so genannte Werk, also hier der literarische Text, hat im Theater längst eine viel dynamischere und offenere Form angenommen und lässt sich dementsprechend nicht mehr als monolithische, feste Größe denken.

SLEVOGT: Es ist ja schon längst nicht mehr so, dass Stücke im Theater vom Blatt gespielt werden. Es ist vielmehr so, dass der Autor mit seinem Werk zu einer minderbeachteten Figur im ganzen

Produktionsprozess geworden ist, auch wenn er noch lebt. Das ist meistens sogar schlecht, wenn man als Theaterautor noch lebt und den Finger hebt und sagt: »Hallo, ich wollte auch noch was sagen.« Wir leben in Zeiten des Regietheaters, das ist jetzt erst einmal ganz wertfrei festgestellt. Der Regisseur gilt als der Kreateur des Abends, Autorinnen und Autoren lediglich als seine Zulieferer. Den Einfluss der Digitalisierung aber sehe ich auf anderem Gebiet. Dieser zeigt sich darin, dass das Internet das Verhältnis von Künstler, Publikum und Kunstwerk neu ordnet und organisiert. Aus diesem Grund ist auch Bertolt Brecht eine so wichtige Referenz, denn er lebte ebenfalls in einer Zeit eines tiefgreifenden medialen Umbruchs. Als Kind hatte Brecht noch nichts von Film oder Radio gehört – genau wie wir in unserer Kindheit noch nichts vom Internet wussten, das es bis dahin nur in Militärkreisen gab. Dennoch hat Brecht als junger Künstler sehr konzise Beobachtungen angestellt, was die seinerzeit neuen Medien mit dem Kunstwerk und seinem Produktionsprozess machen. Brechts »Radiotheorie« lässt sich erstaunlich gut auf das Internet und die sozialen Medien anwenden. Deswegen ist Brecht so aktuell. Er wird nicht nur als Autor gebraucht, sondern auch, weil er immer noch sehr brauchbare Beschreibungen für den Einfluss der Medien auf den Produktionsprozess der Künste lieferte. Letztlich nämlich greift das Internet den Theaterbegriff nicht mehr an als die ganze Medialisierung der letzten 70 Jahre, wenn auch auf einem anderen technischen Level.

PUSCHKE: Das Stichwort Radiotheorie nehme ich gerne auf, um zu LIGNA überzuleiten. Ihr seid in Konflikt mit den Vertretern der Urheberseite gelangt, weil ihr statt an einer orthodoxen an einer ultraorthodoxen Auslegung von Brechts Lehrstück »Der Flug der Lindberghs« interessiert wart. Kann man das so sagen?

TORSTEN MICHAELSEN: Ja, was wir als mögliche Realisierung dieses Stücks »Lindberghflug« oder auch »Der Flug der Lindberghs« oder »Ozeanflug« – der Name hat sich ja verändert, als Lindberghs Sympathien mit dem Faschismus bekannt wurden – vorgeschlagen haben, geht auf einen konkreten Antrag zurück, den wir gestellt, aber nicht bewilligt bekommen haben. Jemand von Seiten des Theaters hatte entsprechende Vorrecherchen gemacht, ob eine Realisierung überhaupt möglich wäre. Er hat bei den Erben beziehungsweise den Rechtsverwaltern dieses musikalischen Stücks angefragt und die mehrfach wörtlich zitierte Auskunft erhalten, das Stück müsse »original und vollständig« gespielt werden. Aber das war genau das, was wir vorhatten: das Stück unvollständig zu spielen, ohne den Lindbergh-Part, den Brecht als Sprechtext für die Hörer an den Radiogeräten reserviert hatte. Eben darin sehen wir die Pointe des Stücks. Da nach den Vorrecherchen bereits der Antrag für das Projekt nicht bewilligt wurde, ist die praktische Probe, ob es zu einer rechtlichen Auseinandersetzung gekommen wäre, leider gar nicht erst eingeleitet worden. Es wäre sicherlich ein interessanter Fall geworden.

SLEVOGT: Ging es um die Rechteinhaber des Komponisten Paul Hindemith oder um die Brecht-Erben?

MICHAELSEN: Ja, in diesem Fall war es der Schott-Verlag, der die musikalischen Rechte insgesamt, und auch alle Rechte des Stücks – so haben wir es jedenfalls verstanden – verwaltet, also nicht die Brecht-Erben.

OLE FRAHM: Das macht die Lage allerdings noch komplizierter, weil Hindemith später als Brecht gestorben ist. Noch verblüffender war, dass mit einem Brief von Kurt Weill aus dem Jahr 1936 argumentiert wurde, in dem Weill ausführt, wie er das Stück aufgeführt sehen möchte. Das fand ich besonders absurd, weil wir uns gezielt auf die 1929er-Aufführung und -Konstellation beziehen wollten, auf die Hoffnung, die Brecht in einer ganz bestimmten politischen Situation in das Radio gesetzt hat. Der »Lindberghflug« gehört zu den Texten Brechts, die gerade aufgrund ihres Entstehungs- und Bearbeitungsprozesses interessant sind. Eine textkritische Werkausgabe, die die vielen Bearbeitungsstufen abbildet, gibt es aber gar nicht. Man muss ins Archiv gehen, um das zu rekonstruieren. Es ist wirklich komisch, warum das noch so klassisch funktioniert, dass jemand sagt: »Das ist der Korpus, der Text, wie er aufgeführt werden sollte.« Es lohnt ungemein, einen Blick auf die unterschiedlichen Textstufen und den Entstehungsprozess zu werfen.

MICHAELSEN: Die Leugnung des Entstehungsprozesses entspricht der Leugnung der Medialität des gesamten Stücks. Dabei liegt dem »Lindberghflug« eine sehr genaue Analyse zu Grunde, was die Intervention moderner Medien für das Theater bedeutet. Denn die Werkeinheit wird grundsätzlich torpediert. Die Idee des bürgerlichen Theaters, dem Publikum im Moment der Aufführung einen theatralen Effekt höchster Präsenz zu vergönnen, ist schlicht und einfach zerstört. Damit muss man umgehen. Jeder Versuch, diese Einheit wiederherzustellen, ist eine Verleugnung der Medialität, eine Verleugnung der Unmöglichkeit, zu einer Werkeinheit und ästhetischen Idee von Präsenz zu finden.

SLEVOGT: Aber die digitalen Medien vollenden das erst jetzt. Brechts Vorstellung, dass tatsächlich Hörer einsam vor dem Radio sitzen und einzelne Sprecherparts mitsprechen, ist ja auch ein wenig abstrus. Jetzt aber ermöglichen es die digital vernetzten Medien tatsächlich, dass jeder alleine vor seinem Gerät sitzt und trotzdem kollektiv, synchron zu einem gemeinsamen Kunstwerk beiträgt.

PUSCHKE: Fragen verschiedener Textfassungen, von Fragment und vollendetem Werk, haben auch euch, Alexander Karschnia und Michael Wehren, beschäftigt, nicht zuletzt, da ihr beide zu Brechts »Fatzer« gearbeitet habt und regelrechte »Fatzer«-Experten seid. Was sind eure Erfahrungen diesbezüglich?

ALEXANDER KARSCHNIA: Brechts »Fatzer«-Fragment finde ich deswegen interessant, weil sich anhand dieses Textes das gängige Bild Brechts infrage stellen lässt, nach dem er erst eine kurze experimentelle Phase hatte, kurz vor dem Faschismus, dann ins Exil ging und sich schließlich als gefeierter Theaterautor von allem Experimentellen verabschiedete. Mich stört dieses Narrativ, das versucht, Brechts Leben als gradlinige Entwicklungsgeschichte zu ordnen. So einfach ist es nicht. Brecht hat sich auch in späteren Jahren, insbesondere nach '53, immer wieder mit »Fatzer« beschäftigt und wollte die Arbeit daran wieder aufnehmen. Das Modell der Lehrstücke hat ihn nie losgelassen. Er hat nicht gesagt: »So, jetzt schreibe ich nur noch schöne, in sich geschlossene Stücke.« Diese Vorstellung ist falsch. Brecht hat seinen experimentellen Ansatz nie ad acta gelegt. In der DDR war es politisch durchaus heikel, an avantgardistische Konzepte aus dem Umfeld der Agitprop-Kunst anzuschließen, weil es nicht dem ästhetischen Selbstverständnis des SED-Staates entsprach, in dem man keinen Bedarf an mobilisierenden Texten sah, die zur Eigen-Aktivität auffordern. In Brechts »Journal« während der Exil-Zeit lässt sich nachvollziehen, wie er beginnt, den Stalinismus zu verstehen. Ebenfalls bekannt ist seine Abneigung gegen Lukács, der heute plötzlich wieder sehr gelobt wird für sein simples Realismus-Verständnis. Für Brecht war dieses ästhetische Leitbild schlicht der »Feind der Produktion«. Will man ein Werk kontrollieren, muss man nur behaupten, es müsse so abgeschlossen sein wie ein Körper, dann kann man es tatsächlich kontrollieren. Das ganze Gerede von einer »Werkeinheit« zielt auf solch eine Kontrolle. Doch Brecht zielte auf Unkontrollierbarkeit. Deswegen faszinierten ihn auch asoziale Charaktere wie Fatzer oder Baal. Es ging um die Überlegung, wie man diesen Typus produktiv macht: Fatzer als ein Modell von Produktion. Das heißt, es gibt eine Asozialität in der Gesellschaft, die notwendig ist, damit die Gesellschaft lebendig bleibt. Und genau das soll eingehegt werden. Wie man einen Virus isoliert. Wie man im Kalten Krieg versucht hat, den Kommunismus einzuhegen, damit er sich nicht weiter verbreiten kann, so versucht man das auch mit Brecht. Nichts anderes macht man, wenn man dieses Werk kontrolliert, in eine Entwicklungslinie presst, eine Werkeinheit behauptet oder andere restriktive Bestimmungen auferlegt, um einen freien Umgang mit Brecht zu verhindern. Von Seiten des Urheberrechts hat man natürlich das Recht dazu, aber das Bürgerliche Gesetzbuch hat Brecht selbst nie interessiert. Er hat sich darüber lustig gemacht. Sein Beitrag zur Volksfront war: »Lasst uns über die Eigentumsordnung sprechen!« Das ist eine zentrale politische Frage, aber sie betrifft auch den Umgang mit Brecht. Was heißt Eigentum an seinem Werk?

SLEVOGT: Da jetzt der Begriff Realismus fiel: Brecht hat verstanden, dass der aristotelische Mimesis-Begriff sich nicht nur auf den Inhalt, sondern auch auf die Verfasstheit eines Werks, auf seine Form beziehen kann. Dass man die Realität auch mit der Form eines Kunstwerks abbilden kann und nicht allein über das, was sie inhaltlich transportiert. Das ist eben das, was klassische Werkbegriffe bis heute nicht berücksichtigen. Hier zeigt sich Brecht als großer, von Benjamin beeinflusster Avantgardist des Werkbegriffs, insofern er neue, offene Formen gesucht hat. Was ihn interessiert hat ist – ohne das jetzt auf Besitzverhältnisse reduzieren zu wollen – eine Art Open-Source-Konzept, wie man heute sagen würde.

KARSCHNIA: In der Tat erleben wir gerade, dass politisches Theater wieder en vogue ist, aber leider glaubt man, sich um die Formfrage drücken zu können, nach der Art: »Ich verhandele doch den Kapitalismus. Habt ihr verstanden? Kapitalismus böse, nach Hause gehen! Lektion gelernt.« Demgegenüber sagt Brecht in seiner letzten Rede, die überliefert ist, dass er genau das nicht will. Bei ihm heißt es in etwa: »Wir stellen den Kampf des Alten gegen das Neue dar. Und es bringt nichts, den Kampf als entschieden darzustellen und wie ein Held große Reden zu schwingen und dann gehen alle Leute belehrt nach Hause. Sondern man muss den Kampf in das Publikum tragen, denn er wird im Publikum entschieden.« Das ist das, was ich heute als wahnsinnigen Rückschritt empfinde, wenn man heute politisches Theater macht und glaubt, diese Formfrage hinten runterfallen lassen zu können. Genau darin liegt für mich der Brechtsche Impuls, dass es nicht reicht, im Theater eine Lehrstunde zu veranstalten. Politisches Theater? Unbedingt, aber bitte auch politisch machen und nicht als rein repräsentative Veranstaltung.

PUSCHKE: Der Beitrag von friendly fire für das Jahr 2027 fokussiert auf die Frage nach der richtigen Art des Kopierens. Welche Bedeutung hat diese Frage in eurer künstlerischen Praxis? Gab es auch bei euch bereits Kollisionen mit Fragen des Urheberrechts?

MICHAEL WEHREN: Was richtiges Kopieren sein könnte, ist keine Frage, die für das Jahr 2027 schon beantwortbar wäre. Das ist etwas, was man dann entscheiden wird. Was wir markieren wollten, ist die Problematik, dass es immer wieder Fragen geben wird, ob das jetzt richtig oder falsch ist, korrekt oder nicht. Vielleicht ist es ja auch so, dass die von Antonio Negri und Michael Hardt beschriebenen Wahrheitskommissionen in den Theatern Einzug halten, wer weiß? Vielleicht entscheiden dann die darüber, was richtiges und falsches

Kopieren ist. Für uns ist es so, dass wir vom Arbeitsprozess Brechts angeregt sind. Um etwaigen Problemen vorzubeugen, haben wir meistens »nach Brecht« gearbeitet. Für uns ist es weniger wichtig, dass der und der Satz von Brecht da steht oder der und der Text komplett gesprochen wird. Sondern wir schauen ganz konkret, was für Produktionsmittel sind in dem Text, was für Praktiken sind darin, was für Dispositive können wir da gebrauchen, was für Werkzeuge? In dieser Richtung gibt es genug zu tun. Das ist dann eine Frage, die in einer gewissen Art und Weise eine Alternative aufmacht zum Run auf die Institution Brecht.

PUSCHKE: Alexander Karschnia, Sie haben in Ihrer Präsentation einen Umgang mit Brecht propagiert, der von dem Motto ausgeht: »Wenn die Theater zu Parlamenten werden, müssen die Parlamente zu Theatern werden.« Wie genau soll das aussehen? Wie kann das Teil einer künstlerischen Praxis werden?

KARSCHNIA: Ich habe große Skepsis, wenn man Theater macht und dazu sagt: »Ich mache Politik.« Das erinnert mich an die kubanische Revolution, an diese Schilder an den Autos: »Dieses Auto ist jetzt ein Panzer!« Ganz so einfach lässt sich nun mal nicht behaupten »dieses Theaterstück ist jetzt Politik!« Produktiv wird es dann, wenn man einen entsprechenden Modellcharakter erkennen kann. Brechts implizite Repräsentationskritik wird besonders im Rahmen seiner Bemühungen um die Gründung einer Diderot-Gesellschaft ersichtlich. Da schreibt er immer, dass sie nicht repräsentativ, sondern produktiv sein soll. Es gibt eine ganz gegenwärtige Debatte, ob Repräsentation und Demokratie überhaupt zusammengehen oder die repräsentative Demokratie ein Widerspruch in sich ist. Ich glaube, ganz ohne Repräsentation geht es nicht, sonst landet man beim Volksgerichtshof und bei der Lynchjustiz. Was mich daher interessiert, ist der Zwischenbereich zwischen Repräsentation und direkter Beteiligung. Genau diese Spannung sehe ich aufgehoben in Brechts Konzept der epischen Schauspielkunst, in der Verdopplung der Schauspielerin, des Schauspielers, die bzw. der sagt: »Ich bin es, die oder der, und ich spiele die oder den.« Es ist weder das Ich, das auf die Bühne geht und sagt: »Hallo, ich bin nicht Blanqou, sondern Alexander Karschnia.« Noch ist es Alexander Karschnia, der behauptet, auf der Bühne nichts als Blanquo zu sein. Stattdessen verdoppelt man sich. Das greift für mich auch als Modell für die Bürgerin, den Bürger, die bzw. der gleichzeitig ihre bzw. seine Macht delegiert, als auch bei sich selbst behält. Das finde ich eine hoch spannende Diskussion und mir fällt bei dieser konzeptionellen Diskussion immer sofort Brecht ein. Leider wird es an den Schauspielschulen teilweise blockiert, dass die Schauspielerinnen und Schauspieler über ihre Biografie an die Rolle herangehen. Andererseits aber hat sich dieses Vorgehen schon fast wieder verselbstständigt, und viele Theaterschaffende glauben, es wäre schon politisch, wenn man das Private öffentlich macht. Mich interessiert, dass etwas Drittes entsteht, das weder privat noch öffentlich ist. Im politischen Bereich denke ich daher viel über die Koexistenz zwischen Parlament und Räten nach. Brecht hat die Rätebewegung selbst verfolgt, diese *Assembleas*, die Ende der 1910er Jahre entstanden sind. Hier in Berlin waren von vier Millionen Einwohnern ganze eine Million Leute in die Rätebewegung eingebunden, ein Viertel der Bevölkerung. Das ging bis 1920, bis zur blutigen Niederschlagung der Proteste. Aber in den Räten waren auch die Parteien drin. Die aber wahrten ihr imperatives Mandat. Das heißt, wenn sich die Vollversammlung geändert hat, hat sich auch wieder die Gewichtung verändert. Und mit einem solchen ästhetischen Modell könnte man experimentieren. Dass man darüber nachdenkt, was einem diese Versuchsanordnungen sagen. Das geht mir gerade sehr durch den Kopf.

MICHAELSEN: Die Vollversammlung, wie du sie visionierst, braucht also gerade das theatrale Moment als Form eines uneigentlichen Sprechens, um der Fetischisierung des Eigentlichen zuvorzukommen. Es geht dir darum, die Repräsentation nicht von Grunde auf zu verteufeln. Also eine gewisse Gespaltenheit im schauspielerischen Personal auf dem Theater ist deiner Meinung nach beispielgebend für den *Homo Politicus*, um zu einem politischen Mandat zu gelangen, das nicht im Wahnsinn des Gegnerbestimmens und -tothauens endet?

KARSCHNIA: Ja, genau.

FRAHM: Das erinnert daran, was von den Versammlungen auf dem Syntagma-Platz berichtet wird. Hier ging es genau darum, ein Sprechen zu finden, das eben nicht repräsentativ ist, sondern alleine dadurch, dass man zum ersten Mal auf die Bühne tritt und spricht, zu einem anderen Sprechen wird, zu einer anderen Form der Darstellung; im Prinzip dieses Lebens in der dritten Person – also einer Perspektive, wie sie bei Brecht große Beachtung findet.

KARSCHNIA: Man könnte von einem politischen V-Effekt sprechen, das war ja auch an den Occupy-Chören so schön. Einerseits muss es darum gehen, die Gewaltenteilung als etwas zu entlarven, was Korruption Vorschub leistet. Andererseits steht außer Frage, dass, würde man sie abschaffen, das wie eine Aufforderung zur Entfesselung der Gewalt wäre. Ich finde die Perspektive des Als-Ob unabdingbar. Es ist ja kein Zufall, dass totalitäre Gesellschaften das Theater immer verbannen wollen.

WEHREN: Ich denke, es ist wichtig hervorzuheben, dass diese Formen der kollektiven Versammlung, die auch für Benjamin eine große Rolle spielen, also die Fabrik, das Heer, die Räteversammlung, immer verbunden sind mit der Form der Subjektivität. Benjamin nennt beispielsweise das proletarische Kind, das für ihn ein Kollektivum ist. Ein weiterer interessanter Begriff, der mit ins Spiel zu bringen wäre und momentan in vielen Diskussionen Konjunktur hat, in denen es um *Consensus Building* oder Meinungsgenerierung geht, lautet *General Assembly Process*. Wenn man das abkürzt ist man beim *Gap* – also bei der Lücke – und ich glaube tatsächlich, dass dieser *Gap* wichtig ist. Wenn wir uns schon zusammenfinden und zusammenschließen, dann ist es ganz produktiv, wenn wir nicht nur wir selber, sondern auch etwas anderes sind. Für diese Perspektive, immer auch ein Fremder zu sein, hat Brechts Theatermodell eine wichtige Funktion und einen hohen Gebrauchswert.

SLEVOGT: Bei mir entsteht jetzt wieder der schwierige Eindruck eines Selbstverständnisses der Theaterschaffenden als die ganz großen Checker, die alles durchschauen und dem Publikum mal so wieder erklären wollen, wo es lang geht. Das nervt mich persönlich immer sehr, weil ich dann denke: Hey, ihr bürgerlichen Mittelständler! Was wollt ihr mir oder den Leuten hier eigentlich erklären, was wir nicht schon selber wissen? Also, wenn ich von »Fetischisierung des Eigentlichen« und anderen Schlagwörtern höre, die hier gerade so durch unser Gespräch rauschen, möchte ich gleich einwerfen: »Geht's nicht ein bisschen kleiner? Hey, Leute, it's only theatre! Kommt mal wieder runter.«

WEHREN: Aber genau das ist ja letztlich bezeichnend, wenn es um das Spielerische, die Lücke oder diesen *Gap* geht, dass es manchmal natürlich nichts als Worte sind, aber diese Erfahrung dennoch ein emanzipatorisches Moment bergen kann.

SLEVOGT: Kann, aber nicht muss. Mir ist diese ganze Belehrungshaltung suspekt, auch bei Brecht. Er tut zwar immer so, als wäre das Volk der Souverän, aber in Wahrheit hält er nicht allzu viel davon. Wer aber das Publikum für dumm hält und es meint, belehren zu müssen, der unterschätzt auch die Rolle des Staatsvolks insgesamt – es ist der gleiche Gestus aus meiner Sicht. Deshalb finde ich Theaterkünstler auch so anfällig für totalitäre Systeme. Das Konzept des großen Künstlergenies von Gottesgnaden war ursprünglich eine bürgerliche Trotzhaltung gegenüber den Monarchen und hatte darin seine Berechtigung. Aber die Monarchie als Staatsform ist passé, und damit hat sich auch die Haltung des Künstlers als Genie erledigt, es irgendwie besser zu durchschauen als andere.

KARSCHNIA: Was sich als künstlerischer Geniehabitus problematisieren lässt, ist eben das, was die kleinen mobilen Gruppen, die »Theaterchen«, von denen Brecht in seiner letzten Rede spricht, so produktiv macht. Es handelt sich um ganz neue, andere, kollektive Akteure, die an die Stelle von Autor und Regisseur als den beiden klassischen Souveränen des Theaterbetriebs treten sollen.

SLEVOGT: Hauptsache das Publikum wird nicht vergessen, als dessen Anwalt ich mich in meiner Rolle als Theaterkritikerin verstehe. Sonst rennen nämlich alle nur noch zum »König der Löwen« oder zu anderen Musicals. Das hat das Theater dann davon.

PUSCHKE: Wir sollten abschließend nochmal nach einer Perspektive fragen, wie eine sinnvolle Nutzung von Werken jenseits der Brechtschen Nachlassregulierung aussehen könnte, bei der die Erben 70 Jahre lang die Werke verwalten und ihre individuelle Herrschaft darüber ausüben können.

KARSCHNIA: Es gibt immer diese Angst, dass etwas geklaut wird. Dabei hatte Brecht selber mit Benjamin den Traum, ein Werk nur aus Zitaten zu schreiben. Letztlich bietet die chinesische Kultur, der Brecht verbunden war, ein gutes Beispiel für diese Haltung: die Phantasie, dass man in ein Werk vollkommen eingeht und darin verschwindet. Das finde ich ein sehr schönes Bild.

PUSCHKE: Das ist doch ein schönes Schlusswort. Vielen Dank für das Gespräch.

WIE HAT EIN ZEITGEMÄSSES URHEBERRECHT AUSZUSEHEN?

Über die Geschichte des Urheberrechts, das komplizierte Verhältnis der Autorinnen und Autoren zu ihren Rechten, die Novellierung des Urheberrechts und die Ausschüttungspraxis der VG Wort, über das Collagieren und Remixen von Texten – und natürlich über Brecht.

Annett Gröschner im Gespräch mit Katharina de la Durantaye, Rainer Dresen, Ulrike Almut Sandig, Jörg Sundermeier und Regula Venske

ANNETT GRÖSCHNER: Im Gesetz über das Urheberrecht und verwandte Schutzrechte, § 7, heißt es in der ersten Fassung vom 9. September 1965: »Der Urheber ist der Schöpfer des Werkes.« Das ist ein schöner Satz, und wir könnten hier Schluss machen, wenn nicht alles viel komplizierter wäre. Wenn es um Brecht geht und die Urheberrechte, muss es auch um die Gegenwart gehen und um die prekäre Existenz von Autorinnen und Autoren mit den laut Erhebung der Künstlersozialkasse nicht einmal 20.000 Euro Durchschnittsverdienst im Jahr. Mir fiel bei der Vorbereitung das Gedicht von Brecht ein: »Die Teppichweber von Kujan-Bulak ehren Lenin«. Es gehört nicht gerade zu meinen Lieblingsgedichten, mein Verhältnis zu ihm ist ähnlich schwierig wie zu dem Langgedicht »Erziehung der Hirse«, aber es passt sehr gut zu unserer Veranstaltung. 1929 wurde es von Brecht geschrieben, fast zur gleichen Zeit wie die »Dreigroschenoper«, die im August 1928 ihre Uraufführung hatte und in jeder Diskussion um Brecht und das Urheberrecht eine prominente Rolle spielt. Es sind vollkommen unterschiedliche Texte: Kurz zusammengefasst geht es in dem Gedicht im Allgemeinen um die ausgiebige Ehrung des verstorbenen Genossen Lenin durch Büsten und Standbilder, die Benennung von Städten und Kindern nach ihm und im Besonderen um die Ehrung durch die Teppichweber von Kujan-Bulak, einem kleinen Ort im südlichen Turkmenistan, die fiebergeschüttelt an ihrem Webstuhl sitzen, verursacht durch eine Sumpfmücke. Auch sie bekommen den Befehl, Lenin zu ehren, und sammeln für eine Gipsbüste, entscheiden sich dann aber, statt der Büste Petroleum zu kaufen und damit den Sumpf zu begießen, um die Stechmücken zu bekämpfen. Im Gedicht heißt es: »So nützten sie sich, indem sie Lenin ehrten und / Ehrten ihn, indem sie sich nützten, und hatten ihn / Also verstanden«. Unter diesem Motto soll unser Gespräch stehen. Man muss einfach Lenin durch Brecht und die Teppichweber durch das Wort Autoren ersetzen, Autorinnen eingeschlossen.

Man kann ja, wenn man die Zeitung aufschlägt, im Moment jeden Tag etwas über das Urheberrecht lesen. Je länger ich mich damit beschäftigte, desto unsicherer wurde ich, was das Urheberrecht umfasst und wie es in der Zukunft aussehen könnte. Momentan gibt es Verhandlungen auf EU-Ebene für eine Harmonisierung des Urheberrechtes. In Deutschland geht es darum, ein angepasstes Urhebervertragsrecht zu verabschieden. Urheberrechte spielen in den TTIP- und CETA-Abkommen eine Rolle, obwohl wir nicht genau wissen, was in diesen Vertragsentwürfen überhaupt steht, so streng vertraulich sind sie. Es gibt das Internet und die Internetkonzerne, die den gegenwärtigen Literaturbetrieb beeinflussen, weil sie die Existenzgrundlage von Autorinnen und Autoren gefährden. Das Urheberrecht steht unter massivem Druck durch die neuen Techniken, eine veränderte Nutzung und einen harten Verteilungskampf mit neuen Teilnehmern, und wirkt überfordert. Gleichzeitig kommen Autoren inzwischen auch ohne Verlage aus. Seit längerem gibt es ein Verfahren gegen die Verwertungsgesellschaft Wort, kurz VG Wort, angestrengt von einem Wissenschaftsautor, der gegen die Beteiligung der Verlage an der Ausschüttung der Tantiemen geklagt hat. Die Autoren sind in der Frage gespalten. Ähnlich ist es auch bei der Gesetzesinitiative für ein neues Urhebervertragsrecht der Bundesrepublik. Da gibt es einmal einen Aufruf von Autorinnen und Autoren, der auch vom PEN mitinitiiert worden ist, dieses Gesetz zu unterstützen. Und dann gibt es andererseits einen Aufruf, der von Literaturagenten zusammen mit Verlegern und Autoren initiiert wurde, wo gegen die Ausstiegsklauseln für Autoren in der Gesetzesnovelle protestiert wird. Das macht die Lage unübersichtlich. Ich hoffe, dass wir mit unserem Gespräch ein bisschen Licht ins Dickicht bringen. Wir beginnen mit Katharina de la Durantaye, die uns quasi als Einführung etwas über die Geschichte des Urheberrechtes referieren wird, denn die meisten von uns kennen weder seine Geschichte, noch können sie Urheberrecht von Copyright unterscheiden.

KATHARINA DE LA DURANTAYE: Ich fand Ihre Aussage, dass das Urheberrecht überfordert sei, sehr überzeugend. Es ist nicht ganz leicht, in kurzer Zeit einen Überblick über das literarische Urheberrecht und seine Geschichte zu geben. Vieles werde ich darum schwarz-weiß und bisweilen etwas zugespitzt zeichnen. Sehen Sie mir das bitte nach und denken Sie sich die Grautöne hinzu. Das Urheberrecht schützt zwei Arten von Urheberinteressen: Urheberpersönlichkeitsrechte und

Urheberverwertungsrechte. Die Persönlichkeitsrechte umfassen im Kern das Erstveröffentlichungsrecht, das Recht auf Anerkennung der Urheberschaft sowie das Recht, gegen Entstellungen vorzugehen. Die Verwertungsrechte geben dem Urheber das Recht auf Vornahme der Handlungen, die erforderlich sind, um mit dem Werk Geld zu verdienen, also etwa das Recht, ein Werk zu vervielfältigen, zu verbreiten, vorzutragen und aufzuführen. Wir in Deutschland verstehen die Persönlichkeits- und die Verwertungsrechte als untrennbar miteinander verbunden. Darum ist das Urheberrecht in Deutschland nicht übertragbar. In anderen Ländern, etwa den USA, wird das anders gesehen. Wenn wir uns die Geschichte des Urheberrechts anschauen, liest sich die Geschichte der Persönlichkeitsrechte anders als die Geschichte der Verwertungsrechte. Die Kern-Persönlichkeitsinteressen, von denen ich gerade sprach, wurden auf die eine oder andere Weise schon immer geschützt, nicht immer rechtlich, aber auch mit außerrechtlichen Mitteln relativ effektiv. Im Rom der klassischen Antike erfolgte der Schutz etwa durch Moral- und Ehrvorstellungen. Es gab einen regen Buchhandel rund um das Mittelmeer. Bücher erschienen in vergleichsweise großen Auflagen. Sie wurden zwar nicht gedruckt, aber von Sklaven im Akkord per Hand abgeschrieben. In den letzten Jahrhunderten wurden gesunkene Schiffe geborgen, in denen sich Bücher in großer Anzahl befanden. Autoren schrieben glücklich darüber, sie hätten gehört, dass ihre Werke sogar in England gelesen würden. Wichtig war den Autoren Ruhm und Ehre. An Geld hingegen waren Autoren als Mitglieder der Aristokratie nicht interessiert. Sie mussten ihre Zeit der *res publica* widmen und also unentgeltlich tätig werden. Wichtig war den Autoren, dass sie namentlich genannt und ihre Werke möglichst unverfälscht vervielfältigt wurden. Wie aber lässt sich das sicherstellen, wenn jeder jeden Text kopieren darf? Oftmals nannte der Autor den Namen des Verlegers in der Einleitung. Damit wussten die Leser, wer das Originalmanuskript als Vorlage für seine Abschriften verwendet hatte. Oder: Verleger benutzten kleine Stempel, die sie auf die Pergamentrollen drückten. Wer also bibliophil war, kaufte ein Buch, das ein angesehener Verleger hatte abschreiben lassen. Sogar der Begriff des Plagiats entstammt dem Rom der klassischen Antike. Gab jemand das Werk eines anderen als sein eigenes heraus, beging er ein *furtum*, also einen Diebstahl. Plinius der Ältere definiert ihn als »wörtliche Abschrift ohne Nennung des Urhebers«. Martial ächtet Personen in seinen Epigrammen, die seine Werke als ihre ausgegeben hatten. Er nennt eine dieser Personen, einen gewissen Fidentinus (»Herrn Ehrlichmann«), einen *plagiarius*, also einen Menschenräuber. Später, im Christentum, wurde die Urheberschaft durch Bücherflüche geschützt. Ein klassisches Beispiel aus dem frühen 13. Jahrhundert ist der Bücherfluch des Eike von Repgow im Sachenspiegel: »Alle, die mit diesem Buch Unrecht vollführen, und die, welche Falsches hinzufügen, bedenke ich deshalb mit diesem Fluch: Der Aussatz möge sie befallen, …« Von Verwertungsrechten war da noch lange nicht die Rede. Es gibt zahlreiche weitere Beispiele. Was ich Ihnen zeigen will, ist: Von der Antike bis heute hatten Autoren bestimmte Interessen, die relativ unverändert sind und stets irgendwie geschützt wurden. Diese Rechte bilden den Kern des Bandes zwischen Urheber und Werk, und sie verbleiben immer beim Urheber. Für einen Urheber wie mich etwa, für eine Wissenschaftlerin, sind die Persönlichkeitsrechte die wichtigsten Rechte: Ich verdiene mit meinen Aufsätzen und Büchern kein Geld. Mir geht es um größtmögliche Verbreitung. Wenn ich Glück habe, erfahre ich dadurch indirekt finanzielle Vorteile.

Viele Urheber wollen und müssen mit ihren Werken aber unmittelbar Geld verdienen. Dem dienen die Verwertungsrechte. An diesen Rechten können die Urheber Nutzungsrechte einräumen, also etwa einem Verlag. Nur die im Gesetz genannten Rechte stehen dem Urheber zu. Sie stellen Ausnahmen dar vom Grundsatz der Nachahmungsfreiheit. Das bedeutet: Grundsätzlich darf alles nachgeahmt werden, es sei denn, es besteht Sonderschutz. Das Urheberrecht gewährt einen solchen Sonderschutz. Die Geschichte der Verwertungsrechte ist viel kürzer als die der Persönlichkeitsrechte. Sie ist eng mit technischen Entwicklungen verwoben. Alles begann, grob gesprochen, mit der Erfindung des Buchdrucks mit beweglichen Lettern. Der Ausgangspunkt des modernen, verwertungsorientierten Urheberrechts war also technischer Art. Zuerst galt das Prinzip des freien Nachdrucks. Durch den Nachdruck fühlten sich nicht so sehr die Autoren beeinträchtigt, sondern vor allem Druckereien. Es kam vor, dass weniger berühmte Druckereien ihre Drucke mit den Namen und Ortsangaben angesehener Drucker schmückten. Warum waren die Stimmen der Autoren damals nicht stark? Es wurden nur wenige lebende Autoren verlegt, Honorare waren noch sehr unüblich. Das Recht der Autoren beschränkte sich in dieser Zeit im Wesentlichen auf die Entscheidung, ob sie ihr Manuskript für den Zweck der Veröffentlichung verkaufen wollten. Eine wirtschaftliche Teilhabe über den Verkauf der Manuskripte hinaus war nicht üblich. Als wertschöpfend wurde nicht die Schöpfung des Werkes verstanden, sondern die Drucklegung. Ab etwa 1475 entstand das Privilegienwesen. Ein Druckerprivileg wurde hoheitlich gewährt und bildete eine Ausnahme vom Prinzip des freien Nachdrucks. Seine Dauer betrug regelmäßig zwei Jahre. Sowohl auf dem europäischen Kontinent als auch in England gab das Privilegienwesen den Herrschern vor allem die Möglichkeit zur Zensur, gerade in der Reformationszeit. Das Druckprivileg war eine staatliche Berechtigung. Verleger, die kritische Schriften verlegen wollten, erhielten kein Privileg. Einer der ersten *Urheber,* der mit einem Druckprivileg ausgestattet wurde, war Albrecht Dürer. Legendär ist auch, wie Martin Luther im 16. Jahrhundert ein Privileg erstritt. Die Verleger sahen das Privilegienwesen zunehmend als nicht mehr ausreichend an. Privilegien galten als unflexibel. Teilweise verzichteten Verleger auch bewusst auf die Beantragung eines Privilegs, um der Zensur zu entgehen. So entstand die Forderung nach Anerkennung eines originären Verlagseigentums. Die Verleger sollten an einem von ihnen erstmals gedruckten Werk ein ausschließliches Recht zur Vervielfältigung und Verbreitung erhalten. Doch nicht nur die Verleger, sondern auch die Schriftsteller pochten auf die Berücksichtigung ihrer Interessen. Sie führten im Wesentlichen naturrechtliche Begründungen an: Kreativen komme schon von Natur aus ein unbeschränktes Recht an ihrer Schöpfung zu. Bis ihnen dieses Recht gesetzlich zugesprochen wurde, verging allerdings viel Zeit: Erst 1870 wurde das Urheberrecht in Gesetzesform gegossen. Die Entwicklung hat seither rasant an Geschwindigkeit zugenommen. Heute wird wesentlich mehr geschützt als damals und für einen viel längeren Zeitraum. Zudem gibt es viele technische Entwicklungen, die neue Produktionsmethoden und Vertriebskanäle eröffnen. Wann immer solche neuen Kanäle entstanden, wurden Änderungen des Urheberrechtsgesetzes gefordert und oftmals auch erlassen. Technische und rechtliche Entwicklung stehen also in einem engen Zusammenhang. Beide bedingen sich. Die Technik stellt Grundsätze des Rechts in Frage und fordert neue Regelungen. Gleichzeitig finden technologische Entwicklungen innerhalb eines rechtlichen Rahmens statt, der sie lenkt und steuert.

Ich höre häufig: Die Entwicklungen der Informationstechnologie in den letzten Jahrzehnten haben zu einem Konflikt zwischen technisch Möglichem und rechtlich Zulässigem geführt. Tatsächlich aber gab es diese Konflikte schon vorher immer wieder. Nehmen Sie zum Beispiel Tonbandgeräte. Sie wurden in den 1930er Jahren entwickelt. 1951 brachten AEG und Grundig erste Geräte für den Heimgebrauch auf den Markt. Damit konnte plötzlich jeder Musik reproduzieren. Musikindustrie und Musiker machten sich verständlicherweise Sorgen um ihre Geschäftsmodelle. Also klagte die GEMA gegen die Firma Grundig, damals weltgrößter Hersteller von Tonbandgeräten, um die Geräte verbieten zu lassen. Im Jahr 1964 schließlich urteilte das höchste deutsche Zivilgericht, der Bundesgerichtshof, dass solche Geräte nur vertrieben werden dürfen, wenn dafür eine Abgabe an eine Verwertungsgesellschaft – die »Geräteabgabe« – gezahlt werde, die Rechteinhaber für die entgangenen Einnahmen aus privat kopierter Musik entschädigt. Diesen Ansatz übernahm der Gesetzgeber bei der Neufassung des Urheberrechts im Jahr 1965. Für jedes verkaufte Tonbandgerät floss ein Teil des Verkaufspreises an die Zentralstelle für Private Überspielungsrechte (ZPÜ), die sie an die für Musikrechte zuständigen Verwertungsgesellschaften weiterleitete. Damit begann im eigentlichen Sinne die Geschichte der Privatkopie. Es gibt einige dieser Beispiele. Jedes betrifft das Aufkommen einer neuen Technologie, die eine Gefahr für überkommene Verwertungsmodelle darstellt, denken Sie nur an Kopierer. Zunächst gab es Streit, dann wurde eine Lösung gefunden. Oftmals wurden die Verwertungsrechte beschränkt. Zum Ausgleich für die gesetzlich erlaubten Nutzungen erhielten die Urheber einen Vergütungsanspruch. In einer Hinsicht besteht aber tatsächlich ein grundlegender Unterschied zwischen der analogen und der digitalen Welt: In der analogen Welt betraf das Urheberrecht nur eine kleine Reihe von Unternehmen. Autoren etwa kamen mit dem Urheberrecht im Grunde nur dann in Berührung, wenn sie ihren Autorenvertrag mit dem Verleger abschlossen. Die Leser hatten nahezu gar keinen Kontakt mit dem Urheberrecht. Jetzt, in der digitalen Welt, sind auch Leser plötzlich Akteure. Früher etwa kauften sie ein Buch. Das Buch wurde ihr Eigentum. Mit diesem Buch konnten sie tun und lassen, was sie wollten. Sie konnten es Freunden zum Lesen geben, es markieren und zerstören. Sie durften es weiterverkaufen, ohne den Rechteinhaber um Erlaubnis zu bitten. All diese Formen des Umgangs mit dem eigenen Buch stellten keine urheberrechtlich relevanten Handlungen dar. Heutzutage erstellt jemand, der ein Buch elektronisch gelesen hat und es teilen will, eine elektronische

Kopie – es sei denn, er verleiht den Computer oder E-Book-Reader gleich mit. Damit erstellt er eine Vervielfältigung, die grundsätzlich der Zustimmung des Rechteinhabers bedarf. Selbst wer einen Artikel im Internet liest, vervielfältigt den Artikel, denn der Arbeitsspeicher des Computers erstellt eine Kopie des Artikels. Ein Teil dieser Handlungen ist gleichwohl erlaubt: Das Gesetz beschränkt die Verwertungsrechte, etwa das Vervielfältigungsrecht, zum Wohl der Allgemeinheit. Leser dürfen also etwa eine Privatkopie eines Werkes anfertigen. (Ein im Handel erhältliches Buch dürfen Sie allerdings vollständig vervielfältigen, indem Sie es per Hand abschreiben.) Für die nicht durch Abschreiben erfolgte Kopie eines Werkes, etwa durch einen Kopierer, wird der Rechteinhaber vergütet, indem der Hersteller oder Vertreiber des technischen Gerätes, das für die Erstellung der Kopie verwendet wurde, eine Vergütung an eine Verwertungsgesellschaft entrichtet. Bei Schriftwerken ist dies die VG Wort. Das Problem ist: Einige dieser Beschränkungen der Verwertungsrechte entstammen der analogen Welt. Sie passen auf die heutige Zeit nicht. Sie wurden zu einem ganz bestimmten Anlass geschaffen, beispielsweise als Reaktion auf eine neue technische Entwicklung, und sind auf die Lösung dieses einen Problems zugeschnitten. Weil das Urheberrechtsgesetz über viele dieser kleinteiligen Beschränkungen verfügt, gibt es zudem erhebliche Abgrenzungsschwierigkeiten. Hinzu kommt, dass die Normen nicht allgemein verständlich sind. Sie wurden damals für Experten geschaffen und können höchstens von Experten verstanden werden. Heute ist aber jeder von ihnen betroffen. Redliche Nutzer laufen darum Gefahr, das Urheberrecht zu verletzen, weil sie nicht verstehen, was genau erlaubt ist, und weil das, was sie dürfen, mit dem, was der Mensch auf der Straße zu dürfen glaubt, nicht deckungsgleich ist. Unredlichen Nutzern ermöglichen die neuen Technologien aber natürlich auch, viel größeren Schaden anzurichten als dies vorher möglich war: So lassen sich, etwa über Filesharing-Netzwerke, urheberrechtlich geschützte Inhalte bekanntlich über die ganze Welt verbreiten, was die kommerzielle Verwertung eines Werkes untergräbt. Wie reagieren nun die Urheber darauf? Die Stimme der Urheber selbst ist meist nicht deutlich hörbar, vielleicht weil sie ihre Verwertungsrechte an Verlage etc. eingeräumt haben. In der öffentlichen Diskussion werden die Interessen der Urheber und die Interessen der Verlage oftmals miteinander vermengt, obwohl sie sich nicht immer decken. Die Rechteinhaber reagieren auf das Aufkommen neuer Technologien und die Forderung nach Beschränkungen des Urheberrechts meist mit Abwehr. Sie sind an einem Schutz ihrer überkommenen Geschäftsmodelle interessiert. Um auch hier Beispiele aus der neueren Geschichte zu bemühen: Denken Sie nur an die Reaktionen der Musikindustrie um die Jahrtausendwende. Als Napster und andere Filesharing-Netzwerke aufkamen, hat die Industrie sie jahrelang bekämpft, ohne aber den Hörern legale Möglichkeiten zur Verfügung zu stellen, Musik im Internet zu erwerben. Ihre Umsatzeinbrüche waren gigantisch, bis Apple sein iTunes auf den Markt gebracht hat. In der Zwischenzeit war die Technologie so weit fortgeschritten, dass nun auch Filme über das Internet geteilt werden konnten. Es war absehbar, dass es soweit kommen würde. Die Filmindustrie hatte also einige Jahre Zeit, um sich drauf vorzubereiten, dass ihnen Ähnliches drohen würde. Wie reagierten sie? Genauso wie die Musikindustrie: Zunächst steckten sie den Kopf in den Sand, dann durch Abwehr und Klagen. Irgendwann schließlich wurden auch hier legale Alternativen geschaffen. Bei den Buchverlagen sah es ähnlich aus. Hier reagierten die Verlage vielleicht eine Weile lang auch deswegen nicht auf die neuen technischen Möglichkeiten, weil sie dachten, dass sie von den negativen Effekten, die Musik- und Filmindustrie zu spüren bekommen hatten, verschont bleiben würden. Das gedruckte Buch sei ein Kulturgut, elektronische Bücher könnten dafür keinen Ersatz bieten. Inzwischen hat ein Umdenken stattgefunden. Aber mein Eindruck ist, dass Verlage sich deswegen noch nicht damit abgefunden haben, dass das Internet nicht verschwinden wird, und dass sie noch immer nicht versuchen, den Dingen einen Schritt voraus zu sein, also gestaltend einzugreifen und proaktiv Geschäftsmodelle zu entwickeln, sondern es gibt noch immer sehr viel Wehklage darüber, dass alles früher viel schöner war. Ich glaube, dass die Verlage damit sich selbst schaden, und ich glaube auch, dass sie damit nicht im Interesse ihrer Autoren handeln. Autoren sind nicht so involviert in bestimmte Vertriebswege. Sie wollen in erster Linie, dass die Werke gelesen werden und sie dafür eine Vergütung erhalten. Auf welchem Wege dies geschieht und in welcher Form das Werk gelesen wird, steht für sie, so mein Eindruck, nicht so sehr im Vordergrund.

Ich habe das Gefühl, die Verlagsindustrie, und Herr Dresen, Sie werden mir sicher gleich lebhaft widersprechen, hat die Zeit nicht genutzt, um sich eine gute Strategie zu überlegen, sondern ist dem Instinkt gefolgt, erst einmal den Kopf in den Sand zu stecken, zu hoffen, dass es einen selber nicht betrifft – im Buchbereich vielleicht sogar gepaart mit einer gewissen, böse gesagt, Arroganz, mit dem Gefühl, wir haben das gedruckte Buch als Kulturgut, uns kann das eigentlich gar nicht passieren, weil E-Books keine wirkliche Alternative sind. Wir alle lieben unsere Bücher, wir lieben unsere Bücherregale. Wir können eigentlich auch nur physische Bücher gut verschenken und widmen, das alles geht mit E-Books nicht. Deswegen wird uns das alles nicht passieren. Ich glaube, da wurde ganz viel Zeit verloren. So viel erst einmal. Ich freue mich auf die Diskussion.

RAINER DRESEN: Das Thema E-Book ist tatsächlich hoch interessant. Wir haben uns seit dem Jahr 2000 auf die große E-Book-Revolution vorbereitet, die in den USA ein bisschen eher kam. Wir haben immer wieder gehört, dass die Musikindustrie zu langsam reagiert hat. Da haben wir etwas Angst bekommen, denn wir sind traditionell eher noch etwas langsamer als die Musikindustrie. Wenn die es schon nicht schaffen, werden wir es vielleicht auch nicht. Aber was uns letztlich geholfen und gerettet hat, waren die Leser, denn die hatten es gar nicht so eilig in Deutschland, in Europa, sich auf E-Books umzustellen. In den USA war es ja hauptsächlich ein Preiswettbewerb, der dafür gesorgt hat, dass das E-Book sich durchsetzt. E-Books sind in den USA nicht preisgebunden, sie waren von Anfang an viel billiger als Printbücher, und hauptsächlich deshalb haben sich die Menschen über Amazon ihren Kindle mit billigen Büchern vollgeladen. Das hat in Deutschland, mit seiner viel höheren Buchkultur, niemanden so richtig interessiert. Das heißt, die Buchhandelsszene beziehungsweise die Verlagsszene hat sich in den letzten Jahren gar nicht so disruptiv verändert, sondern sehr allmählich, und ich glaube, da wird mir Jörg Sundermeier zustimmen: Die E-Books sind gar kein Problem in der Verlagslandschaft, man hat die nebenher mitentwickelt. Ein paar Jahre hat man sogar doppelt verdienen können, weil die Menschen sich vielleicht mehr E-Books gekauft haben als nötig, aber ich glaube nicht, dass ein Deutscher Verlag durch die E-Books in Probleme geraten ist, weil es sich so langsam entwickelt hat. Wir haben mittlerweile einen E-Book Anteil von 20% an unserer Produktion. Das wird auch nicht mehr werden. Die Menschen haben gemerkt, was es für Vorteile hat, irgendwelche Groschenromane, Chicklits, billige Krimis, Bücher, die man früher nach der Lektüre fortgeworfen hätte, heute als E-Book zu kaufen. Hochwertige Bücher gibt's weiterhin im Printbereich. Jeder, der von uns E-Books haben will, bekommt die zu ähnlichen Konditionen. Das E-Book hat die Verlagsbranche also nicht so erschüttert, wie das viele erwartet haben. Wir haben ganz andere Probleme – Apps zum Beispiel, die digital angereichert sind mit Filmen, mit Musik. Da sind die Leser sehr misstrauisch, nur wenige Produkte sind mehr als eine digitale Fassung der Printfassung. Im iTunes-Store gibt es Preisschwellen, kaum eine App über drei Euro lässt sich da verkaufen. Die Buchindustrie hat diese üblichen Probleme der Mischkalkulation: Von zehn Büchern sind vielleicht ein oder zwei erfolgreich. Das hat sich mit dem E-Book weder verbessert noch verschlechtert. Die Kostenstruktur ist beim E-Book ein bisschen besser, man hat nicht die Remissionsrisiken, nicht die Lagerhaltungskosten, weniger Vertriebskosten. Kurzum: Das E-Book hat sich im Buchbereich graduell durchgesetzt und hat uns per se keine Probleme verursacht, oder ist es bei Ihnen im kleineren Bereich anders, Herr Sundermeier?

JÖRG SUNDERMEIER: Ich würde sagen, es gibt ein Problem, das nicht so sehr das E-Book geschaffen hat, sondern eine gewisse Umsonstkultur bei den klassischen Texten. Kein Mensch wird heute mehr wagen, eine nicht komplett von dritter Hand durchfinanzierte Goethe-Ausgabe zu machen. Wir hatten überlegt, eine Georg Weerth-Werkausgabe herauszubringen, weil ein anderer Verlag sie zwar zehn Jahre angekündigt, aber nicht gemacht hatte. Wir haben dann aber gemerkt, dass alle Texte von Georg Weerth frei im Internet zugänglich sind, das Copyright ist abgelaufen. Dieses Geschäftsmodell ist weg. Beim E-Book würde ich Ihnen zustimmen. Ich würde auch sagen, es stimmt nicht, dass die Verlage da noch schlafen. Es gibt sicherlich Unterschiede, und wir als kleinerer Verlag müssen gucken, was sich durchsetzt, es ist wie früher bei der Videokassette – VHS oder Beta –, da will ich nicht auf Beta setzen und nachher setzt sich VHS durch. Diese Entwicklung ist noch lange nicht vorbei. Ich habe ein bisschen Sorge, dass tatsächlich gewisse Internetriesen demnächst nochmal die Büchse der Pandora öffnen und mit einer ganz anderen Preispolitik und einer Drucktechnik des Print-on-Demand versuchen, Fakten zu schaffen. Sie können beispielsweise jetzt schon über einen großen Versandhändler, der eigentlich eher eine Softwarefirma ist, ein Reprint, so wird das angegeben, eines Textes von Emmy Hennings, der noch nicht rechtefrei ist, kaufen. Ich weiß von Emmy Hennings Erben, dass sie davon nichts bekommen. Wenn Sie das kaufen, bekommen Sie sicher einen Google-Scan. Sie haben sogar noch Finger von den Scannern zwischendurch drin, also das ist sehr schlecht gescannt. Bei diesem GoogleBookSettlement, das Gott sei Dank gescheitert ist, ging es tatsächlich darum, wie definiert man verwaiste Werke; und das wäre, wenn es nicht gescheitert wäre, richtig schlimm geworden, weil es sogar den Urheberinnen und Urhebern nicht mehr die Chance gegeben hätte, zu sagen, ich will gar nicht mehr, dass ein bestimmtes Buch von mir noch einmal erscheint. Elfriede Jelinek, die große Nobelpreisträgerin, sagt das immer wieder, sie möchte nicht, dass ihr erster Gedichtband nochmal aufgelegt wird. Sie steht zu ihm, aber sie findet ihn schlecht, und das ist ja ihr gutes Recht. In dem Augenblick, wenn Generaldefinitionen kommen, kann es sein, dass das gar nicht mehr ihre Entscheidung ist. Und ich hab Angst, dass die kommen. Zum jetzigen Zeitpunkt sind sie noch nicht da.

DRESEN: Wenn ich da einhaken darf: Das Urheberrecht hat sich die letzten zwanzig Jahre erstaunlich bewährt. Kein Verlag und kein Autor hat sich beschwert und gesagt, wir brauchen neue Regeln im Urheberrecht, um die digitale Revolution im E-Book vorantreiben zu können. Die alten Vorschriften reichten aus. Stichwort »Elfriede Jelinek«. Wenn sie sagt, sie will dieses Werk nicht mehr veröffentlicht haben, gibt es dafür eine Rückrufvorschrift im Urheberrecht, den Rückruf wegen gewandelter Überzeugung. Autoren können erstaunlich häufig und vielfältig ihre Rechte zurückrufen. Das wissen viele Autoren gar nicht. Wenn die Verlage die Werke nicht verwerten, dann gibt es das Rückrufrecht wegen Nichtausübung. Ferner gibt es ein Rücktrittsrecht, wenn keine neuen Auflagen gemacht werden. Das heißt, das bisherige Recht hat erstaunlich viele elegante Lösungen, die offensichtlich nicht einmal im Justizministerium bekannt sind. Bei allen Änderungswünschen an das Urheberrecht bin ich, der ich seit fast zwanzig Jahren mit dem Urheberrecht arbeite, sehr vorsichtig. Die Branche kann mit diesem Rechtsgebiet extrem gut umgehen, weil es sehr flexibel ist. Man muss es vielleicht anpassen, aber sehr moderat. Durch zu starke Eingriffe wird es nicht besser.

REGULA VENSKE: Vielleicht darf ich da anschließen. Ich möchte einige Punkte nachtragen und Ihnen beiden Recht geben. Der PEN ist ja bis vor einigen Jahren in Sachen Urheberrecht gar nicht in Erscheinung getreten, das war Sache des Verbands deutscher Schriftstellerinnen und Schriftsteller (VS), der gewerkschaftlichen Organisation von Autoren. Der PEN war mit ganz anderen Themen beschäftigt: Frieden und Völkerverständigung und Meinungsfreiheit in aller Welt. Diese rechtlichen Geschichten haben uns gar nicht so sehr interessiert. Mit unserer ersten Resolution zum Urheberrecht 2013 hat sich das geändert, und dass wir jetzt in der Öffentlichkeit schon als Initiator eines anderen Papiers gelten, das finde ich gut. Das »Plädoyer für ein starkes Urheberrecht«, das in den letzten Tagen zu Diskussionen geführt hat, ist allerdings von der Initiative Urheberrecht ausgegangen, einer Initiative, in der 38 verschiedene Verbände organisiert sind, die sehr unterschiedliche Berufsgruppen vereinen; Kreative, also Autoren, sind ein starker Teil, aber es sind auch Filmmusiker, Fotografen, Journalisten, Urheberverbände, Regisseure, Schauspieler und Spieleautoren darunter, also Kultur produzierende Urheber und Urheberinnen. An dieser Erklärung, die jetzt veröffentlicht worden ist, hat meine Kollegin Nina George, die im Präsidium des deutschen PEN sitzt, redaktionell mitgearbeitet. Sofern Verlage angesprochen sind, muss man bedenken, dass es einen Unterschied zwischen Buchverlagen und Zeitungs- und Zeitschriftenverlagen gibt, bei denen Journalisten für einen Hungerlohn von Zeilenhonorar sämtliche Rechte für die

Dauer des gesetzlichen Urheberrechtes abtreten sollen, einschließlich der Verwertung im Internet. Ich weiß es von eigenen Texten, die ich selbst geschrieben habe, zum Beispiel für die FAZ: Als erstes soll man unterschreiben, dass man auf sämtliche Rechte fürderhin verzichtet, und dann kann das jederzeit überall auf der Welt abgerufen werden. Das wollte ich vorausschicken.

Was die Erklärung angeht: Wir als PEN haben sie nicht initiiert, aber wir unterstützen sie mit, weil wir Mitglied in dieser Initiative Urheberrecht sind. Natürlich ist das immer so, wenn es Erklärungen gibt, an denen viele beteiligt sind, muss es Kompromisse geben. Der offene Brief, den Autoren und Verleger zusammen an die Bundesregierung geschrieben haben, wurde hier schon erwähnt. 1500 Autoren haben den mit unterschrieben, ich persönlich nicht, denn dieser Brief ist für mich ein Beispiel, das zeigt, wie gutmütig, ich will nicht sagen masochistisch Autoren sind. In der Regel sind wir sehr kompromiss- und harmoniebereit. Ich bin jetzt seit dreißig Jahren in diesem Geschäft, ich habe schon viele Verlage überlebt und manche Freundschaften mit Verlegern über Insolvenzen hinweg gerettet – das ist nicht zu unterschätzen. Ich kenne aber sehr viele Geschichten von Autoren, die dachten, sie seien die besten Freunde von Verlegern, aber in dem Moment, wo Verlegerinteressen berührt sind, da wussten die Verleger von dieser Freundschaft nichts mehr. Wir müssen Bündnisse schließen, weil wir ja an unseren Texten hängen. Natürlich gibt es Verleger und Lektoren und Verlagsmitarbeiter und -mitarbeiterinnen, die sich brennend für uns einsetzen. Und dann gibt es die kleineren Verlage, die ebenso mit Selbstausbeutung zu tun haben wie die Autoren, da gibt es wunderbare Partnerschaften und Freundschaften. Aber auch Unterschiede. Ich will nicht sagen Klassenunterschiede, aber wir gehören verschiedenen Klassen von Menschen an. Heinrich Heine hat schon geschrieben, wenn ein paar deutsche Autoren zusammensitzen, werden sie über ihre Verleger schimpfen. Ich habe ein paarmal auf der Buchmesse in Frankfurt bei lustigen Aktionen mitgemacht, die eine war ein Tauziehen, Autoren gegen Verleger. Die andere hieß »Autoren füttern ihren Verleger«. Da haben wir unseren Verleger auf eine Leiter gesetzt und ihn mit Roter Grütze gefüttert. So weit gehen wir Autoren manchmal in der Solidarität mit unseren Verlegern, aber man muss trotzdem benennen dürfen, wo wir unterschiedliche Interessen haben.

ULRIKE ALMUT SANDIG: Bei mir ist es so, dass ich zwar den offenen Brief vom letzten Herbst unterzeichnet habe, den ursprünglich 250, inzwischen über 1000 Autoren unterschrieben haben, aber die neue Erklärung der Urheber*innen und Künstler*innen, bei der der PEN mitgearbeitet hat, jetzt erst einmal nicht unterzeichnet habe. Ich lasse mich aber gerne von Ihnen darüber aufklären, dass ich vielleicht doch besser in dieser Erklärung vertreten bin, als ich es beim Lesen wahrgenommen habe. Der offene Brief ist im Nachhinein häufig als ein Brief von Agenten und Verlagen wahrgenommen worden. Und das liegt daran, dass Autoren sich in letzter Zeit eher still verhalten haben, abgesehen vielleicht von Schlüsselfiguren wie Nina George oder Ihnen, Frau Venske. Ich habe diesen Brief aus einem ganz subjektiven, egoistischen Grund unterschrieben: Ich bin eine Autorin, deren Bücher sich nicht in einer Messesaison verkaufen; sondern ich schreibe Erzählungen und Gedichte, die sich, wenn sie sich verkaufen, messeunabhängig und saisonunabhängig verkaufen. Ich brauche also einen Verlag – und habe den glücklicherweise auch mit Schöffling & Co. gefunden –, der über mehrere Jahre hinweg planen kann. Der also nicht nur mich als Autorin aufbauen kann und meine Lesungen plant, durch die ich mich auch finanziere, sondern ein Verlag, der auch mit seinen Bestsellern planen kann. Und wenn jetzt Amazon kommt und ein wichtiges Druckerzeugnis, von dem Schöffling sich finanziert, sagen wir mal den Katzenkalender, wegkauft, dann hat der Verlag ein Problem und ich bekomme auch eins. Ich möchte mich damit nicht klein machen, sondern ich möchte betonen, dass es ganz wichtig ist, dass wir den Verlagen in diesem Punkt ein gewisses Vertrauen einräumen, und dieses Vertrauen habe ich in die Verlage, mit denen ich bisher zusammengearbeitet habe, nicht nur aus menschlichen Gründen, sondern auch, weil es diese branchenüblichen Verträge gibt. Vielleicht kann irgendjemand, der ein bisschen mehr juristisches Wissen hat als ich, über diese Standardverträge etwas sagen?

VENSKE: Das ist der sogenannte Normvertrag, 1999 ausgehandelt, ein zähes Ringen des VS damals. Es ist nicht so, dass die Verlage den Autoren etwas geschenkt hätten.

SANDIG: Also meines Wissens werden diese Normverträge sowohl von großen Literaturverlagen als auch von kleinen weitgehend beachtet, abgezogen die wenigen Ausreißer nach oben und unten. In diesen Normverträgen sind ganz wichtige Sachen geregelt, zum Beispiel dass ich meinen Vorschuss behalten kann, auch wenn das Buch floppt. Oder dass ich 10 % des Anteils vom Ladenpreis bekomme. Ich profitiere davon ganz eindeutig und habe ein bisschen Angst, gerade jetzt bei dieser neuen Erklärung, dass ich als Autorin, wenn ich da mitziehe, eigentlich an dem Ast säge, auf dem ich sitze. Gar nicht, weil da ein schlechtes Verhältnis zwischen Verlagen und Autoren heraufbeschworen wird, was auch ein bisschen so ist, sondern weil so viele verschiedene Formen von Urhebern auseinanderklamüsert werden müssen. Ich denke, dass man eigentlich schauen müsste, wie man den Journalisten und den Wissenschaftsautoren helfen kann, ohne dass man den Literaturverlagen mit ihren Autoren etwas wegnimmt. Darin sehe ich die große Herausforderung.

DRESEN: Zum Normvertrag ganz kurz. Frau Venske, Sie sagen, der ist aus dem Jahr 1999. Der ist am 6. Februar 2014 neu formuliert worden, unter Mitarbeit von Verdi. Da steht unter anderem drin, der Autor räumt dem Verlag an dem Werk räumlich unbeschränkt für die Dauer des gesetzlichen Urheberrechts diese ganzen Rechte ein. Ziemlich genau vor zwei Jahren wurde vereinbart, dass die Dauer der Rechteübertragung die Dauer des gesetzlichen Urheberrechts ist: 70 Jahre nach dem Tod. Jetzt, zwei Jahre später, sind die Gewerkschaften plötzlich interessiert daran, zu sagen, fünf Jahre reichen doch auch aus. Vor zwei Jahren haben sie mit uns nach langen Verhandlungen die 70 Jahre festgeklopft. Was ist denn seitdem passiert? Nichts ist passiert in Sachen Rechtssicherheit! Wir haben uns darauf verlassen. Wir haben viele Stunden über den Normvertrag verhandelt und zwei Jahre später gibt es keinen Gewerkschafter, der sagt, es gibt eigentlich eine Regelung, 70 Jahre nach dem Tod, der haben wir zugestimmt. Jetzt sind es fünf Jahre, so wird die Verlegerlandschaft im Regen stehen gelassen.

SANDIG: Wir alle haben uns seit Dezember immer wieder gegen diesen Vorschlag des Bundesjustizministeriums geäußert, was diese Fünf-Jahres-Rückruf-Regel angeht, und da wurde so viel darüber geredet, dass man sich während der Diskussion schon fast an den Gedanken gewöhnt hat, dass es Vorteile hat. Aber da muss man gut aufpassen, denn natürlich hätte ich auch gerne, dass ein Buch von mir gut läuft, und dann kommt ein großer toller Verlag, zu dem ich schon immer wollte, und sagt, wir machen nicht nur ein Taschenbuch mit dir, sondern du kannst auch gleich bei uns bleiben. Finde ich natürlich eine tolle Idee, aber die Praxis sieht anders aus. Man darf sich jetzt vielleicht nicht so sehr von seinen Träumen leiten lassen. Die Wahrscheinlichkeit wäre doch tatsächlich eher die, dass Internetkonzerne zum Verlag kommen und sagen, um beim Beispiel von vorhin zu bleiben, können wir euch nicht den Schöffling-Katzenkalender abkaufen? Das klingt erst mal lächerlich, aber solche Publikationen machen es

Autoren wie mir möglich, alle drei Jahre einen Gedichtband zu veröffentlichen, oder sogar eine CD.

DRESEN: Oder noch schlimmer: Juli Zeh war die wichtigste Autorin bei Schöffling, nehme ich an. Wo erscheint das neue Werk von Juli Zeh? Bei uns, bei Random House. Wir haben natürlich nicht die Romane von Juli Zeh abgeworben, sondern wir haben die Taschenbücher herausgebracht und viele Lizenzen bezahlt, die Hardcover erschienen bei Schöffling & Co. Irgendwann ist das Verhältnis enger geworden zwischen Frau Zeh und unserem Verlag, und irgendjemand, wer auch immer, der Verlag oder Frau Zeh, kam auf die Idee, das neue Buch – ein wunderbares Buch, »Unterleuten«, das in den nächsten Tagen rauskommt und ein Riesenbestseller wird – bei uns zu publizieren. Bisher gibt es einen Kampf um Autoren. Und die haben dabei ein großes Wort mitzureden. In Zukunft, sollte diese Fünf-Jahres-Rückruf-Regel eintreten, gibt es einen Wettbewerb um Bücher. Das wollen wir aber nicht. Das will niemand. Auch kein Autor, insofern finde ich gut, dass Sie, Frau Sandig, das mal für sich durchdacht haben. Denn die Konsequenz der Fünf-Jahres-Regelung ist: In Zukunft bekommen die Autoren deutlich weniger Vorschuss. Und wir werden viel mehr amerikanische Autoren einkaufen, bei denen die Fünf-Jahres-Regel keine Rolle spielt. Wobei noch dazukommt: Es sind in Zukunft fünf Jahre nach Ablieferung. Der Text wird abgeliefert und ist noch lange nicht druckfertig. Das heißt, ab Veröffentlichung sind es wahrscheinlich vier Jahre. Das heißt, wir haben vier Jahre Auswertungszeit. Wir haben Controller, die rechnen sich aus, was in vier Jahren an Absatzhonorar bezahlt werden kann. Und die Vorschüsse werden sich an den vier Jahren orientieren. Die Autoren müssen damit leben, dass sie deutlich weniger Vorschüsse bekommen als vorher. Wenn das irgendjemand will, ist das in Ordnung. Nur muss das der Gesetzgeber wissen und die Autoren ebenfalls. Aber wenn es darum geht, Rechte zurückzurufen, die nicht ausgeübt werden, gibt es heute schon entsprechende Regelungen. Und das neue Gesetz verschärft es noch. Gesetzeskenntnis ist manchmal sehr nötig bei diesen Diskussionen. § 41 Urheberrechtsgesetz, ich lese ihn gerne noch mal vor, da steht jetzt schon: »Übt der Inhaber eines ausschließlichen Nutzungsrechts, der Verlag, das Recht nicht oder unzureichend aus, kann dieser«, der Autor, »das Nutzungsrecht zurückrufen.« Bislang hieß es weiter, »wenn dadurch berechtigte Interessen verletzt werden«, das wird gestrichen. In Zukunft kann man nach zwei Jahren die Rechte zurückrufen. Warum dann noch die Fünfjahresfrist? Wofür ist die noch gut? Ich kann damit leben. Wenn ich ehrlich bin, dann freue ich mich sogar darüber, weil die Juli Zehs in Zukunft bei uns landen. Wir Großen haben nur das Problem, dass uns Amazon die wegnimmt. Ich wundere mich, wie man durch solche Gesetze die Großen noch größer machen will, in einer Kulturlandschaft wie der deutschen. Einerseits wird die Buchpreisbindung für E-Books eingeführt, weil wir wissen: Das Kulturgut Buch ist wichtig. Zugleich aber wird mit der Fünf-Jahres-Regelung die Branche ohne Not in Gefahr gebracht. Der Entwurf der Novellierung des Urheberrechts sah vor, dass die Rechte nicht 70 Jahre nach dem Tod ablaufen, sondern schon nach zehn Jahren, aber der Gesetzgeber sagt, diese zehn Jahre sind zu lang oder sind zu rigide, wir machen einen Kompromiss mit fünf Jahren. Keiner findet das gut. Was passiert denn nach fünf Jahren? Wem stehen beispielsweise die Titelrechte am Buch zu, wenn Juli Zehs Erstlingswerk dann bei uns erscheint? Eigentlich dem Schöffling-Verlag. Aber erscheint das Werk bei uns dann unter einem anderen Namen? Was ist bei Übersetzungen? Was passiert, wenn das Hauptrecht zurückgerufen wird, aber die Übersetzung verbleibt beim alten Verlag? Dann hat der Übersetzer keinen Vorteil, der kriegt nichts mehr. Das ist in keiner Weise durchdacht, diese fünf Jahre. Man kann damit leben. Ich kann wahrscheinlich besser damit leben als die meisten

Autoren. Vielleicht auch besser als Sie, Herr Sundermeier. Können Sie damit gut leben?

SUNDERMEIER: Ich möchte einen Schritt zurückgehen, und zwar auf beiden Seiten und rede jetzt sozusagen als Verleger wie als Urheber. Ich habe meine eigenen Bücher ja in anderen Verlagen publiziert, das heißt ich habe auch deren Verträge gesehen und unterschrieben, wenn auch nicht immer den ersten Entwurf – ich kann sie halt lesen.

GRÖSCHNER: Aber nicht alle von uns können das.

SUNDERMEIER: Ich weiß, das ist auch schwierig. Bei einem Anthologiebeitrag habe ich auch einmal bei einem Verlag angerufen und gesagt: »Ihr wisst schon, dass ich das lesen kann?« Da hieß es dann: »Herr Sundermeier, ganz aus Versehen haben wir Ihnen einen ganz alten Vertrag zugeschickt.« Allerdings waren die E-Book-Rechte auf dem neuesten Stand, so alt kann der Vertrag also nicht gewesen sein! Was die genannte Novellierung des Urheberrechts betrifft, finde ich einen Hintergedanken dieses Entwurfs schwierig, und zwar sowohl als Urheber als auch als Verwerter. Die Verlage, die Verwerter allgemein, können nichts anderes sein als böse Drachen, die alles fressen. Das muss man sich so vorstellen wie bei Tolkiens »Herr der Ringe«. Und auf der anderen Seite sind lauter unschuldige kleine Frodos, die diesen Drachen wehrlos ausgeliefert sind, weil sie nicht selbst entscheiden können. Es gibt momentan eine Rechtstendenz in Deutschland, ganz vielen Leuten gegenüber bevormundend einzugreifen. Ich sehe da die Freiheit der Beteiligten ein bisschen in Gefahr. Ich möchte aber noch auf einen anderen Punkt hinaus: Es gibt ja sehr viele, und Sie sagen das ja auch, Herr Dresen, zeitlich begrenzte Verträge. Ich muss zugeben, als Verleger tue ich mich am Anfang auch immer ein bisschen schwer mit denen. Aber bis jetzt habe ich, und Sie können alle

Autorinnen und Autoren fragen, die von uns in größere Verlagshäuser gewechselt sind, immer gesagt: »Mach es!« Es ehrt mich, dass Leute lange überlegen, aber ab einem gewissen Grad Vorschusshöhe können wir nicht mehr mitspielen. Das ist einfach so. Das Irritierende bei diesem Vertragsentwurf ist eben dieser Hintergedanke, Ulrike Almut Sandig hat bereits darauf hingewiesen, dass es eine natürliche Feindschaft zwischen Verlag und Autor gibt. Da finde ich die Leistung meiner Lektoren nicht gewürdigt, und auch als Urheber sehe ich das nicht anders. Meine Bücher wären nicht so wie sie sind, wären sie nicht lektoriert worden von Leuten, die es können. Ich glaube, ich bin selbst kein schlechter Lektor. Für meine eigenen Texte habe ich aber auch die Mitarbeit fremder Lektoren nötig. Es gibt sicherlich Autoren, bei denen als Lektor nicht mehr viel zu tun ist. Aber wir kommen, glaube ich, gerade an einen gefährlichen Punkt: Ich weiß, dass Verlage darüber nachdenken, dieses Lektorat mit Hilfe des Leistungsschutzrechts zu schützen. Und damit ist tatsächlich dann in jeder Hinsicht die Rolle der Autorin und des Autors massiv gefährdet. Und wenn man dann noch weiterdenkt, wem gehört denn jetzt eigentlich der Titel? Dann sage ich, der Titel hat gefälligst der Autorin oder dem Autor zu gehören, auch wenn er nicht vom Autor stammt, sondern im Verlag gefunden wurde, wir kennen ja einige historische Beispiele. Also wenn man als Verlag auf diese Weise in die Werke eingreift, wird es haarig. Ich glaube, dass wir momentan in einer schwierigen Situation sind. Trotz vieler Einigungen, die es in den letzten Jahrzehnten gegeben hat, sowohl von der Seite der Autorinnen und Autoren als auch von der der meisten Verlage, die sich beweglich gezeigt haben, gibt es jetzt wieder so ein Klima des Misstrauens. Zum ersten Mal ist es aufgetaucht, als es die große E-Book-Selfpublisher-Welle gab. Als es plötzlich hieß, dass Autorinnen und Autoren keine Verlage brauchen und Verlage eigentlich auch keine Autorinnen und Autoren, sondern nur Textzulieferer. Das wurde immer stärker aufgebauscht.

Es ist ein Phänomen, dass diese Feindschaft als gegeben angenommen wird. Ich war vor kurzem bei der Staatsministerin für Kultur, in so einer Verwerterrunde. Wir wurden dort angehört, und es war interessant zu sehen, dass die wirklich redlichen Politikerinnen und Politiker vom Kulturausschuss einfach gar nicht wussten, was wir machen. Sie denken, Verlage kriegen irgendwelche Texte, formatieren sie, das Wort »Formatierer« als Synonym für Verleger ist da gefallen, schieben sie auf den Markt und versuchen in den Verträgen, die Autorenrechte in Grund und Boden zu drücken. Ich muss da an der Stelle sagen, vielleicht sieht es bei Ihnen, Herr Dresen, bei Random House, besser aus, aber wenn wir als Verlag 10 % pro Buch bekommen würden, ginge es uns wesentlich besser. Aber das schaffen wir nicht. Wenn ich alle Kosten abgezogen habe, bin ich nicht bei 10 %, die ich andererseits aber der Autorin oder dem Autor vertraglich einräume. Und das finde ich dann schon schwierig, weil ich diese Selbstausbeutung hasse. Aber es passiert oft genug. Ich finde, wir müssen in diesem Feld noch einmal ganz klar von zwei Sachen reden: Beide Seiten sind nicht unschuldig, die Autorinnen und Autoren historisch gesehen vielleicht ein bisschen weniger als die Verlage. Beide Seiten sind nicht unmündig. Und beide Seiten brauchen einander. Und ich glaube, diese drei Sachen muss man einfach wieder in die Debatte zurückbringen.

GRÖSCHNER: Bei diesem Entwurf über die Novellierung des Urheberrechts ist das Problem, dass die Sammelbezeichnung Verlag ja – Regula Venske hatte darauf schon hingewiesen – sehr verschiedene Arten von Verlagen umfasst, also ein Zeitungsverlag ist etwas vollkommen anderes als ein Buchverlag. Wenn ich sehe, was ich von den Zeitungsverlagen für meine Texte bekomme und wie die Generalverträge aussehen, die man bei einigen unterschreiben soll, bei denen ich meine Rechte für die Dauer des gesetzlichen Urheberrechtes abgebe – und wenn ich Pech habe, noch für die Nutzungsrechte zahlen soll, wenn ich den Text noch einmal woanders veröffentliche –, dann ist das natürlich etwas, wo ich sage, da finde ich die Fünf-Jahres-Regel in Ordnung. Bei Buchverlagen ist es wieder etwas anderes, aber ich sehe zunehmend, dass wir auch dort Verträge nicht mehr unterschreiben können, ohne Agenten oder Juristen mit der genauen Prüfung zu beauftragen, weil wir sonst Sachen unterschreiben, deren Tragweite für unsere Existenz wir gar nicht erfassen. Zum Beispiel: In einem meiner frühen Belletristik-Verträge habe ich den Fall, dass der Vertrag für die Dauer des gesetzlichen Urheberrechts gilt, also wenn ich längst tot bin und der Verlag wahrscheinlich auch nicht mehr existiert. Bisher war es so, dass ich mir, wenn das Buch nicht mehr lieferbar war und eine weitere Auflage nicht vorgesehen, die Rechte dafür zurückgeholt habe. Jetzt aber liegt mir ein E-Book-Vertrag vor, der ebenfalls für die Dauer des gesetzlichen Urheberrechts gelten soll. E-Books jedoch sind unendlich lieferbar, die muss niemand nachdrucken, die Rechte fallen nicht an mich zurück.

DRESEN: Sie können einfach Nein sagen.

DE LA DURANTAYE: Wenn die Alternative ist, ich bin gar nicht im E-Book vertreten oder lebenslang, dann ist das schon ein Problem.

DRESEN: Sie können doch Ihre Rechte zurückrufen. Das Hardcover-Recht rufen Sie zurück, das Taschenbuch-Recht rufen Sie zurück und das E-Book-Recht lassen Sie bei Ihrem Verlag. Was spricht dagegen? Niemand zwingt Sie.

VENSKE: Man kann ja das E-Book auf fünf Jahre begrenzen.

DRESEN: Geht alles.

VENSKE: Ich würde gern noch einmal an Jörg Sundermeier anknüpfen, weil mir die Beschreibung und Problematisierung der Feindschaft zwischen Urhebern und Verlagen sehr eingeleuchtet hat. Man sollte unterscheiden, wo die Interessen gleich und wo sie verschieden sind. Deshalb möchte ich unser Gespräch noch einmal auf eine andere Ebene bringen und noch mal ein paar Jahre zurückgehen. Wann haben wir als PEN damit begonnen, uns mit Urheberrecht zu beschäftigen? Der Auslöser war, dass die Grünen 2011 einen Gesetzentwurf auf ihrem 33. Parteitag in Kiel verhandeln wollten, in dem stand, dass das gesetzliche Urheberrecht fünf Jahre nach dem Tod des Autors erlöschen solle. Was Sie sagten, Herr Sundermeier, dass die Politiker oft keine Ahnung haben, was Verlage und Verleger machen und wie prekär Autoren leben, dieses Wissen war bei den Grünen auch nicht sonderlich ausgeprägt, obwohl das die Partei ist, die von vielen Autoren gewählt wird. Bei den Grünen war die Haltung offenbar, dass wir alle von Merchandising leben, also sozusagen von mit unseren Texten bedruckten Kaffeetassen, und nicht von den Büchern. Da herrschte eine solche Unkenntnis, die uns regelrecht aufgerüttelt hat. Und in der ersten Resolution auf der Jahrestagung des PEN 2013 ging es ganz klar um einen Appell an die Politiker, zu gucken, was genau Autoren brauchen und das zu gestalten und nicht unbedarft irgendwelche autorenfeindlichen Vorstellungen zu äußern. Denn ein Erlöschen des Urheberrechts fünf Jahre nach dem Tod, das würde ja bedeuten, dass die Verlage bei einem älteren Autor denken: Das lohnt sich gar nicht mehr, bald stirbt er eh, und dann können wir das alles umsonst drucken. Das wäre ja völlig indiskutabel. Das also war der Ausgangspunkt. Ich würde aber gerne noch über eine andere Sache reden. Wir erleben ja im Moment eine Situation eines globalisierten Kapitalismus, in der sich die Gesellschaft grundlegend umgestaltet. Uns kann eigentlich nur in alle Richtungen schwindlig sein. Und vor diesem Hintergrund sehe ich noch eine andere Feindschaft, die geschürt worden ist und geschürt wird, und das ist die angebliche Feindschaft zwischen Konsument und Kulturschaffendem. In der Netzgemeinde wird suggeriert, es gebe eine Feindschaft zwischen Publikum und Urhebern. Das finde ich beinahe noch die fatalere Geschichte. Verlage und Autoren können sich ja eher an einen Tisch setzen und verständigen. Letztendlich weiß man, was der andere macht und kann dann sagen, dieser Gesetzesentwurf müsste da oder da modifiziert werden, in welche Richtung auch immer. Aber diese Behauptung, wir Urheber seien publikumsfeindlich, bloß weil wir Geld dafür haben wollen, wenn man uns im Internet anklickt, das ist gesellschaftlich das Thema, das mich viel mehr bewegt. Und damit verbunden die Enteignung, die stattfindet durch die international aufgestellten Großkonzerne wie Google, Amazon, Facebook und Apple, das sind ja die eigentlichen Gewinner bei dem Ganzen. Das ist ja eine enorme Usurpation von kreativen Leistungen. Darin sehe ich die eigentliche Gefahr.

DE LA DURANTAYE: Ich bin auch kein Freund dieses Rückrufsrechtes, um es nur kurz zu sagen. Ich verstehe Ihre Sorge. Mein Kritikpunkt wäre, dass die Urheber sich stärker in die öffentliche Diskussion einbringen müssen. Genauso, wie die Politiker nicht wissen, was die Verlage tun, wissen viele Menschen auch nicht, wie viel Arbeit eigentlich in der Produktion von Texten steckt.

VENSKE: Wenn man den Wasserhahn aufdreht, kommt das Wasser aus der Leitung, wenn ich das Radio aufdrehe, kommt da eine Musik raus, und wenn ich ins Internet gehe, sind da schöne Bücher – so ließe sich diese Konsumentenhaltung beschreiben.

DE LA DURANTAYE: Das Problem ist, dass diese online frei zugänglichen Werke, die gebloggt werden, oder sonstige Werke, die man schnell schaffen kann und bei denen es den Urhebern um etwas anderes geht, als den Lebensunterhalt direkt damit zu bestreiten, öffentlich inzwischen als das Modell dessen erscheinen, was urheberrechtliche Werke sind. Dagegen kann man nur durch Aufklärung angehen. Ich habe den Eindruck, dass diese ganze Diskussion daran krankt, dass alles so vereinfacht wird und die Urheber mit anderen Rechteinhabern, mit den Verlagen und sonstigen Verwertern, in eine Box geworfen werden. Keiner der Leser hat etwas davon, wenn es am Schluss keine Autoren mehr gibt. Die Verlage haben auch nichts davon, wenn keiner mehr Werke liest. Letztlich handelt es sich um ein System, das eigentlich symbiotisch ist und wo alle miteinander zusammenhängen. Zwar wäre es falsch so zu tun, als ob es keine Friktionen gebe und alles perfekt funktioniere. Davon unbenommen aber ist es wichtig zu sehen und darüber zu reden, dass alle voneinander abhängig sind. Die Diskussion über das Urheberrecht dagegen wird auf eine sehr laute, polarisierende Weise geführt. Es ist einfacher, Sachverhalte zu reduzieren als Komplexitäten zu zeigen, und im Moment wird sehr viel reduziert. Die Politiker lassen sich nicht die Zeit, oder sind zu stark in Lobbygruppen aufgestellt, um dieses komplexe System darzustellen, in seinen Feinheiten wie Unterschieden. Die Lektoratsarbeit in der Belletristik ist sehr intensiv. Ich komme aus dem wissenschaftlichen Bereich, dort werden die Texte exakt so veröffentlicht, wie ich sie hinschicke. Da guckt keiner drüber. Die werden mit jedem Kommafehler, den ich mache, veröffentlicht, und Honorar bekomme ich auch nicht. Gut, mich bezahlt der Staat ohnehin, aber das bringt mich wieder zurück zu diesem Punkt: Das Urheberrecht regelt einfach sehr viele unterschiedliche Dinge. Und hier sind wir nur im Schriftbereich. Was ist dann erst mit Multimediawerken, mit Computerprogrammen und all den anderen Sachen? Dies eingedenk, versteht man sofort, warum das System nicht überall reibungslos funktioniert.

SANDIG: Ich glaube, wir sind uns einigermaßen einig, dass wir tatsächlich Angst davor haben, dass gewisse Internetkonzerne uns den kulturellen Saft abdrehen, indem sie sich auf frei werdende und noch nicht einmal frei seiende Werke setzen. Mich würde es tatsächlich interessieren, was ein Konzern wie Amazon konkret dazu sagt, und nicht nur in der Presseerklärung. Tatsächlich mal jemandem von denen gegenüber zu sitzen, das wäre für mich spannend. Aber wir Autoren haben letztlich auch unsere eigenen Themen und würden lieber unsere Zeit damit zubringen, unsere eigenen Bücher zu schreiben, weil das unsere Arbeit ist.

DE LA DURANTAYE: Aber Ihre Arbeit ist auch, Verträge zu unterschreiben. Sie haben gesagt, Sie sind alle mündige Teilnehmer. Es ist unangenehm, Verträge zu lesen. Aber das ist nun einmal auch Teil der Arbeit.

SANDIG: Es ist der unangenehmere Teil, aber genau deswegen sitze ich ja auch hier. Ich gehöre zu den Autoren, die fest davon überzeugt sind, dass es ohne Literaturagenten gehen kann und eigentlich auch gehen muss. Ich denke, wir sollten in der Lage sein, diese Verträge selbst durchzuackern. Ich gehe meinem Verlag regelmäßig auf die Nerven, weil ich ständig in der Lizenzabteilung anrufe und Erklärungen haben und mich damit auseinandersetzen will. Aber ich denke, da sind die Autoren verschieden. Für mich war auch der genannte 33. Parteitag der Grünen 2011 in Kiel eine Zäsur. Auf einmal wurde es salonfähig, über so etwas wie eine Kultur-Flatrate zu reden. Ich kann mir gut ausrechnen, dass ein Monatsbeitrag für jeden unheimlich hoch sein müsste, damit die Urheber tatsächlich etwas davon abbekämen. Diese Debatte hat die öffentliche Wahrnehmung verändert. Irgendwann stellte ich fest, dass es unter akademisch gebildeten, buchfreundlichen Menschen in meiner Generation so eine schwammige Haltung gibt, die Verlage erst einmal grundsätzlich zu kritisieren, weil die auf den Rechten sitzen, auch die Radiosender sitzen auf den Rechten für Hörspiele, man kommt da schlecht ran. Das ist der Punkt, an dem wir als Autoren aufpassen müssen, uns nicht im Gegenzug anstecken zu lassen. Also dass man nicht vor lauter Aktionismus, die Urheber zu stärken, plötzlich Sachen verschärft, die uns Autoren zum Nachteil gereichen.

SUNDERMEIER: Ich möchte nochmal ganz provokant einsetzen: Ich wäre sofort dafür das gesamte Urheberrecht fallen zu lassen, wenn vorher das Patentrecht fällt! Glauben Sie mir, in dem Augenblick ziehen sich alle amerikanischen Lobbygruppen sofort zurück, wenn es darum geht, dass ich alle Software-Quellcodes frei bekommen kann.

PUBLIKUM: Sie machen ein Spiel auf, das Sie nur verlieren können!

SUNDERMEIER: Ich mache das Spiel ja nicht auf, weil mir niemand zuhören würde, wenn ich das forderte.

VENSKE: Es stimmt, dass wir als Urheber mit denen in einen Topf geworfen werden, die die Kartoffelsorte Linda verbieten wollen, weil sie ihre neuen Kartoffelsorten auf den Markt bringen möchten. Das ist ein Teil der Probleme.

SUNDERMEIER: Das ist ein bisschen das Denken dahinter. Es gibt noch einen anderen Punkt, auf den ich hinaus wollte. Ulrike Almut Sandig hat eben schon darauf hingewiesen und ich möchte es noch verschärfen: Es gibt ein Riesenproblem mit der Politik, die verwechselt nämlich Kunst und Bildung. Permanent. Wenn sie beispielsweise ein Kunstfestival machen, denken sie immer, wir brauchen jetzt noch eine Hip-Hop-Band aus dem Ghetto, auch wenn es eigentlich um Malerei gehen soll. Sie denken, sie müssen die Leute mitnehmen, und je mehr es in Richtung SPD, Grüne oder Linke geht, desto schlimmer wird das. Am Ende ist dann manchmal die Kunst ganz weg, was mich als links denkenden Menschen oft sehr traurig macht. Ich möchte aber noch auf einen anderen Aspekt zu sprechen kommen, denn ich glaube, diese Debatte, dass die Urheber angeblich die Leser betrügen, kommt aus ein und derselben Ecke. Lawrence Lessig, der Obama bei seiner ersten Wahl beraten hat, ein amerikanischer Jurist, der sehr harsch gegen das bisherige amerikanische Urheberrecht vorgehen will, hat bei einem Vortrag hier in Berlin immer wieder gesagt: »Was auf keinen Fall passieren darf, ist, dass wir das Urheberrecht so abschaffen oder unmöglich machen, dass am Ende, und das wird dann nämlich folgen, ein gewisser Teil des öffentlichen Erbes, auch der Wissenschaft, plötzlich auf gewissen Servern liegt.« Dann wird garantiert ein Torhüter davor gestellt und den muss man bezahlen. Google wird das exakt in dem Augenblick machen, wo sie genügend Bibliotheken eingescannt haben. Facebook arbeitet an seinen eigenen Textprogrammen und so weiter und so fort. Die Art und Weise, wie die zum Teil mit dem Urheberrecht umgehen, ist schlimm und traurig und passiert ganz ohne Lobbyisten, weil die Haltung der User sich geändert hat. Die machen alles mit und die Konzerne wähnen sich in Unschuld.

DRESEN: Frau Venske, Sie sprachen im Zusammenhang der Novellierung des Urheberrechts von der Globalisierung und von der Digitalisierung. Aber dieser Gesetzesentwurf enthält keine einzige Regelung zur Verbesserung der Situation, da geht es gar nicht um Globalisierung oder Digitalisierung, da geht es um die Mindestvergütung für Autoren. Das ist eine wunderbare Idee, das steht im SPD-Parteiprogramm. Dafür ist diese Partei auch gewählt worden und damit kann man sich in der heutigen Zeit wunderbar beschäftigen. Autoren können das gut oder schlecht finden. Verlage können es gut oder schlecht finden. Aber es ist keine Regelung, die sich mit Globalisierung oder Digitalisierung beschäftigt. Gestern sagte Bundesjustizminister Maas auf einer Tagung der Industrie: »Wir müssen das Urheberrecht an die Digitalisierung anpassen.« Aber wer hat ihn denn davon abgehalten? Es wäre mir persönlich wichtiger als dieser Referentenentwurf, den wir jetzt seit Wochen und Monaten mit Lobbyisteneinsatz bearbeiten. Während wir hier sprechen, bekam ich zwei Mails, eine vom Börsenverein – was da lobbyistisch gerade passiert, wer sich mit dem Minister gerade getroffen hat, was er zum Thema VG Wort sagt. Die andere ist von Bertelsmann, die sich mit dem Minister unterhalten, ein Lobbyisteneinsatz, den ich persönlich noch nie erlebt habe. Amazon lacht sich doch tot über die wahnsinnigen Deutschen. Während die die Weltmacht übernehmen, beschäftigen wir uns mit der Mindestvergütung für Autoren. Sie fragten gerade, wie Amazon tickt, Frau Venske. Ich habe ab und zu mit denen zu tun. Die sind irgendwie anders als wir. Die haben keinen Bezug zu Büchern. Der Gründer Jeff Bezos war ja sehr ehrlich. Er wurde gefragt, warum er vor zwanzig Jahren ausgerechnet Bücher als Produkt gewählt habe. Da sagte er: »Ganz einfach, ich brauchte irgendetwas, was sich versenden lässt, was sich computergemäß steuern lässt und wo die Käufer das Vertrauen haben, dass man das über die Post verschicken kann.« Die Bücher waren nur ein Produkt, das sozusagen die Haustür geöffnet hat. Das heißt, Amazon hat an Büchern null Interesse. Andererseits sind die extrem clever. Ich bin immer wieder überrascht, wie treffsicher die meinen Geschmack herausfinden. Computer können so etwas. Computer können aber nicht aus dem Heer der unbekannten Bücher die herausfinden, die verkaufsträchtig sind. Das können wir im Verlag. Das können die kleinen Verlage noch besser als die großen. Und deshalb ist es gut, dass es die kleinen gibt, die Bücher groß machen, das kann Amazon noch nicht. Dieses neue Gesetz nimmt Amazon die Arbeit ab, weil die sich sagen, macht ihr, die traditionellen Verlage, mal eure Lektoratsarbeit, macht die Bücher groß, und nach vier Jahren kommen wir und holen uns die, die gut sind. Dieses Gesetz tut kein bisschen was, um die Globalisierung, Digitalisierung abzumildern, im Gegenteil, Amazon wird indirekt gestärkt, ohne dass es lobbyistisch nötig wäre. Das finde ich faszinierend, dass das keiner so richtig sieht. Genauso faszinierend finde ich, dass wir uns um dieses Urheberrecht kümmern, während am 10. März die VG-Wort-Geschichte vor dem Bundesgerichtshof verhandelt wird, diese Klage des Autors Martin Vogel, der sagt, die Ausschüttungen an die Verlage für Kopien- und Bibliotheksnutzung sei illegal. Das soll bestätigt werden und kostet die Verlage Millionen. Jedes Jahr haben die Verlage 60 Millionen aus dieser Ausschüttung bekommen. Letztes Jahr bekamen sie nichts. Wir müssen die letzten drei Jahre wahrscheinlich zurückzahlen und auf absehbare Zeit wird dann nichts mehr ausgeschüttet. Das ist eine Bedrohung der Verlage und indirekt der Autoren, über die man nicht so richtig spricht, weil die so komplex ist.

VENSKE: Ich würde gern noch ein paar Worte sagen zu dem, was uns im PEN wichtig ist. Unter dem Suchbegriff »Urheberrecht« kann man im Internet auf der Homepage des PEN Deutschland mehrere Resolutionen zum Thema Urheberrecht nachlesen, die wir verabschiedet haben. Auf diese Resolutionen möchte ich gerne noch ein paar Schlaglichter werfen, darunter drei Plädoyers für ein starkes Urheberrecht, die wir letztes Jahr in Magdeburg auf der Jahrestagung verabschiedet haben. Erstens geht es uns darum, das Urheberrecht und das Grundrecht freier Meinungsäußerung in einem schützenswerten Zusammenhang zu sehen, denn das ist ja unser eigentliches Thema: die freie Meinungsäußerung. Zweitens: Urheberrecht ist nicht das gleiche wie Copyright. Das geht auch auf internationalen Konferenzen durcheinander, weil Urheberrecht mit Copyright übersetzt wird. Dahinter steckt aber ein ganz anderer systematischer und philosophischer Ansatz. Das soll sich ergänzen, aber das eine soll nicht das andere dominieren. Und drittens: Maßstab für eine etwaige Weiterentwicklung des Urheberrechts sollten nicht die Politik, Unternehmen oder Nutzerinteressen sein, sondern die Interessen der Produktiven. Um Bertolt Brecht zu zitieren: »Wer baute das siebentorige Theben?« Wer also produziert diese kulturellen Werte, Inhalte, diesen sogenannten Content. Herr Dresen, ich weiß, dass Sie das Wort »Verwerter« schrecklich finden. Das geht mir ganz genauso. Und »Content« ist auch so ein Unwort. Wir haben als PEN einige Forderungen erhoben, auf einige möchte ich kurz hinweisen. Konkrete Forderungen an den deutschen Gesetzgeber sind derzeit die Stärkung und der Erhalt der solidarischen urheberorientierten Verwertungsgesellschaften. Des Weiteren ist uns die Durchsetzung der Rechte der Urheber und ihrer Partner gegenüber Internetpiraterie ein wichtiges Thema. Dazu muss aber auch gesagt werden: Es geht uns nicht darum, den kleinen Hartz-4-Empfänger, der sich da mal was runterlädt, mit Strafanzeigen zu überschütten, sondern es geht um die Piraterie, die im großen Stil mit großem Gewinn ausgeübt wird. Ein kleines Beispiel dafür ist die Pflicht zur Geräteabgabe für elektronische Privatkopien bei Handy- und Tablet-Herstellern, so wie es das bei anderen Geräten längst gibt. Einen weiteren Punkt möchte ich noch kurz erwähnen – auch weil vorhin gesagt wurde, dass Kultur und Bildung oft in einen Topf geworfen werden –, nämlich die Schulbuchrechte und auch das E-Lending in Bibliotheken. Das ist wieder etwas, bei dem wir Autoren uns lange Zeit solidarisch mit anderen Berufsgruppen erklärt haben und immer noch erklären, aber von diesen dann schmählich im Stich gelassen wurden, nämlich den öffentlichen Bibliotheken. Auf wie vielen Podien habe ich unbezahlt gesessen, um mich für den Erhalt der Öffentlichen Bücherhallen in Hamburg einzusetzen! Und jetzt kommen die Bibliotheken und sagen, sie wollen unsere E-Books unhonoriert verleihen dürfen. Da muss die Politik eine Regelung finden, und die Unterstützung der Bibliotheken darf nicht auf Kosten der Autoren gehen, dafür muss die Gemeinschaft dann bezahlen. Ferner ist uns ein wichtiges Thema, dass es eine übergreifende Generalklausel bei TTIP und CETA zum ausdrücklichen Schutz von Kultur und Medien gibt. Das können Sie im Internet nachlesen, da hat sich sehr viel getan, das ist ja ein sehr viel größeres und komplexeres Thema als das, was wir heute ansprechen können. Zum Stichwort TTIP und Amazon: Wir haben vom deutschen PEN aus auf der internationalen PEN-Tagung, die im Oktober 2015 in Quebec stattgefunden hat, eine Resolution einbringen wollen des Inhalts, dass auch in den USA Amazon nicht diese Monopolstellung bekommen darf, die es sich aufbaut, sondern es weiter einen Wettbewerb zwischen den verschiedenen Verlagen geben muss. Das gleiche beim Buchhandel. Diese Monopolstellung Amazons wollten wir problematisieren. Aber es war sehr mühselig, mit den Kollegen eine gemeinsame Sprache zu finden. Dieser Unterschied zwischen Urheberrecht und Copyright ist auch für amerikanische Autoren schwer zu begreifen.

Und dann TTIP. Da werden wir gefragt, wieso man in Europa gegen Free Trade sei. Wenn man dann sagt, bei Free Trade geht es ja gerade nicht darum, dass da eine Freiheit gefördert wird, sondern bestimmte Interessen gefördert werden und sich die Schere zwischen Arm und Reich weltweit weiter auftut, dann ist das für viele Kollegen unverständlich. Ich habe versucht, zu erklären, was wir an kultureller Vielfalt hier in Europa schützen wollen. Da stellte ein amerikanischer Verleger die Gegenfrage, was denn an kultureller Vielfalt ein Wert sei. Es sei doch gerade gut, wenn das alles vereinheitlicht werde. Dann habe ich versucht, die Buchpreisbindung zu erklären, im privaten Gespräch bei einem Glas Wein, und dann war das Fazit einer amerikanischen Autorin und Kollegin: »Sounds like fascism to me.« Mir ist in dem Moment nichts mehr eingefallen. Wir haben schließlich unsere Amazon-Resolution zurückgezogen, weil klar war, das hätte eine Spaltung im Plenum gegeben. Es gab einen sehr guten

Kompromissvorschlag eines Kollegen, der aus Indien kommt, aber beim englischen PEN in London ist, der hat eine neue Resolution zu Amazon und anderen verfasst, mit der alle arbeiten können. Man muss bedenken, dass im internationalen PEN Autoren aus Ländern sind, in denen es nicht dieses gute Verlags- und Buchhandelsnetz gibt wie bei uns in Deutschland. Da ist dann Amazon oft die einzige Möglichkeit für Autoren, überhaupt ihre Bücher zu verbreiten. Alternativen gibt es nicht. Gerade um diese Alternativen geht es uns ja. Daher sammeln wir jetzt Beispiele für Zensur durch Amazon. Wenn Amazon in bestimmten Ländern bestimmte Texte zensiert, sei es, weil sie irgendwelche sexuellen Begriffe verwenden oder Homosexualität zum Inhalt haben und das in bestimmten afrikanischen Ländern strafbar ist, also wenn man Beispiele hätte, wo Amazon Bücher oder auch nur Auszüge zensiert, dann wäre das für uns im internationalen PEN sehr nützlich zu wissen.

Auf der Tagung des internationalen PEN 2015 in Quebec ist eine Resolution zum Thema »PEN International Principles on Authors' Moral Rights and Copyright« verabschiedet worden, die man auf der Seite des internationalen PEN nachlesen kann. Interessant fand ich, dass es vor Ort einen Artikel gab, der dann gestrichen wurde, der sich auf die freie Nutzung von Folklore, Mythen, Legenden und traditionellen Sprichwörtern bezog. Der damals noch amtierende internationale PEN-Präsident John Ralston Saul hatte ein Jahr zuvor ein Buch über die First Nations geschrieben, über die kulturelle Erbschaft der kolonisierten Völker. Unser europäisches Urheberrecht, auf das wir zu Recht stolz sind, hat ja immer nur für die Europäer gegolten; die reiche Kultur der Kolonien hat man gar nicht ernst genommen. Und da gibt es viele Beispiele der umstrittenen kulturellen Aneignung. Ein Beispiel: Da sind Musiker durch die Welt gereist und haben mit dem Tonbandgerät Musik Angehöriger von First Nations aufgenommen, die dann zunehmend frustriert gewesen sind, weil die Musiker im Westen daraus Werke gemacht haben, die Copyrightschutz genießen.

Und jetzt ist natürlich die Frage, wie soll man damit umgehen? Allein der Begriff Folklore ist eigentlich schon rassistisch. Das ist also gestrichen worden. Die internationalen Juristen im PEN arbeiten jetzt an einem neuen Passus. Also, das ist etwas, worüber wir auch noch selber nachdenken müssen. Und das erwähne ich vor allem, um zu zeigen, dass wir Autoren auch untereinander nicht immer einer Meinung sind. Aber es ist gut, wenn wir uns gegenseitig zuhören und da nicht immer zu schnell urteilen. Zuletzt noch eine Anmerkung zu Brecht und der ganzen Frage des Urheberrechts bis 70 Jahre nach dem Tod. Ich bin für mich zu dem Ergebnis gekommen, man sollte nicht etwas aufgeben, was man als Recht hat. Aber ich denke, dass man das trotzdem gesellschaftlich anders lösen muss. Die Frage ist, wann ist ein Werk »entstellt«? Wer entscheidet über die Entstellung? Man müsste Gremien haben, die das beurteilen, und es sollten nicht die Erben, die vielleicht mit ihrem Urgroßvater nichts zu tun hatten, entscheiden dürfen, was eine Entstellung ist.

GRÖSCHNER: Vielen Dank für die Einblicke in die komplizierte Materie und die Diskussionen auf internationaler Ebene, auf die wir aus Zeitgründen gar nicht im Einzelnen eingehen können. Zu dem, was du zuletzt angedeutet hast. Das ist interessant, dass du das sagst. Im Rahmen der Brecht-Tage gab es auch eine Veranstaltung, in der es darum ging, was passiert, wenn die Werke Brechts frei werden, was haben wir da überhaupt für Ideen? Da waren drei freie Theatergruppen mit ihren Konzepten da. Der Kurator der Veranstaltung war hinterher bei Deutschlandradio und hat über den Abend gesprochen und den Vorschlag gemacht, dass die Erben Tantiemen kriegen, aber nichts mehr zu sagen haben. Stattdessen sollten, wie er meinte, Räte oder Kommissionen entscheiden, wie weit ein Eingriff gehen kann. Da ist die Frage, wer sind dann diese Gremien? Wie sind die Räte zusammengesetzt? Wer entscheidet? Das kann natürlich auch nach hinten losgehen.

VENSKE: Diese Kommissionen müssten mit Vertretern aus verschiedenen kulturschaffenden Bereichen besetzt werden, aber gut, das ist ein weites Feld. Ich wollte es nur als Beispiel anführen. Ich würde gerne über andere Modelle nachdenken. Die Juristen haben immer die Aufgabe, etwas in Form zu bringen und Ordnung in die unübersichtliche Materie zu bringen. Dem gegenüber möchte ich nochmal mit Brecht sprechen, der den Sozialismus nicht als »große Ordnung«, sondern die »große Produktion« bezeichnet hat. Genau darum geht es uns Autoren immer, um die große Produktion. Was ermöglicht uns, produktiv zu sein? Das ist auch der Anlass, über Urheberrecht nachzudenken. Nicht um Ordnung zu schaffen und etwas in Kästchen zu packen, sondern zu überlegen, was größtmögliche Produktivität ermöglicht.

GRÖSCHNER: Katharina, kannst du etwas dazu sagen, wie das international ist? Es gibt je nach Land eine unterschiedliche Dauer von Urheberrechten. 70 Jahre sind ja wahrscheinlich nicht überall üblich.

DE LA DURANTAYE: Das stimmt, das ist nicht überall so. Aber innerhalb der EU ist die Schutzfrist inzwischen vereinheitlicht und auch die USA verfügen über eine Schutzfrist von 70 Jahren nach dem Tod des Autors. Um zu erklären, wie es dazu kam, gehe ich noch einen Schritt zurück. Es gibt einen völkerrechtlichen Vertrag, der aus dem 19. Jahrhundert stammt und ursprünglich von sieben kontinentaleuropäischen Nationen unterzeichnet wurde, dem inzwischen aber 175 Länder beigetreten sind. In diesem völkerrechtlichen Vertrag wird festgesetzt, dass das Urheberrecht bis 50 Jahre nach dem Tod des Autors gelten soll. Das ist die Revidierte Berner Übereinkunft (RBÜ). Im Grunde könnten wir von 70 auf 50 Jahre heruntergehen, das wäre völkerrechtlich möglich. Fünf Jahre nach dem Tod des Autors, wie Sie es, Frau Venske, als Forderung der Grünen erwähnt haben, ginge nicht, ohne das Völkerrecht zu ändern.

PUBLIKUM: Der jeweilige nationale Verbund legt für die Publikationen in seinen Grenzen die Dauer des an die Urheberschaft gebundenen Rechts fest. Das war zwischen Ost- und Westdeutschland eine Zeitlang different. In der DDR, wo ich gelebt habe, waren das 50 Jahre, und als es in der Bundesrepublik auf 70 Jahre verlängert wurde, wurde das in der DDR nicht mitgemacht. Davon haben wir profitiert. Ich persönlich auch.

DE LA DURANTAYE: Ja, viele haben davon profitiert. Es war tatsächlich so, dass die Bundesrepublik das Land in der EU war, das die längste Schutzfrist hatte. Ab einem bestimmten Punkt hat die Europäische Kommission gesagt, es sei eigentlich ein Handelshemmnis, wenn die urheberrechtlichen Schutzfristen unterschiedlich sind. Also lasst uns die vereinheitlichen. Und wie könnten wir sie am einfachsten vereinheitlichen? Indem wir die längste Schutzfrist nehmen, also 70 Jahre. Das führte dann unmittelbar zu einer Diskussion in den USA, die mit der längeren Schutzfrist der Europäer für ihre Autoren gleichgezogen haben. So ist diese Verlängerung der Schutzfrist eigentlich von Deutschland exportiert worden.

VENSKE: Es ist ja auch sinnvoll, dass man sich nicht auf den kleinsten gemeinsamen Nenner einigt. Wenn es angeglichen wird international, wäre es ja fatal, wenn die schon entwickelteren Rechtssysteme sich auf die unteren Stufen zurück begeben, auf die jener Länder, wo der Schutz weniger gut ist.

DE LA DURANTAYE: Da möchte ich Ihnen widersprechen. Wenn man sich anguckt, wie viele Werke 50 Jahre nach dem Tod des Autors noch Geld einbringen, dann sind das weniger als 2%. Die meisten sind nicht profitabel. Es gibt sehr viele Werke, bei denen man die Rechteinhaber nicht herausfinden kann. Da kann man die Rechte nicht klären. Das bedeutet, das sind Werke, bei denen keiner von der Schutzfrist profitiert. Eine lange Schutzfrist klingt erstmal toll. Ich würde es auch gerne sehen, wenn meine Erben möglichst lange von meinem Werk profitieren.

VENSKE: Wenigstens die, wenn man schon selber nicht zu Lebzeiten davon profitiert!

DE LA DURANTAYE: Aber in ganz vielen Fällen ist der Verlag dann längst zusammengebrochen und die Erben sind über die ganze Welt verstreut. Man kann die Rechte dann nicht mehr klären, und das bedeutet für nachfolgende Urheber, dass sie diese Werke auch nicht kreativ nutzen können. Die sind für alle blockiert. Man kann sie nicht verlegen. Man kann sie nicht digitalisieren. Man kann sie nicht zugänglich machen. Das sind alles urheberrechtlich relevante Handlungen, und dazu braucht man die Zustimmung des Rechteinhabers. Wenn man aber den Rechteinhaber nicht kennt, dann kann man damit gar nichts machen.

VENSKE: Aber man findet doch oft in Anthologien im Impressum den Satz, dass in den und den Fällen der Rechteinhaber nicht ermittelt werden konnte, mit der Aufforderung, seine Ansprüche anzumelden. Also da gibt es doch Möglichkeiten.

SUNDERMEIER: Das ist die sogenannte salvatorische Klausel. Aber dazu muss man sagen, das ist, wenn ich es richtig verstanden habe, eine Lüge in die Tasche.

DE LA DURANTAYE: Genau.

SUNDERMEIER: Ich zeige damit guten Willen an, habe aber gegen geltendes Recht verstoßen.

DE LA DURANTAYE: Es ist noch schlimmer, denn eine vorsätzliche Urheberrechtsverletzung ist eine strafbare Handlung. Im Grunde zeige ich, dass ich vorsätzlich gegen das Urheberrecht verstoße, weil ich weiß, dass ich die Rechte nicht habe und es trotzdem mache. Das heißt, man verletzt nicht nur das Urheberrecht, sondern auch das Urheberstrafrecht. Das machen sich viele nicht bewusst.

VENSKE: Ist das denn schon durchexerziert worden?

DE LA DURANTAYE: Ein Beispiel, bei dem das zu großen Problemen geführt hat, ist die Digitalisierung der jüdischen Exilpresse. Das sind Zeitschriften aus der Zeit zwischen 1933 und 1945 gewesen, die mit viel Geld digitalisiert wurden und eigentlich der Forschung zugänglich gemacht werden sollten. Viele Forscher weltweit haben darauf gewartet, dass die Werke digital zugänglich gemacht werden, um nicht mehr in die Archive fahren zu müssen. Es gibt nun diese ganzen Digitalisate, aber die werden nicht zugänglich gemacht, weil die Deutsche Nationalbibliothek Sorge davor hat, dass sie verklagt wird. Die Gefahr ist vielleicht nicht furchtbar groß, aber öffentliche Institutionen tun sich zu Recht schwer damit, bewusst Urheberrechte zu verletzen. Sollen sie auch! Es kann nicht das System sein, mit dem wir leben wollen, dass wir alle das Recht bewusst verletzen, an den Punkten, an denen wir das Gefühl haben, es gefällt uns nicht so gut, und gleichzeitig für eine lange Schutzfrist sind. Ein bisschen ist das der Punkt, den Sie vorhin angesprochen haben, Frau Sandig, als Sie aufführten, dass man beim Rückrufsrecht immer gleich an die Situation denke, man schreibe einen wahnsinnigen Bestseller, bei dem dann der perfekte Verlag komme, um ihn ins Programm zu nehmen. Bei Ihren Werken ist die Chance, dass die 70 Jahre nach Ihrem Tod tatsächlich noch verlegt werden und Gewinn erbringen, die liegt nicht ...

VENSKE: Sprechen Sie es ruhig aus!

DE LA DURANTAYE: … nicht bei 100 %.

VENSKE: Ich könnte mir vorstellen, dass man das durchaus regeln kann. Also dass man eine salvatorische Klausel juristisch in einen Unterabsatz eines Paragraphen packen könnte. Öffentliches Interesse, und dieses und jenes. Also da wird man doch, denke ich, eine Lösung finden können. Ich traue den Juristen viel zu.

DE LA DURANTAYE: Es gibt jetzt auch eine Regelung, die das für bestimmte Fälle begrenzt. Entschuldigung, dass ich jetzt das Gespräch monopolisiere, aber ich möchte nochmal auf den Punkt kommen, dass es eine fragliche Entscheidung ist zu sagen, ich möchte eine ganz besonders lange Schutzfrist, die sich vielleicht für 2 % der Werke tatsächlich finanziell lohnt, aber für 98 % ein Problem schafft. Denn dann bedarf es einer Regelung, die diese 98 % wieder von dieser Regelung loseist. Die Alternative wäre, zu sagen: Okay, diese 2 % haben möglicherweise auch vorher schon irrsinnig viel Geld eingebracht, und 50 Jahre nach dem Tod des Autors ist dann eben Schluss, denn damit befreit man sozusagen 100 %. Die Erben von den 2 %, die haben natürlich das Nachsehen, aber die haben die Werke auch nicht selbst geschaffen und hatten 50 Jahre Zeit, um Geld damit zu verdienen.

PUBLIKUM: Man müsste grundsätzlich über das Erbrecht diskutieren, das ist ja das Furchtbare!

GRÖSCHNER: Viele von uns Autoren, vor allem die, die dem Erben eher kritisch gegenüberstehen, sind der Auffassung, unsere Kinder haben darunter gelitten, dass wir nie Zeit hatten, unterwegs oder geistig abwesend waren, und vor allem nie Geld hatten, so dass die wenigstens noch etwas davon haben sollen nach unserem Tod. Aber die Enkel haben damit nicht mehr viel zu tun. Ich würde gerne noch einmal das Thema wechseln und zu dem kommen, was im Zusammenhang der Brecht-Tage immer wieder Thema war. Ausgangspunkt war die »Dreigroschenoper« und die Urheberrechtsverletzung Brechts, die darin bestand, dass er dafür einfach Texte von François Villon in der Übersetzung von Karl L. Ammer verwendet hatte und deswegen verklagt worden ist. Eine weitere Frage war, wie man mit kollektiven Formen des Kunstproduzierens umgeht, die es ja zunehmend gibt, auch bezogen auf das Theater oder auf Performancegruppen. Wer ist da eigentlich der Rechteinhaber der erarbeiteten Stoffe? Und ferner: Wie gehen wir mit fremden Stoffen um, ohne Urheberrechte zu verletzen? Das betrifft ja viele von uns Autoren. Ich bin selber sehr viel damit befasst, weil ich mehrere Sachbücher gemacht habe, die nur aus Zitaten bestehen. Da ist natürlich immer die Frage, wo man Urheberrechte verletzt und wo nicht. Deswegen meine Bitte an Rainer Dresen, dazu noch etwas aus juristischer Sicht zu sagen.

DRESEN: Frau Gröschner, ich danke Ihnen für die Möglichkeit, zu dem Thema zu sprechen. Das ist auch nicht ganz so umstritten wie das Urheberrecht. Zu Beginn einige Zitate von renommierten Autoren. Zum Beispiel Johann Wolfgang von Goethe schrieb: »Was da ist, das ist mein [...] und ob ich es aus dem Leben oder aus dem Buche genommen, das ist gleichviel, es kam bloß darauf an, daß ich es recht gebrauchte!« Also auch Goethe war relativ frei, sich an fremden Inhalten zu bedienen. Aber auch Heinrich Heine. Er schrieb: »Beccaria ist todt und kann mich nicht mehr des Diebstahls anklagen. Ich werde systematisch auf den Gedankendiebstahl ausgehen.« Also auch bei Heine wenig Rechtsprobleme. Über Brecht haben Sie sich schon geäußert. Ganz interessant finde ich, dass Brecht für die Neuausgabe der Balladen von François Villon, derer er sich ja bedient hatte, ein Sonett beigesteuert hat, an dessen Schluss sich die bekannten zwei Sätze finden: »Nehm jeder sich heraus, was er grad braucht! / Ich selber hab mir was herausgenommen …« Das ist eine sehr elegante Art, damit umzugehen. Nun, es gibt ein Buch der Autorin U.D. Bauer, das heißt: »OT«, »Ohne Titel«. Dieses Buch besteht ausschließlich aus 2857 Fremdzitaten, die so elegant collagiert sind, dass sich daraus ein spannender Roman ergibt, mit 2857 Fußnoten. Kein einziger Autor wurde gefragt, keiner musste zustimmen. Es ist zulässig nach Grundsätzen, auf die ich nachher noch komme. Sich derart an fremden Werken zu bedienen, durch eine besondere, eigene, originelle Leistung der Autorin, die gar keine Autorin im klassischen Sinne ist, das ist bemerkenswert. Und womit beginnt dieses Buch? Mit einem Zitat von Brecht. Die erste Fußnote, der erste Satz des Buchs, gehört ihm. Es handelt sich um eine Geschichte vom Herrn Keuner mit der Überschrift »Originalität«: »Heute, beklage sich Herr K., gibt es Unzählige, die sich öffentlich rühmen, ganz allein große Bücher verfassen zu können, und dies wird allgemein gebilligt. […] Infolgedessen werden Gedanken nur in eigener Werkstatt hergestellt, indem sich der faul vorkommt, der nicht genug davon fertigbringt. Freilich gibt es dann auch keinen Gedanken, der übernommen werden, und auch keine Formulierung eines Gedankens, die zitiert werden könnte. Wie wenig brauchen diese alle zu ihrer Tätigkeit! Ein Federhalter und etwas Papier ist das einzige, was sie vorzeigen können! Und ohne jede Hilfe, nur mit dem kümmerlichen Material, was ein einzelner auf seinen Armen herbeischaffen kann, errichten sie ihre Hütten! Größere Gebäude kennen sie nicht als solche, die ein einziger zu bauen imstande ist!« Das ist eigentlich ein Lob auf die Collage, auf die Verwendung von fremdem Eigentum, fremdem literarischen Eigentum. Also, finde ich sehr interessant, was Brecht sagte, und dass die Autorin U.D. Bauer, eigentlich eine bildende Künstlerin, als Einleitung ihrer wirklich monumentalen Leistung, einen Roman aus fremden Sätzen zu bauen, ein

Zitat von Brecht verwendet hat, das zeigt, dass Brecht auf dem Gebiet wirklich über allen anderen stand. Die juristischen Hintergründe will ich jetzt nicht zu sehr im Detail ausleuchten. Das Urheberrechtsgesetz schützt ja nicht alles, aber es schützt definitiv Werke der Literaturwissenschaft und Kunst und als solches natürlich Sprachwerke, Schriftwerke, Theaterstücke – das sind Gegenstände, an denen Urheberrecht besteht. Es müssen nur persönliche geistige Schöpfungen sein. Ich mag den Begriff »Urheber«, denn wenn man sich mal überlegt: Heben kann man ja nur etwas, was schon da ist. Man kann beispielsweise ein Buch heben und Urheber heißt offenbar, vom Verständnis her, dass irgendetwas schon da ist. Im Urschlamm oder sonstwo, was derjenige nicht komplett schafft, sondern hebt. Es geht also offensichtlich um die Leistung, etwas zu sehen, wo andere es nicht sehen, die das Urheberrecht schützt. Das fand ich bei der Befassung mit dem Thema interessant. Man kennt den Satz, der auch im Urheberrecht eine gewisse Bedeutung hat: »Wir stehen alle auf den Schultern von Giganten.« Man könnte sich tagelang darüber unterhalten, was urheberrechtlich geschützt ist. Was ist eine eigenschöpferische Leistung? Ist es überhaupt originell genug? Darüber streiten sich die Richter oder die Juristen immer bei Prozessen. Bei Brecht, da werden wir uns einig sein, war natürlich sehr vieles, was er geschrieben hat, originell. Man muss nicht selber etwas verfassen, sondern die Auswahl und Anordnung einer Auswahl, die kann auch schon ausreichen, wenn die, warum auch immer, originell ist. Im Fall des genannten Buches ist es originell, dass es der U.D. Bauer gelungen ist, fremde Werke so auseinanderzunehmen und neu zusammenzustellen, dass sich eine Handlungsfolge und eine gewisse Dynamik und Dramatik ergeben. Das ist sicher eine großartige Leistung, die urheberrechtliche Qualität hat.

Vorhin haben wir schon ein paar der Begriffe wie »Urheberrecht« und »Nutzungsrecht« abgehandelt. Man kann fremde Nutzungen unter bestimmten Bedingungen untersagen. Da heißt es im Gesetz:

»Der Urheber hat das Recht, eine Entstellung zu verbieten, die geeignet ist seine berechtigten geistigen oder persönlichen Interessen am Werk zu gefährden.« Wann und wie ist ein Werk entstellt? Da habe ich letzte Woche ein interessantes Beispiel gehabt. Es ging um ein Foto eines Hauses. Architekten haben Fotos von Häusern von Fotografen anfertigen lassen. Und diese Fotografen haben künstlerisch wertvolle Bilder gemacht. Der Vordergrund ist ein bisschen grau, das Haus ist ein bisschen grau, der Himmel ist auch ein bisschen grau. Es ist nicht sehr attraktiv. Wir haben ein Buch herausgebracht über hundert Häuser, die man nachbauen kann. Und jemand kam auf die Idee, den Hintergrund dieses besagten Bildes aufzuhellen, einen blauen Himmel einzubauen. Es ist attraktiver für die Betrachter. Die kaufen eher ein Haus beim Architekten, wenn der Himmel blau ist. Die Fotografen waren ganz anderer Meinungen und sagten: »Wir haben mit Absicht einen grauen Himmel gewählt. Das ist eine Entstellung.« Entstellung heißt nicht, es muss hässlicher sein, sondern es müssen die Interessen des Urhebers tangiert sein. Das war ein Fall, wo ich dachte, den könnte ich auch verlieren. Da wollte ich keinen Prozess. Der Fotograf bekommt jetzt ein bisschen Geld dafür, dass wir das verändert haben. Ähnliches Thema: Das war ja bei dem »Baal«-Prozess kürzlich sehr interessant, da waren es nicht Entstellungen, sondern Änderungen des Werkes, was ja oft Hand in Hand geht mit Entstellungen. Es gab durchaus einen klar geregelten Vertrag zwischen dem Suhrkamp-Theaterverlag und dem Residenztheater, in dem unter anderem auch drin stand, was im Gesetz steht: »Der Inhaber eines Nutzungsrechts« – in dem Fall das Residenztheater – »darf das Werk nicht ändern, wenn nichts anderes vereinbart ist.« Ein Änderungsverbot. Aber auch: »Änderungen des Werks, zu denen der Urheber seine Einwilligung nach Treu und Glauben nicht versagen kann, sind zulässig.« Die Juristen haben lange darüber gestritten, ob die Änderungen, die Castorf vorgenommen hat, nach Treu und Glauben hinzunehmen sind. Natürlich wäre es schlauer gewesen, wenn das Residenztheater gesagt hätte: »Wir akzeptieren so eine Klausel nicht. Wir dürfen Änderungen vornehmen.« Oder sie hätten auf eine Castorf-Klausel gedrängt. Bei Castorf weiß man, was er macht. Aber da war keine Klausel, die auf den Fall zugeschnitten war, so dass die Experten sagten: »Ja, das ist doch klar, was der draus macht. Die Erben, wie können die nur so engstirnig sein?« Aber die sagten: »Wir haben einen Vertrag, und der Vertrag entspricht weitestgehend dem Mustervertrag des Bühnenverbandes.« Das Problem war, dass der Vertrag, genau wie das Gesetz, nicht auf die Besonderheit eingegangen ist, weshalb die Änderungen sehr umstritten waren und erst nach vielen Stunden Verhandlung ein Vergleich zustande kam. Die Kommentierungen sagen: »Bei der Inszenierung von Bühnenwerken muss zwischen dem zulässigen Interpretations- und Modernisierungsspielraum einerseits und den hiervon nicht mehr gedeckten Änderungen, Verzerrungen und sonstigen Entstellungen unterschieden werden. Unwesentliche Kürzungen, Streichungen kleinerer Rollen dürfen vorgenommen werden, solange das Werk nicht in seinen wesentlichen Zügen verändert wird.« Irgendwann ist das der Fall. »Bei einem Meinungsstreit zwischen Autor und Regisseur ist stets die Auffassung des Autors, der Erben, maßgebend, wenn das Werk durch die vom Regisseur gewünschte Aufführungsform in seinem wesentlichen Aussagegehalt verändert wird.« Die Passagen, die eingefügt waren, waren ja von Carl Schmitt, einige auch von Ernst Jünger. Da können die Erben schon sagen: »Wir wollen nicht Ernst Jünger in unserem Brecht-Werk.«

GRÖSCHNER: Es ging eher um Carl Schmitt.

DRESEN: Da ist das Gesetz an die Grenze gekommen. Änderungsvereinbarungen, selbst wenn sie gegeben sind, sind nicht schrankenlos. Selbst wenn einer Inszenierungsidee grundsätzlich zugestimmt wurde, dann werden die Grenzen überschritten, wenn komplett neue, umfangreiche Texte hinzugefügt werden, die keinen inhaltlichen Bezug zu der erzählten Geschichte haben. Hatten die einen Bezug? »Natürlich«, sagt Castorf, »klar hatten die einen Bezug.« Aber so etwas passiert, wenn man mit dem Gesetz so ein bisschen alleine gelassen wird. Und die Thematik, §39 in diesem Fall, erörtert werden muss. Ergebnis war ein Vergleich, der vielleicht tatsächlich besser war als ein Urteil. Man hätte argumentieren können, indem Castorf diese zwei längeren Passagen eingebaut hat, hat er eine freie Benutzung durchgeführt, die wiederum zulässig wäre. Freie Benutzung setzt voraus: Der Autor muss ein selbständiges Werk verfassen, das das Werk eines anderen frei benutzt. Das darf ohne Zustimmung veröffentlicht und verwertet werden. Genau das ist der Fall. Die Benutzung war frei. Es muss dann bloß noch zitiert werden, wo die Passagen herstammen. Die freie Benutzung heißt nicht, der Autor kann sich durch die Übernahme fremder Leistungen eigene Bemühungen sparen. Die bloße Anregung ist erlaubt. »Die freie Benutzung ermöglicht die Benutzung eines Werkes ohne Zustimmung, insofern angesichts der Eigenart des neuen Werkes die entlehnten persönlichen Züge des Originalwerkes verblassen und die des neuen Urhebers in den Vordergrund treten.« Da kann man sich natürlich trefflich drüber streiten, was der Schwerpunkt des neuen Werkes ist. Ist es das von dem neuen Autor Hinzugefügte? Verblasst das, was er übernommen hat? Es ist mir ja wichtig, was ich übernehme, kann das dann überhaupt verblassen? Jetzt andersrum: Kann ein Werk verblassen, wenn ich einen Roman schreibe und Passagen von Brecht einbaue? Gelingt es mir, dass die Passagen von Brecht, einem Autor von Weltruf, verblassen? Das dürfte schwer werden. Aber das setzt das Gesetz voraus. Nur wenn dieses Verblassen möglich ist, kann ich mich ohne Zustimmung daran bedienen. Die Autorin U.D. Bauer hat halt durch die Quantität, durch 2857 kleine Zitate geschafft, dass jedes für sich vor dem Gesamtwerk verblasst.

Aber wenn da jetzt nur fünf, aber wesentliche größere Zitate drin wären, ob die verblassen würden? Aber das ist die gesetzliche Idee, die nur selten erreicht wird. Juristen haben da ein Prüfungsinstrumentarium. Sie vergleichen die Werke. Sie überprüfen Übereinstimmungen. Sie überprüfen den Umfang der Entlehnung, den Grad der jeweiligen Individualität – wie originell ist das, was ich übernehme; wie originell ist das, was ich mache? Dann gibt es eine Gesamtbetrachtung. Je auffälliger die fremde Eigenarbeit, desto schwächer das Verblassen. Es gibt auch die Möglichkeit, dass man unbewusst etwas übernommen hat, was einem nicht selber bekannt war. Dass einfach zufällig zwei zum gleichen Thema schreiben. Da muss dann der zweite beweisen, dass er den Text des ersten nicht kannte. Aber es gibt, selten, Fälle der freien Benutzung, die bei Gericht durchkommen. Ein Beispiel war der Krimi »Tannöd« nach einem bayrischen Kriminalfall, der sich tatsächlich ereignet hatte.

GRÖSCHNER: Albrecht Götz von Olenhusen, der ebenfalls im Rahmen der Brecht-Tage zu Gast war, war als Verteidiger des Nautilus-Verlages an dem Verfahren beteiligt.

DRESEN: Ja, der war beteiligt. Da hatte sich ein Sachbuchautor beschwert, der über dasselbe Thema geschrieben hatte. Und in beiden Büchern, sagte der Sachbuchautor, kommt Folgendes vor: Der Mörder lief Treppenstiegen hoch, die Treppe knarrte. Da sagte aber das Gericht: Das ist normal, dass beide diese Idee hatten. In den gerichtlichen Akten steht, dass das ein altes Haus war, und beide hatten wohl die Idee, dass die Treppenstufen knarzten. Das Ergebnis war tatsächlich, dass das Gericht sagte: Freie Nutzung ist in diesem Fall erlaubt. Nicht erlaubt hingegen war »Laras Tochter«, ein Fortsetzungsroman von »Doktor Schiwago«. Idee war: Was wäre wohl passiert dreißig Jahre nach »Doktor Schiwago«? Die Protagonisten sind älter geworden, aber sie hatten dieselben Charaktere, dieselben Fehler, dieselben Probleme wie bei »Doktor Schiwago«. Und das Gericht sagte: »Das darf nicht passieren. Das ist keine freie Benutzung, weil der alte Stoff nicht verblasst. Der wird nur fortgeführt.« Fortsetzungsromane sind problematisch, wenn sie nicht die gleichen Autoren schreiben.

GRÖSCHNER: Aber im Internet ist das ja gang und gäbe, dass Sachen weitergeschrieben werden.

DRESEN: Ja, da geht es meist um Fanfiction, und da werde ich ab und zu gefragt, ob wir das wollen, wenn es eins unserer Bücher betrifft. Und wir sagen dann, nur wenn es nicht kommerziell genutzt wird. Da sind wir etwas großzügig, weil wir nicht glauben, dass uns dadurch Konkurrenz gemacht wird. Aber rein rechtlich ist es eigentlich nicht erlaubt. Es gibt noch so einen Fall der freien Benutzung: Es wurde vor einigen Jahren zum Fasching ein Pippi-Langstrumpf-Kostüm angeboten in irgendeinem Supermarkt. Dagegen klagten die Erben von Astrid Lindgren und sagten, da wird die Idee unserer Mutter verwendet. Die Gerichte waren völlig unterschiedlicher Meinung. Die eine Instanz sagte, das sei eine Benutzung, die nicht erlaubt ist, und der Bundesgerichtshof sagte, es sei eine freie Benutzung, weil nicht alles übernommen wurde. Es waren nicht die gleichen Farben wie bei Pippi Langstrumpf und es wurden auch nicht die Charakterzüge übernommen. Aber wie sollten die auch, es war halt ein Kostüm. Aber jeder hat im Hinterkopf gehabt, dass die Person da drin eine gewitzte, clevere, originelle Person ist. Es ist umstritten, dass der Bundesgerichtshof das freigegeben hat. Also heißt es seitdem: Macht eine möglichst schlechte Kopie eines ganz bekannten Charakters, ein Superman, der nicht fliegen kann und blöd angezogen ist, dann ist es erlaubt. Wenn es keine freie Benutzung ist und man einen fremden Text verwendet, kann es – auch dieser Fall sei noch genannt – eine Bearbeitung sein.

Bearbeitungen eines Werkes dürfen nur mit Einwilligung des Urhebers veröffentlicht oder verwertet werden. Eine Art der nicht freien Benutzung ist das Plagiat. Dabei handelt es sich, das sei hier nochmal gesagt, um die bewusste Aneignung, also mit Vorsatz, fremden Geistesgutes und um die bewusste Anmaßung fremder Urheberschaft. Man nutzt etwas anderes und sagt, es ist von mir. Es kommt häufig vor, dass Selfpublisher-Fangruppen entdecken, dass ein anderer Selfpublisher abgeschrieben hat und damit erfolgreich bei Amazon gelistet wird. Da gibt es Beschwerden beim Verlag: »Sie veröffentlichen jemanden, der woanders abgeschrieben hat.« Das merken die Verlage selten selber. Es gibt keine Software, die man dann von Anfang an anwendet, um so was auszuscheiden. Aber es ist eben nicht so, dass die Leser sagen, ist doch in Ordnung, wenn man sich an Fremdem bedient. Das hat mich überrascht die letzten Jahre, dass das Rechtsbewusstsein gerade bei den jungen Leuten im Selfpublishing sehr stark entwickelt ist. Wenn da irgendjemand die Regeln verletzt, sind das die ersten, die sagen: »So geht es nicht!« Es ist eine erstaunliche Rechtstreue, die mich natürlich freut, und wo wir von den Usern gedrängt werden, dagegen vorzugehen. Man darf natürlich auch fremde Werke benutzen, etwa im Falle des Zitierens, wenn man die Zitate als Beleg für eigene Ausführungen verwendet. Man darf beispielsweise fremde Inhalte verwenden, wenn man selber vorher eine These aufstellt, diese fremden Aussagen dazu packt und daraus eine Art Conclusio zieht. Das ist die literarisch zulässige Art des Zitierens. Das kennt man vom wissenschaftlichen Zitieren, das gibt es aber auch im Sachbuchbereich. Das ist nach dem Gesetz immer zulässig, wenn man die Quelle benennt. Die Juristen leben ja immer so im Dualismus. Erstens, was darf ich, beziehungsweise, was darf ich nicht. Zweitens, was passiert, wenn ich es trotzdem mache. Das Gesetz ist da sehr streng. Wer das Urheberrecht eines Anderen widerrechtlich verletzt, kann auf Unterlassung in Anspruch genommen werden, er muss den Schaden ersetzen, der dadurch entstanden ist und den Anwalt bezahlen, der ihm diesen Verstoß vorhält. Die Strafen oder die Konsequenzen sind relativ scharf. Dazu gibt es noch parallel die Möglichkeit, dass man auch strafrechtlich relevante Dinge tut, nämlich die unerlaubte Verwertung urheberrechtlich geschützter Werke, das steht nicht im Strafgesetzbuch, das steht im Nebenstrafrecht, Urheberrechtsgesetz: »Wer in anderen als den gesetzlich zugelassenen Fällen ohne Einwilligung ein Werk, eine Bearbeitung oder Umgestaltung vervielfältigt, wird mit Freiheitsstrafe bis zu drei Jahren oder mit Geldstrafe bestraft.« Deswegen ist die freie Benutzung so riskant. Wenn sie korrekt ist, darf ich es machen, ohne was zu bezahlen. Wenn es aber eine Urheberrechtsverletzung ist, muss ich es unterlassen, muss Schadenersatz bezahlen und bin sogar strafrechtlich in Gefahr. Wobei, Sie werden selten einen Staatsanwalt finden, der so einen Fall anklagt. Das ist denen zu kompliziert. Aber damit kann man drohen. Ich habe noch ein letztes Beispiel. Wie würden Sie entscheiden: Ist es eine freie Benutzung oder nicht? Es ging um ein Kinderbuch zum Thema Ostern, das heißt »Henry der Hase«, der die Ostereier nicht mit normalen Bildern bemalt, sondern mit Bildern, die aus der Kunstgeschichte bekannt und nur leicht durch Hasenfiguren verfremdet sind. Darunter ist Gauguin, Niki de Saint Phalle, Dali, Van Gogh – ein Hase mit abgeschnittenem Ohr –, darunter ist ferner Keith Haring, Munchs »Der Schrei«, also man erkennt sofort, welche Werke da gemeint sind. Und da gab es Ärger mit der VG Bildkunst. Die VG Bildkunst wacht über die Rechte der Künstler und die sagte, das ist eine unfreie Bearbeitung. Weil man ja erkennt, was da gemeint ist. Ich sage, das ist doch lustig, das sind Parodien, das ist eine Möglichkeit der freien Benutzung, wenn man sich über Themen ein bisschen satirisch, parodistisch äußert. Da verblasst doch der Hintergrund. Wir haben uns ewig drüber gestritten und uns dann verglichen, weil ich auch keinen Streit wollte.

VENSKE: Das Buch wurde nicht eingestampft?

DRESEN: Nein, aber wir mussten ein paar tausend Euro bezahlen, um den Rechtsstreit mit der VG Bildkunst zu vermeiden.

GRÖSCHNER: Die »freie Benutzung«, hat die irgendetwas mit »Fair Use« im amerikanischen Recht zu tun?

DRESEN: Ja, das ist so ähnlich. Die Amerikaner haben ein viel stärkeres System des Fair Use, also die Erlaubnis der Nutzung durch die Allgemeinheit. Einerseits sind sie stärker, was die Vermarktbarkeit des Copyrights betrifft – die sagen, das ist ein Wirtschaftsgut wie jedes andere –, andererseits ist es stärker eingeschränkt durch Fair Use. Bei uns sind die Autoren stärker geschützt. Aber da gibt es jetzt keinerlei Tendenz, die mir bekannt ist, das zu verändern oder mehr freie Benutzung zuzulassen. Es gibt in den USA keine aktuell dazu geführte Debatte. Trotz Smash Art und Remix, was ja durchaus ein Thema ist, gibt es da keine Bewegung, die das Urheberrecht verändern will.

GRÖSCHNER: Es gibt ja zunehmend neben der juristischen eine eher moralische Diskussion, was man darf und was man nicht darf. Was mir auffällt ist, dass bei vielen Romanen heute hinten oft eine ganze Seite mit Nachweis verwendeter Literatur drin ist, was es früher kaum gab. Hat das etwas mit der Angst zu tun, dass man irgendwie verklagt werden könnte?

DRESEN: Ja, ich habe auch festgestellt, dass in der öffentlichen Debatte Abschreiben viel stärker moralisch bestraft wird als früher. Da gab es ja ein Beispiel: Ein Buch bei C.H. Beck, ein sehr renommierter Verlag, den jeder kennt, »Die größten Seeschlachten der Antike«, von einem durchaus renommierten Historiker, der den Fehler gemacht hat, eine

Seeschlacht relativ nahe am Wikipedia-Eintrag entlanggeschrieben zu haben. Der war nicht falsch, aber ein Historiker darf so etwas nicht machen, nicht bei C.H. Beck. Da waren die Historikerkollegen sehr streng mit ihm. Und der ist jetzt in der Historikerzunft erledigt. Ich hatte das Buch vorher aus Interesse gekauft, ich fand es spannend, und für mich war es übertrieben, wie stark da auf einmal die Kollegenschelte war, so dass sich Verlage da immer mehr absichern wollen. Im Verlagsvertrag steht drin, bei uns auch, dass Wikipedia-Einträge nicht verwendet werden dürfen, ohne es uns zu sagen. Man muss die Autoren vielleicht stärker als früher darauf hinweisen, dass sie sich nicht woanders bedienen. Das geht halt so leicht: Copy-and-paste im Internet, ruck, zuck ist eine Ausarbeitung fertig, die gar nicht von mir stammt. Und deswegen ist die Verlockung groß. Und ob unsere Lektoren das alles so genau wissen und checken, das glaube ich eben nicht. Ist da bei Ihnen, Herr Sundermeier, irgendjemand, der sich nur um so etwas kümmert?

SUNDERMEIER: Nein, das ist schlicht unmöglich. Wir hatten eine unangenehme juristische Auseinandersetzung. Da ging es darum, dass aus einem Standardwerk zu lateinamerikanischer Musik zitiert wurde. Aber in vier Fällen war der Autor einfach schlampig umgegangen mit den Anführungszeichen, beziehungsweise hatte er Inhalte umgedichtet. Tatsächlich aber umgedichtet, weil er sich das spanische Original besorgt und selbst übersetzt hat. Das war ein irrer Prozess. Eine Stelle, die inkriminiert wurde – und da wollte die andere Seite partout nicht nachgeben –, war über eine Sängerin, über die es in beiden Werken wörtlich hieß: »Sie starb 1836.« Sie ist aber auch tatsächlich 1836 gestorben. Daher war die Frage meines Anwaltes immer: »Was ist denn daran Ihre originäre Leistung?« Wir sind dann irgendwann, auch weil ich keine Nerven mehr hatte, auf einen Vergleich gegangen. Ich glaube allerdings nicht, dass man Lektorinnen und Lektoren abverlangen kann, dass sie jedes geklaute Detail bemerken, das geht ab einem gewissen Punkt nicht mehr. Zumal, der Wikipedia-Eintrag, der gestern geklaut worden ist, heute vielleicht schon in wesentlichen Teilen umgearbeitet ist. Das ist einfach eine Sache, wo ich sagen würde: Da muss man einfach gegenseitiges Vertrauen haben. Ich fand aber auch, dass in dem Fall dieses Seeschlachtenbuchs, den Sie erzählt haben, die armen Kollegen von C.H. Beck ganz schön viel selbstgerechte Dresche bezogen haben. Die Leute, die sich darüber lustig gemacht haben, hätten es selber garantiert auch nicht gefunden, also das war wirklich ein sehr schwieriger Fall.

VENSKE: Also gerade diese Wikipedia-Geschichte bei Historikern, das sind ja zwei Sachen. Das eine ist, ob man das wörtlich abschreibt oder das Zitat nicht kenntlich macht, und das andere ist, dass in der Wissenschaft Wikipedia nicht als seriöse Quelle gilt. Das ist ja noch mal ein anderes Thema.

GRÖSCHNER: Als Tex Rubinowitz einen Roman vorlegte, in dem aus Wikipedia zitiert wurde, ist er sehr dafür angegriffen worden.

DRESEN: Wobei, allein der Vorwurf, dass man etwas übernommen hat, ist gefährlich, und sofort gehen da immer alle Alarmsirenen an. Mir fallen zwei Beispiele ein, wo nichts dahinter war, wo alleine der Vorwurf des Plagiats schon Konsequenzen hatte. Ein Beispiel war ein Autor von uns, der über die Treuhand geschrieben hatte und dessen Buch dann verfilmt werden sollte. Da hat sich ein anderer Autor bei dem Fernsehsender gemeldet und gesagt: »Ich habe vor zehn Jahren schon über die Treuhand geschrieben, der Autor hat von meinem Buch abgeschrieben.« Und dann haben wir sofort gesagt, die Verfilmung wird gestoppt, bis das gecheckt ist. Und das war haarscharf davor, dass die Verfilmung tatsächlich auch gestoppt geblieben wäre.

Es war aber nichts dran, es waren nur Fakten in beiden Büchern ähnlich, aber an Fakten besteht kein Urheberrecht. Selbst wenn ich der erste bin, der dieses Faktum entdeckt hat. Ich habe kein Urheberrecht an einer wissenschaftlichen Entdeckung, sondern nur an meiner konkreten Formulierung. Und das Ergebnis war, der Autor, der diesen Vorwurf zu Unrecht erhoben hat, hatte großes Glück, dass nicht wir, oder wer immer, ihn juristisch in Regress genommen haben für die vielleicht entgangene Verfilmung. Oder ein anderes Beispiel: Wir haben gerade einen Streit, da geht es um das Thema »Der Fotograf von Auschwitz«. Es gab in Auschwitz einen Insassen, der Fotos von anderen Insassen gemacht hat, der ist mittlerweile sehr bekannt. Da gibt es ein Kinderbuch bei uns, das sich mit dem Thema beschäftigt. Und da meldet sich ein polnischer Autor und sagt: »Ihr habt aus meinem Buch abgeschrieben. Das beschäftigt sich mit dem gleichen Thema.« Und da habe ich den Autor gefragt: »Haben Sie das Buch jemals gesehen?« Das gibt es nur in Polnisch. »Nein, ich kann kein Polnisch.« Auch da läuft gerade eine Verfilmung, Riesenärger, weil dieser polnische Autor behauptet, das ist aus seinem Buch. Es sind nur die gleichen Fakten. Aber allein der Vorwurf »Plagiat« ist ein ganz schwieriger Begriff, der auch juristisch, wie wir vorhin hörten, nicht im Gesetz steht. Wer einem Anderen vorwirft, ein Plagiat verfasst zu haben, der wirft ihm unrechtmäßiges Verhalten vor. Und wer das nicht beweisen kann, der muss es unterlassen. Wer juristisch gut beraten dagegen vorgeht, der kann das allerdings fast immer aus der Welt schaffen, weil Plagiate schwer zu beweisen sind.

GRÖSCHNER: Wir hatten das ja letztens mit Daniel Kehlmanns »Vermessung der Welt«, als ihm ein ziemlich bekannter Literaturkritiker vorgeworfen hat, er würde plagiieren. Und in den Zeitungen stand dann als Überschrift: »Plagiatsvorwurf gegen Kehlmann«. Da war überhaupt nichts dran, aber das ist natürlich erstmal in der Welt. Das ist für den Autor rufschädigend.

DRESEN: Und da kann man davon ausgehen, dass oft Anwälte unterwegs sind, die das aus der Welt schaffen sollen, die dagegen klagen und sagen, dass es nicht behauptet werden darf, auch wenn es in der Zeitung steht. Ein spannendes Thema, was uns auch noch lange beschäftigen wird. Was ich als Jurist ganz interessant finde ist, darauf hatte ich bereits hingewiesen, dass weiterhin viele sehr streng an das Recht glauben und sagen: »Nein, das ist auch in der heutigen Zeit kein Kavaliersdelikt. Wir wollen geistiges Eigentum schützen.« Dass es da Auswüchse gibt, muss man hinnehmen, aber lieber so, als dass man sagt, alles soll frei werden.

SANDIG: Dass die Leser heute so ein starkes Bewusstsein haben, das lässt sich auch als kulturhistorische Errungenschaft betrachten. Das war ja bei Luther noch nicht so. Wenn irgendeine Stelle den Druckern nicht so schön erschien, dann haben sie die einfach geändert. Das war gar nicht aus Bosheit, sondern weil einfach das Bewusstsein für geistiges Eigentum noch gar nicht ausgeprägt da war. Wir profitieren da von einer kulturhistorischen Entwicklung auch im Sinne von Ethik und Moral.

GRÖSCHNER: Ich würde hier gerne einen Punkt machen und danke Ihnen allen für die Diskussion.

INTERNET-QUELLEN

(Auswahl, Stand Januar 2018)

www.urheber.info

www.offenerbrief.org (offener Brief der Autor*innen, Verlage und Literaturagenten)

www.bmjv.de (Gesetz zur verbesserten Durchsetzung des Anspruchs der Urheber und ausübenden Künstler auf angemessene Vergütung und zur Regelung von Fragen der Verlegerbeteiligung vom 20. Dezember 2016)

MITWIRKENDE

Sebastian Baumgarten, geb. 1969, arbeitet seit 1992 als Regisseur im Schauspiel und Musiktheater u. a. in Köln, Salzburg, Zürich, Berlin, Kassel, Stuttgart, Hannover, Frankfurt am Main, Düsseldorf und Kopenhagen. Seit 2013/14 leitet er den Studiengang Regie an der Bayerischen Theaterakademie August Everding. Arbeiten zu Brecht u. a. »Der gute Mensch von Sezuan« (Leipziger Schauspielhaus, 2011), »Die heilige Johanna der Schlachthöfe« (Schauspielhaus Zürich, 2012), »Die Dreigroschenoper« (Schauspiel Stuttgart, 2014).

Rainer Dresen ist Rechtsanwalt und seit 2000 Verlagsjustiziar bei Random House. Er ist Mitautor der verlagsrechtlichen Beiträge im »Handbuch des Fachanwalts für Urheber- und Medienrecht« sowie im entsprechenden »Formularbuch« und Dozent der Deutschen Anwaltakademie für Themen rund ums Buch. Als Kolumnist des Branchenmagazins »Buchmarkt« schreibt er regelmäßig über die Verlagsszene, insbesondere zu Fragen des Urheber- und Verlagsrechts.

Katharina de la Durantaye, geb. 1975, lehrt seit 2010 als Juniorprofessorin für Bürgerliches Recht an der Humboldt-Universität zu Berlin. Studium der Kunstgeschichte, Psychologie, Soziologie sowie Rechtswissenschaft, Neueren deutschen Literatur, Kulturwissenschaft und Volkswirtschaftslehre. Nach der Promotion in Rechtswissenschaft 2003 hat sie zunächst an der Boston University School of Law, Columbia Law School und St. John's University School of Law in den

USA gelehrt. Publikationen u. a. »Der Schutz literarischer Urheberschaft im Rom der klassischen Antike« (2005).

friendly fire ist eine freie Theater- und Performancegruppe aus Leipzig. Melanie Albrecht, Michael Wehren und Helena Wölfl kreieren Zeit-Räume, in denen die Gespenster, Tiere und Monster der Vergangenheit, Gegenwart und Zukunft umher gehen. Hierbei ist die Frage nach den Zukünften des 20. und 21. Jahrhunderts ein zentrales Motiv ihrer Arbeit, dem sie zwischen Fakt und Fiktion, Archiv und Halluzination auf der Spur sind. 2015 waren friendly fire Stipendiaten im Rahmen der künstlerischen Forschungsresidenz flausen+ und erhielten den Preis »Beste Idee« des Leipziger Hörspielsommers für ihre Hörstückproduktion »Preface: Demonstration«. Seit 2015 sind sie Teil des Artist Development Programs des LOFFT (Leipzig). Siehe auch: www.friendlyfire-friendlyfire.blogspot.de

Annett Gröschner, geb. 1964, ist Schriftstellerin, Publizistin und Dozentin, u. a. Gastprofessorin an der Universität der Künste Berlin. Seit 1992 literarisch-fotografische Projekte mit dem Fotografen Arwed Messmer, u. a. Ausstellung und Buch »Inventarisierung der Macht. Die Berliner Mauer aus anderer Sicht« (2011/16). Am Literaturforum im Brecht-Haus kuratiert und moderiert sie die Biografien-Reihe »Erzählte Zeit«. Zahlreiche Veröffentlichungen, zuletzt u. a. Walpurgistag (2011) und »Mit der Linie 4 um die Welt« (2012). Seit 2012 Gastperformerin im Stück »Schubladen« von She She Pop.

Carl Hegemann, geb. 1949, hat an vielen Theatern Deutschlands als Dramaturg gearbeitet, u. a. am Schauspielhaus Bochum, den Ruhrfestspielen Recklinghausen, dem Berliner Ensemble und dem Thalia Theater Hamburg, am bekanntesten aber wurde er mit seiner Arbeit an der Berliner Volksbühne am Rosa-Luxemburg-Platz, für die er seit

1992 mit Unterbrechungen bis 2017 tätig war. Außerdem ist er Autor und Professor für Dramaturgie an der Hochschule für Musik und Theater »Felix Mendelssohn Bartholdy« in Leipzig.

Christian Hippe promovierte in Neuerer deutscher Literaturwissenschaft an der Humboldt-Universität zu Berlin. Er ist stellvertretender Leiter des Literaturforums im Brecht-Haus. Als Literaturkritiker arbeitete er für Print und Rundfunk. Publikationen u. a. zu F. G. Klopstock, Heiner Müller und Bertolt Brecht. Herausgeber der Bände »Über Brechts Romane« (2015) und zusammen mit Volker Ißbrücker (Hg.) »Brecht und Naturwissenschaften« (2017).

Sonja Hilzinger, geb. 1955, ist habilitierte Literaturwissenschaftlerin, Autorin und Lektorin (www.sonjahilzinger.de). Veröffentlichungen u. a. zur Exil- und DDR-Literatur, Werkausgaben von Christa Wolf und Inge Müller, Monografien und Biografien zu Anna Seghers, Inge Müller, Elisabeth Langgässer, Christa Wolf; zuletzt die Doppelbiografie »Christa und Gerhard Wolf. Gemeinsam gelebtes Leben« (2014).

Alexander Karschnia, geb. 1973, ist Performer, Texter und Theoretiker. Gemeinsam mit Nicola Nord und Sascha Sulimma gründete er 2003 die internationale Performance-Gruppe andcompany&Co. Im Jahr 2010 erarbeiteten sie in Sao Paulo einen ›brasilianisierten Brecht‹ mit brasilianischen Performerinnen. Inszenierungen u. a. am HAU in Berlin. Publikationen u. a. über das Theater von Heiner Müller, Bertolt Brecht und René Pollesch.

Sabine Kebir, geb. 1949, promovierte an der Akademie der Wissenschaften in Berlin (Ost) zu Antonio Gramscis Kulturkonzeption. 1977 Übersiedlung nach Algerien, wo sie Kultur- und Politikwissenschaften lehrte. 1988 Übersiedlung nach Westberlin, 1989 Habilitation in

Frankfurt/Main zu Antonio Gramscis Zivilgesellschaft. Seitdem tätig als Journalistin und Autorin von Sachbüchern, Belletristik und Rundfunkfeatures. U.a. veröffentlichte sie mehrere Bücher zu den Frauen um Brecht, in denen es besonders um deren Mitarbeit an seinem Werk ging: »Ein akzeptabler Mann? Brecht und die Frauen« (1987), »Ich fragte nicht nach meinem Anteil. Elisabeth Hauptmanns Arbeit mit Bertolt Brecht« (1997), »Abstieg in den Ruhm. Helene Weigel. Eine Biographie« und »Mein Herz liegt neben der Schreibmaschine. Ruth Berlaus Leben vor, mit und nach Bertolt Brecht« (2006). 2008 gab sie den Tagungsband »Ich wohne fast so hoch wie er. Margarete Steffin und Bertolt Brecht« heraus.

Uwe Kolbe, geb. 1957, ist Lyriker und Prosaautor. Er veröffentlichte drei Gedichtbände im Aufbau-Verlag und war parallel dazu Mitherausgeber der ›Underground‹-Literaturzeitschrift »Mikado« in Berlin-Prenzlauer Berg. Ab 1985 durfte er zu Lesungen ins westliche Ausland reisen. 1988 übersiedelte er mit einem Dauervisum nach Westdeutschland. Für seine Arbeit erhielt er zahlreiche Preise und Stipendien, u.a. das Stipendium der Villa Massimo, den Preis der Literaturhäuser und den Heinrich-Mann-Preis. Jüngste Veröffentlichungen u.a.: »Lietzenlieder. Gedichte« (2012), »Die Lüge. Roman« (2014), »Mein Usedom« (2014), »Gegenreden. Gedichte« (2015). 2016 erschien sein Buch »Brecht. Rollenmodell eines Dichters«.

Peter Laudenbach, geb. 1964, ist Journalist und Theaterkritiker, Theater-Redakteur bei tip Berlin. Seit 2003 fester Autor beim Wirtschaftsmagazin »brand eins«. Seit 2006 Berliner Theaterkritiker der »Süddeutschen Zeitung«. Publikationen u.a. »Das Theater ist ein Tank, der von innen gereinigt werden muss« (2007) und jüngst: »Die elfte Plage. Wie Berlin-Touristen die Stadt zum Erlebnis-Park machen« (2013).

LIGNA besteht aus den Medien- und Performancekünstlern Ole Frahm, Michael Hüners und Torsten Michaelsen. Seit 2002 beschäftigt sich ihre Arbeit damit, temporäre Situationen herzustellen, in denen das Publikum ein Kollektiv von Produzenten wird – eine Assoziation, die unvorhersehbare, unkontrollierbare Effekte hervorbringt, welche die Ordnung des Raumes herausfordern. LIGNAs Arbeiten entwickeln unterschiedliche Modelle des Mediengebrauchs: Im »Radio Ballett« (2002) bekommen die Hörerinnen und Hörer in ehemals öffentlichen, inzwischen privatisierten und kontrollierten Orten wie Hauptbahnhöfen oder Shopping Malls eine Choreographie der verbotenen und ausgeschlossenen Gesten zu hören. Performances wie »Der Neue Mensch« (2008) oder »Ödipus« (2011) untersuchen das Theater selbst als einen Ort, in dem Subjektivität produziert wird. Aktuellere Arbeiten wie »Die letzte Kommune« oder »Secret Radio« (beide 2014) laden die Teilnehmerinnen und Teilnehmer zu einem komplexen Spiel im öffentlichen Raum ein, dessen Regeln sich erst allmählich enthüllen.

Jörg Magenau, geb. 1964, ist Literaturkritiker, Sachbuchautor, Mitglied des Literarischen Trios im Literaturforum im Brecht-Haus. Er arbeitet bzw. arbeitete u. a. für Freitag, taz, FAZ, Das Magazin, Literaturen, Süddeutsche Zeitung, Deutschlandradio Kultur, Tagesspiegel. Er schrieb Biografien über Christa Wolf (2002), Martin Walser (2005) und die Brüder Ernst und Friedrich Georg Jünger (2012). Weitere Publikationen, u. a.: »Schmidt – Lenz. Geschichte einer Freundschaft« (2014) und »Princeton 66« (2016).

Jürgen Marten, geb. 1943, ist promovierter Jurist und habilitierter Kulturwissenschaftler. Er war Professor für Theorie und Geschichte der Kulturpolitik und bis zu dessen Abwicklung Gründungsdirektor des Instituts für Kulturforschung an der Kunsthochschule Berlin

(DDR). Seit 1992 arbeitet er als Rechtsanwalt und war u.a. in der Rechtsberatung des Schriftstellerverbandes (verdi) tätig. Er war an der Gründung der Antikorruptionsorganisation »Transparency International« beteiligt und ist stellvertretender Vorsitzender von Transparency Deutschland.

Albrecht Götz von Olenhusen ist Prof. Dr. jur. an der Heinrich-Heine-Universität Düsseldorf, lehrt auch an der Universität Freiburg und zeitweise an der Universität Marburg. Rechtsanwalt in Freiburg und Düsseldorf. Dozent an der Journalistenakademie Stuttgart, Lehraufträge u.a. an der Filmhochschule Potsdam-Babelsberg. Langjähriges Vorstandsmitglied der Landesanstalt für Kommunikation Baden-Württemberg. Publikationen auf den Gebieten des Urheber-, Verlags-, Presse-, Medien- und Arbeitsrechts sowie der Rechts- und Zeitgeschichte, zuletzt u.a.: »Der Journalist im Medien-, Arbeits- und Urheberrecht« (2015); zu Brecht: »Bertolt Brecht im Raubdruck« (Dreigroschenheft 2/2002).

Rupprecht Podszun ist Inhaber des Lehrstuhls für Bürgerliches Recht, Immaterialgüter- und Wirtschaftsrecht an der Universität Bayreuth und Affiliated Research Fellow am Max-Planck-Institut für Innovation und Wettbewerb. Zu seinen Fachgebieten zählen Kartellrecht, Urheberrecht und Markenrecht. Er ist zudem Direktor der Forschungsstelle für Wirtschafts- und Medienrecht an der Universität Bayreuth und war Mitglied im Leitungsgremium des dortigen DFG-Graduiertenkollegs »Geistiges Eigentum und Gemeinfreiheit«. Für seine Berichterstattung über die Kontroverse um Castorfs »Baal«-Inszenierung auf nachtkritik.de erhielt er 2015 den Michael-Althen-Preis für Kritik.

Cornelius Puschke arbeitet als freier Dramaturg und Dozent für Dramaturgie. Engagements in der Dramaturgie des Maxim Gorki Theater Berlin und bei den Berliner Festspielen (Foreign Affairs, Immersion). Er unterrichtete als Gastprofessor für Dramaturgie an der HAW Hamburg und an diversen Unis und Hochschulen in Deutschland, Österreich und der Schweiz. Künstlerische Zusammenarbeiten u. a. mit Rimini Protokoll, Boris Charmatz – Musée de la danse und Nature Theater of Oklahoma. 2012 war er verantwortlich für das Programm der Brecht-Tage in Berlin.

Ulrike Almut Sandig, geb. 1979, ist freie Autorin (Lyrik, Prosa, Hörspiele). Sie studierte Religionswissenschaft und Indologie, gefolgt von einem Studium am Deutschen Literaturinstitut Leipzig. Von 2007 bis 2009 gab sie gemeinsam mit Jan Kuhlbrodt die Leipziger Literaturzeitschrift EDIT heraus. Zahlreiche Preise und Stipendien, u. a. »Leonce-und-Lena-Preis« (2009). Veröffentlichungen u. a. »Dickicht. Gedichte« (2011), »Buch gegen das Verschwinden. Geschichten« (2015). Für ihre Sprechkonzerte und Hörspiele arbeitet sie mit verschiedenen Musikern und Komponisten, zuletzt mit dem Kölner Medienkunstduo Bewernitz Goldowski und dem Berliner Klangkosmonaut Sebastian Reuter.

Esther Slevogt, in Paris geboren, arbeitet als Kritikerin und Publizistin. Sie ist Mitgründerin, Redakteurin und Geschäftsführerin des Theaterportals nachtkritik.de, für das sie gemeinsam mit der Heinrich-Böll-Stiftung die jährliche Konferenz »Theater und Netz« entwickelte. Publikationen u. a.: »Den Kommunismus mit der Seele suchen. Wolfgang Langhoff – ein deutsches Künstlerleben im 20. Jahrhundert« (2011).

Jörg Sundermeier, geb. 1970, ist Verleger des Verbrecher Verlags und Autor für diverse Zeitungen und Magazine, zudem Vorstandsmitglied der Kurt Wolff Stiftung. Er ist Herausgeber zahlreicher Bücher, zuletzt: »Tief Ausatmen« von Peter O. Chotjewitz (zs. mit Cordula Güdemann, 2012). Veröffentlichungen u. a.: »Der letzte linke Student« (2004), »Der letzte linke Student kämpft weiter« (2010) und »Heimatkunde Ostwestfalen« (2010).

Philipp Theisohn, geb. 1974, ist Professor für Neuere deutsche Literaturwissenschaft an der Universität Zürich. Zahlreiche Publikationen zur deutschen und europäischen Literaturgeschichte vom 13. bis zum 21. Jahrhundert, u. a. zum literarischen Zukunftswissen und zur Vorstellung des literarischen Eigentums, so zuletzt: »Plagiat. Eine unoriginelle Literaturgeschichte« (2009) und »Literarisches Eigentum. Zur Ethik geistiger Arbeit im digitalen Zeitalter« (2012).

Regula Venske, geb. 1955, ist freie Autorin, Literaturkritikerin und Literaturwissenschaftlerin. Seit 2013 Generalsekretärin des PEN-Zentrums Deutschland. Von 1982 bis 1986 arbeitete sie als wissenschaftliche Mitarbeiterin, Lehrbeauftragte und Lektorin an der Universität Hamburg, der FU Berlin und dem Queen Mary, University of London. Nach ihrer Promotion 1987 erschien 1991 ihr erster Kriminalroman »Schief gewickelt«. Weitere Veröffentlichungen zuletzt u. a.: »Bankraub mit Möwenschiss« (2008), »Der Bajazzo« (2009) und »Ein allzu leichter Tod« (2010).

Klaus Völker, geb. 1938, ist Theaterhistoriker, Publizist und Übersetzer. Von 1969 bis 1985 war er Dramaturg an Bühnen in Zürich, Basel, Bremen und zuletzt am Schiller Theater in Berlin. Er war Lehrbeauftragter am Theaterwissenschaftlichen Institut der FU Berlin und seit 1992 Professor für Schauspielgeschichte und Dramaturgie an der Hochschule für Schauspielkunst »Ernst Busch«, von 1993 bis 2005 deren Rektor. Zahlreiche Veröffentlichungen, u. a. zu Brecht: »Brecht-Chronik. Daten zu Leben und Werk« (1971); »Brecht. Eine Biographie« (1976). Zudem ist er Herausgeber der gesammelten Werke von Max Herrmann-Neiße, Alfred Jarry und Boris Vian.

VERBRECHER VERLAG

Christian Hippe (Hg.)

ÜBER BRECHTS ROMANE

Gespräche mit Autorinnen und Autoren 1989–2014

lfb TEXTE 1

Broschur
224 Seiten
19 €

ISBN: 978-3-95732-083-4

Brecht gilt als Pionier des modernen Romans. Dennoch stehen seine Romanprojekte im Schatten der Theatertexte und Dichtungen. In den hier versammelten Beiträgen werden die noch immer bestehenden Vorbehalte gegenüber Brechts Versuchen auf dem Gebiet des Romans deutlich, sie zeigen aber auch deren produktive Impulse für die Gegenwartsliteratur und die Literaturkritik heute. Weitere Aspekte, die in Einzelstudien betrachtet werden, sind unter anderem das Ökonomie-Paradigma, die satirische Qualität und die desillusionistische Poetik der Romanentwürfe Brechts.

Dieser Band dokumentiert die Brecht Tage 2014, die im Literaturforum im Brecht-Haus stattgefunden haben.

Mit Beiträgen von Jörg-Uwe Albig, Gerrit Bartels, Nora Bossong, Martin Brady, Sophia Ebert, Helen Fehervary, Marja Leena Hakkarainen, Jakob Hein, Gerhard Henschel, Lorenz Jäger, Klaus-Detlef Müller, Georg M. Oswald, Jutta Person, Ernest Schonfield, Stephan Speicher, Frank D. Wagner und Stefan Willer.

Christian Hippe / Volker Ißbrücker (Hg.)

BRECHT UND NATURWISSENSCHAFTEN

Ifb TEXTE 2

Broschur
336 Seiten,
22 €

ISBN: 978-3-95732-156-5

Brechts Affinität zu den Naturwissenschaften griff so tief, dass er sich bisweilen selbst als Naturwissenschaftler zu inszenieren pflegte. Er behauptete sogar, dass er »ursprünglich Naturwissenschaften studiert habe« – eine wohlwollende Auslegung seiner Studienlaufbahn. Später wähnte sich Brecht in der Rolle eines »Einsteins der neuen Bühnenform«.

Die hier versammelten Beiträge beleuchten den Schnittpunkt zwischen Literatur und Naturwissenschaften und verfolgen Brechts Faszination für die Naturwissenschaften als substanzielle Dimension seines Schaffens.

Mit Beiträgen von Reinhard Jirgl, Alexander Karschnia, Armin Petras, Holger Teschke, B. K. Tragelehn, Florian Felix Weyh und anderen.

VERBRECHER VERLAG

Enno Stahl und Ingar Solty (Hg.)

RICHTIGE LITERATUR IM FALSCHEN?

Schriftsteller Kapitalismus Kritik

lfb TEXTE 3

Broschur
320 Seiten
21 €

ISBN: 978-3-95732-163-3

Lässt sich die politische Problemlage unserer Zeit literarisch erfassen? Was ist die Rolle von Literatur im globalen Kapitalismus? Lässt sich ein dauerhafter Arbeitszusammenhang von Autorinnen und Autoren organisieren?

Diesen Fragen widmete sich im April 2015 eine Schriftstellertagung unter dem Titel »Richtige Literatur im Falschen?«, die im Literaturforum im Brecht-Haus stattfand. In Zentrum stand die Frage nach dem Verhältnis zwischen Literatur, Engagement und kapitalistischer Gesellschaft.
Moderiert von Ingar Solty und Enno Stahl diskutierten Ann Cotten, Annett Gröschner, Joachim Helfer, Thomas Meinecke, Norbert Niemann, Monika Rinck, Kathrin Röggla, Stefan Schmitzer, Erasmus Schöfer, Ingo Schulze, Michael Wildenhain und Raul Zelik mit den Theoretikern Jan Loheit, Helmut Peitsch, David Salomon und Thomas Wagner – unter lebhafter Beteiligung des Publikums.

Der Band »Richtige Literatur im Falschen?« zeichnet die Tagung dokumentarisch nach und präsentiert darüber hinaus aktuelle Statements der Beteiligten.

Helen Thein /
Helmut Peitsch (Hg.)

LIEBEN, WAS ES NICHT GIBT

Literatur, Pop und Politik bei Ronald M. Schernikau

lfb TEXTE 4

Broschur
368 Seiten
24 €

ISBN: 978-3-95732-2-005

Ronald M. Schernikau (1960–1991) veröffentlichte sein Debüt »Kleinstadtnovelle« noch vor dem Abitur. Da hatte er schon Erlebnisse für mehr als einen Roman gesammelt: In der DDR geboren, von der Mutter in den Westen geschmuggelt, zu einem Vater, der längst eine neue Familie hatte. Schwul zu sein, war eine weitere Facette dieses Andersseins, das sich als Mittendrin verstand. Nach einem Studium am Literaturinstitut in Leipzig ließ er sich 1989 in die DDR rückeinbürgern.

An seinem letzten Buch, der »legende«, schrieb er acht Jahre lang, bis zu seinem Tod. 2017 soll das Buch wieder lieferbar sein, als erster von drei Bänden einer Werkausgabe, die im Verbrecher Verlag erscheinen wird. In Vorbereitung dieser Schernikau-Werkausgabe wurde im Jahr 2015 aus Perspektiven des Verlagswesens, der Literatur und Wissenschaft, des Journalismus und der Popkultur auf die Relevanz und das Wirken dieses Autors geblickt. Dieser Band dokumentiert die Tagung im Literaturforum im Brecht-Haus und erscheint in der Schriftenreihe lfb Texte.

Mit Beiträgen von Martin Brandt, Dietmar Dath, Jens Friebe, Georg Fülberth, Sven Glawion, Marlies Janz, Christian Jäger, Thomas Keck, Mandy Köppen, Christine Künzel, Lucas Mielke, Helmut Peitsch, Ursula Püschel, Stefan Ripplinger, Erika Runge, Laura Schütz und Katja Stopka.

Stephan Pabst / Johanna Bohley (Hg.)

MATERIAL MÜLLER.

Das mediale Nachleben Heiner Müllers

lfb TEXTE 6

Broschur,
480 Seiten
24 €
ISBN: 978-3-95732-274-6

Kaum ein Autor erregte in der ersten Hälfte der 1990er Jahre mehr öffentliches Aufsehen als Heiner Müller. Die Interviews, die er in dieser Zeit gab, genossen Kult-Status. Als Intendant des Berliner Ensembles, als Präsident der Akademie der Künste/Ost war er einer der wichtigsten Akteure des literarischen Lebens nach 1989. Seine Kontakte zur Staatssicherheit waren einer der zentralen Gegenstände des sogenannten deutschdeutschen Literaturstreits. Als er 1995 starb, wurde seine Beerdigung live im Fernsehen übertragen. Seine große Popularität fiel in eine Zeit, in der Müller als Autor kaum noch produktiv war. Quantitativ ist er mehr mit der Kommentierung seines Werks befasst als mit dessen Fortsetzung. Der Moment seiner größten Popularität fällt mit dem Moment seiner Historisierung zusammen. Die Beiträge des Bandes gehen von der Beobachtung aus, dass die Zahl der Müller-Referenzen in Theaterinszenierungen, Dramentexten, Romanen, Gedichten, Hörspielen, Interviews überwältigend ist, und fragen, was wie von Müllers Texten, Statements, Inszenierungen und Selbstinszenierungen bleibt oder verworfen wird, wie sich Kritik und Zustimmung, Fortsetzung und Historisierung zueinander verhalten.